Reinhard Schröter

Schwäbische Alb

Wandern für die Seele

20 Wohlfühlwege

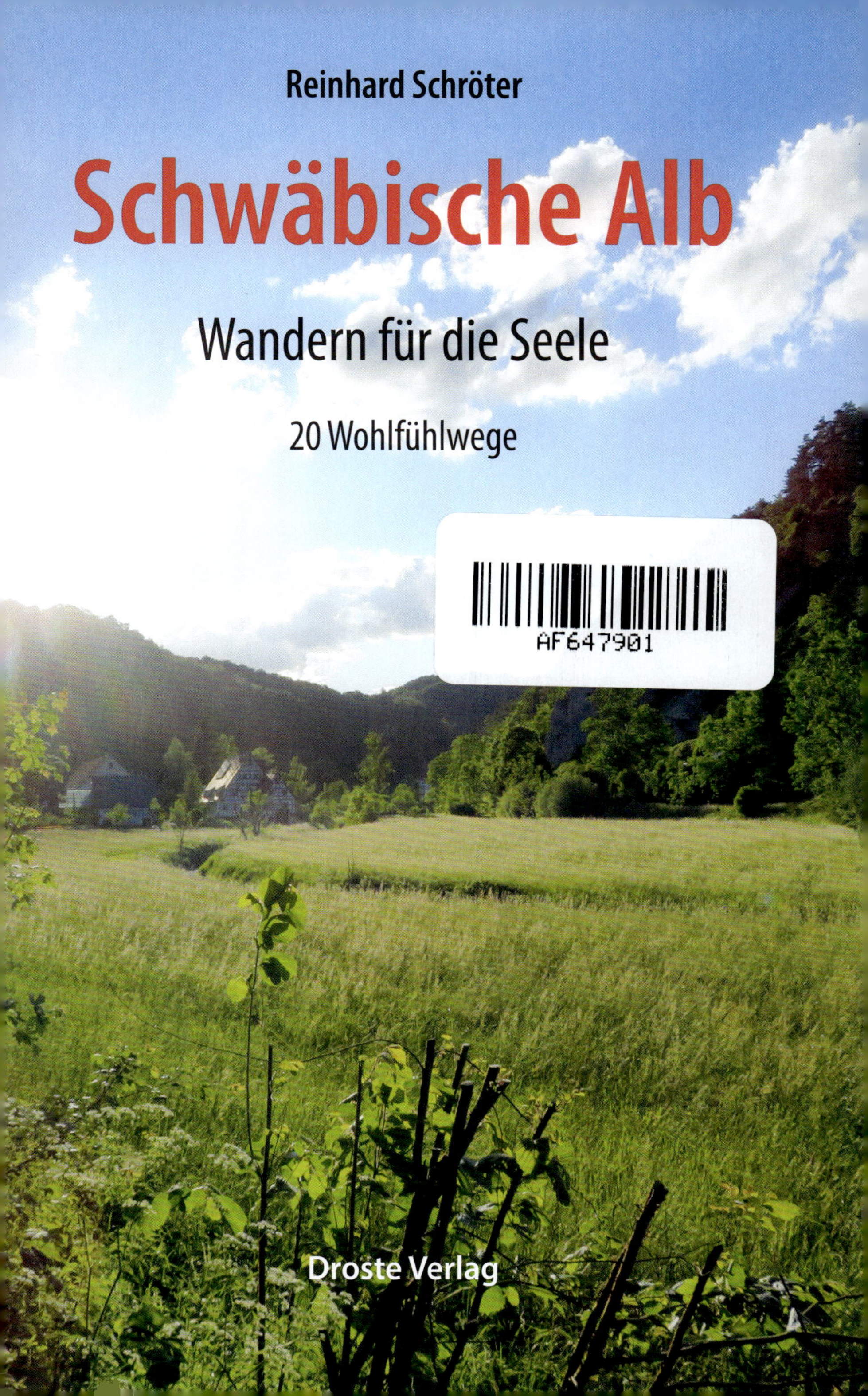

Droste Verlag

ALLE WANDERUNGEN AUF EINEN BLICK

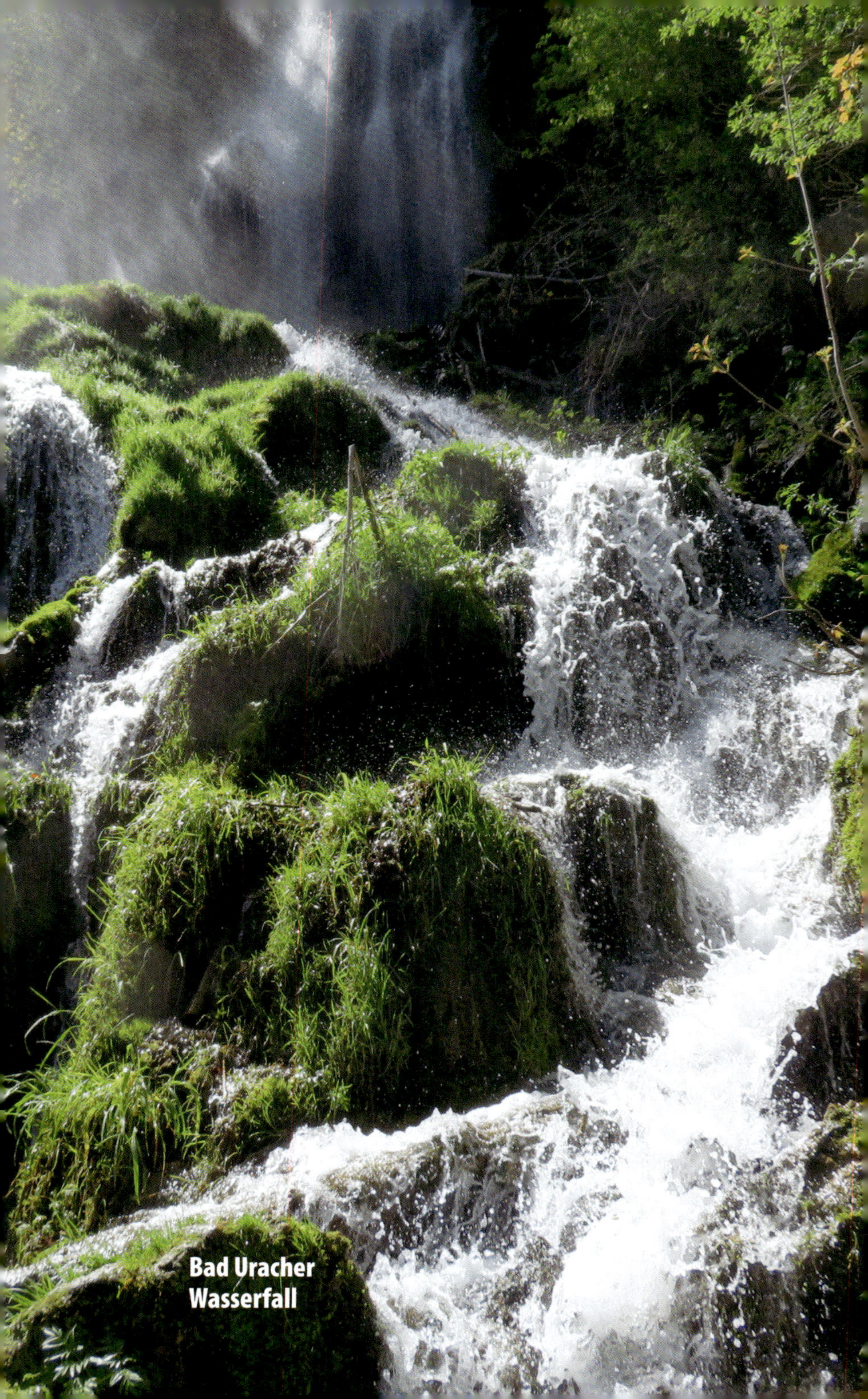

Bad Uracher Wasserfall

Liebe Wanderfreunde und Auszeitsuchende,

willkommen auf der Schwäbischen Alb, einer traumhaften Landschaft und einem Mythos zugleich! In der Gegend, die mir persönlich als Heimat meines Opas ans Herz gewachsen ist, gibt es unzählige „wanderbare“ Schätze. Für Sie habe ich daraus eine bunte Mischung von bekannten Brillanten und verborgenen Smaragden zusammengestellt.

Wir lernen die „schwäbischen Zehntausender“ kennen und überschreiten mit dem Lemberg den höchsten Berg der Schwäbischen Alb. Unvergleichliches Panorama genießen wir im traumhaften Donautal und bei dem schwäbischen Wintermärchen nahe Albstadt. Ehingen verwöhnt uns mit seiner legendären Bierwanderung. Rauschende Emotionen erwandern wir an den Wasserfällen bei Bad Urach. Ruhe- und Kraftorte finden wir bei Deggingen und Beuron. Eine einzigartige Erfrischung ist die Befahrung der Wimsener Höhle. Dazwischen lassen wir uns in traditionsreichen Gasthäusern und urigen Besenwirtschaften verwöhnen. Die sportliche Wandererseele findet genauso wie die nach Ruhe suchende Genießerseele ihre persönliche Traumtour.

Viel Freude und Entspannung beim Wandern für die Seele auf der Schwäbischen Alb wünscht

Ihr Reinhard Schröter

NATUR-INFO

KULTUR-INFO

TOUREN-/EVENT-INFO

GENUSS-INFO

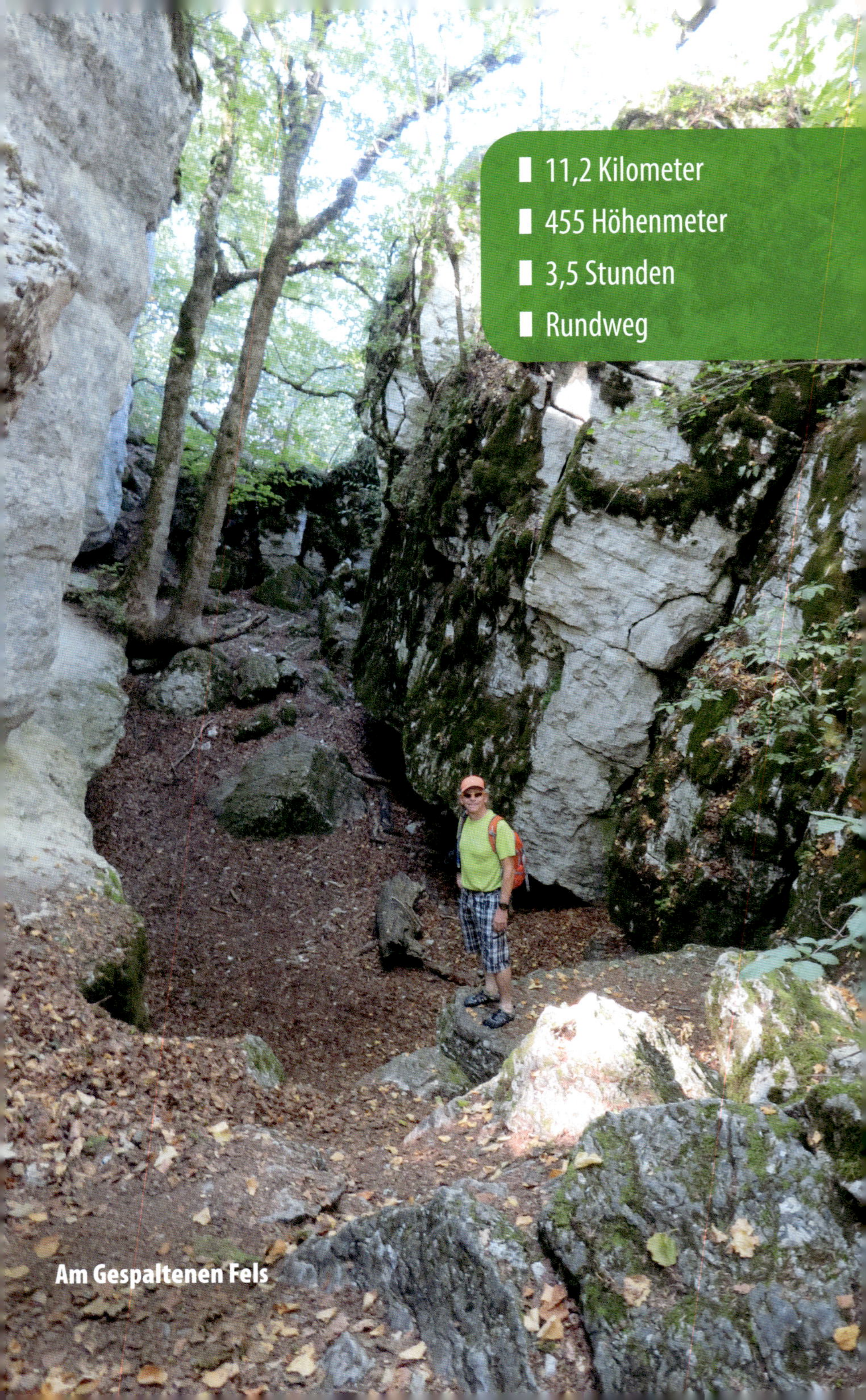

- 11,2 Kilometer
- 455 Höhenmeter
- 3,5 Stunden
- Rundweg

Am Gespaltenen Fels

Felsenzauber

Ruhige Runde um Hausen am Tann

Blauer Himmel und strahlender Sonnenschein begleiten uns schon während der Anreise nach Hausen am Tann. Entweder stellen wir unseren Wagen an dem kleinen Parkplatz in der **Mühlstraße** bei der **Bushaltestelle am Rathaus** ab oder auf dem ausgeschilderten Wanderparkplatz, der rund 300 Meter entfernt ist. Von der Mühlstraße aus gehen wir wenige Meter zurück, überqueren die Dorfstraße und folgen dem Wegweiser links vom *Dorflädele* in Richtung Gespaltener Fels. Die asphaltierte **Hohlgasse** bringt uns leicht ansteigend zum **Kirchweg.** An gepflegten Häusern und Vorgärten vorbei wandern wir aus Hausen am Tann hinaus. So kommen wir dem Ende des asphaltierten Wegs näher. Wir folgen dem mit einer **roten Raute** markierten Pfad nach links in einen lichten Wald hinein.

Der Schafberg wie auch der Gespaltene Fels sind auf den Wegweisern zu lesen. Ein Pfad führt uns geradeaus über einen breiten Weg hinweg zu einem Waldweg. Wir gehen rund 250 Meter nach rechts, um dann links auf einen beschilderten Wanderweg einzuschwenken. Der Waldboden federt leicht unter unseren Füßen. Unser Pfad bringt uns im Zickzack in angenehmer Steigung auf die Hochfläche des Schafbergs hinauf. Hier angekommen, treffen wir auf den Rundweg, der uns fast ohne Steigung nach links führt, und erreichen nach rund 300 Metern den höchsten Punkt des **Schafbergs** ❶ mit 988 Metern. Ein Schild an einem Baum markiert den Gipfel. Wir bleiben erst einmal stehen und genießen den Blick nach links in das obere

__Hausen am Tann__ zählt zu den Mitgliedsgemeinden des Naturparks Obere Donau. Mit seinen 470 Einwohnern liegt es wunderschön neben dem Plettenberg und dem Schafberg. Besonders zu erwähnen ist die Neun-Loch-Golfanlage.

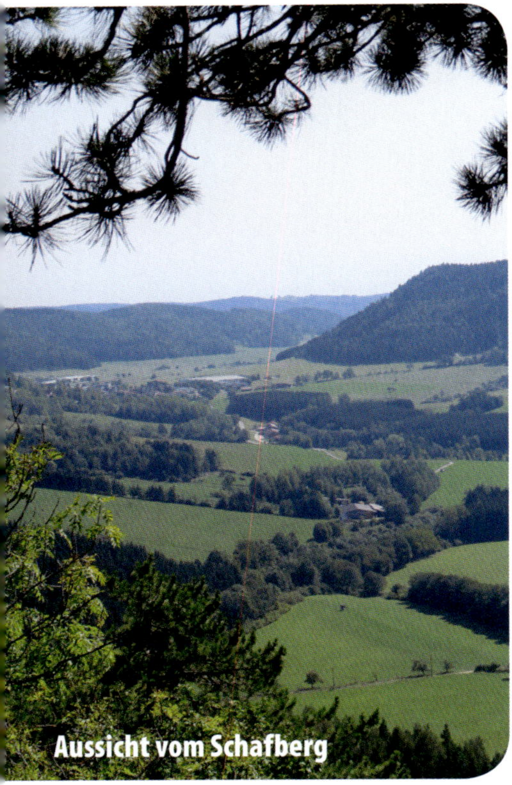

Aussicht vom Schafberg

Schlichemtal. Friedlich liegt Hausen am Tann unter uns. Hangwälder, Wiesen und Wacholderheiden glänzen unter dem blauen Himmel in der Sonne. Ein angenehmer Windhauch erfrischt uns.

Wir wandern geradeaus weiter in Richtung **Lochenstein.** Unser Wanderweg beschreibt einen sehr lang gezogenen Rechtsbogen. Gefühlt wandern wir immer geradeaus. Die **rote Raute** führt uns abwechslungsreich durch lichten Wald und über kurze Wiesenstücke leicht bergab zum Schafbergsattel auf 950 Meter Höhe. Weiter geradeaus, sanft bergauf erreichen wir den **Aussichtspunkt Hoher Fels ❷** auf 996 Meter Höhe. Auch dieser Punkt ist mit einem Schild an einem Baum markiert. Der Wanderweg verläuft in beruhigendem Abstand von der Felskante, so können wir die Aussicht und die Ruhe um uns in vollen Zügen genießen. Schließlich stoßen wir auf den **Gespaltenen Felsen ❸.** Sehr imposant! Was zuerst wie ein paar mit Moos bewachsene Felsen aussah, entpuppt sich als gewaltiger Abenteuerspielplatz für Groß und Klein. Erst einmal nehmen wir auf einem kleinen Felsen Platz und freuen uns über unser Vesper aus dem Rucksack.

Dann steigen wir auf einem Pfad in die kleine Schlucht hinunter. Die Höhe der Felsen ist beeindruckend. Zwei Bäume wachsen direkt aus dem Stein heraus, und wir haben plötzlich Lust, wie große Kinder Verstecken zu spielen Wir schauen uns die faszinierenden Felsformationen sehr genau an. Sollte direkt am Gespaltenen Felsen viel Betrieb herrschen: Rund

Für die Seele

Wir erkunden eine kleine Schlucht am Gespaltenen Felsen und fühlen uns wie echte Abenteurer!

100 Meter weiter gibt es den **Aussichtspunkt Gespaltener Fels** ④, ebenfalls ein attraktiver Rastplatz. Er liegt schattig im Wald. Zwischen den Bäumen können wir auf der rechten Seite den Aussichtspunkt Lochenstein sehen.

Der große Wegweiser, der an einem Baum beim Gespaltenen Fels angebracht ist, leitet uns auf dem **HW1,** dem **Schwäbischen-Alb-Nordrand-Weg,** Richtung Wenzelstein. Selbst **Hausen am Tann** ist hier schon angeschrieben.

Wir schlendern über eine Wiese und haben immer wieder schöne Ausblicke, während wir abwärts wandern. An der nächsten Kreuzung gehen wir geradeaus, nehmen unseren Schwung mit und folgen dem

*Der **Schwäbische-Alb-Nordrand-Weg** ist ein 365 Kilometer langer Fernwanderweg. Der HW1 (Hauptwanderweg 1) führt in 25 Tagesetappen entlang der Nordseite der Alb von Tuttlingen nach Donauwörth.*

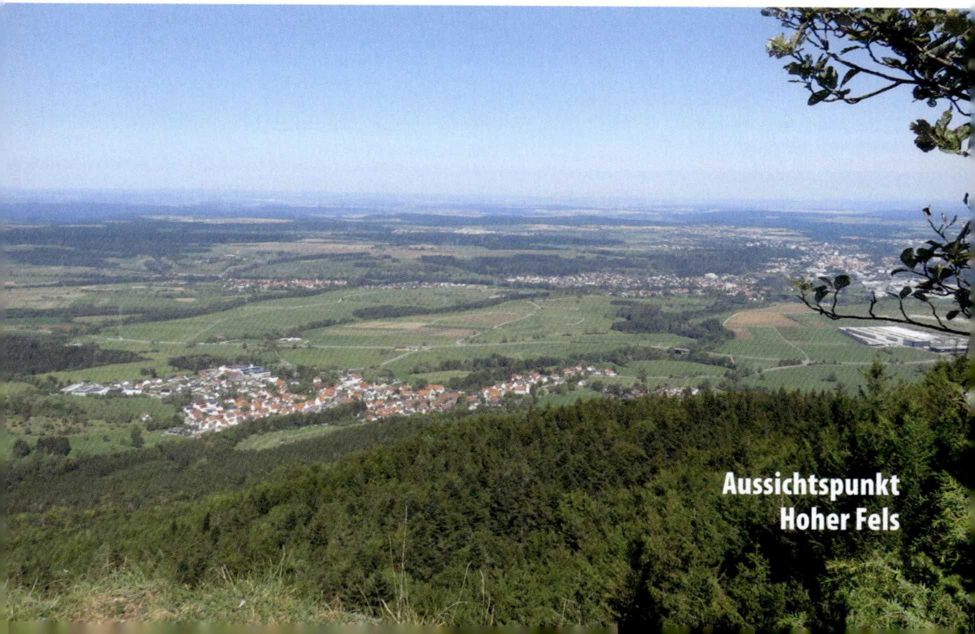

Aussichtspunkt Hoher Fels

Wanderweg zum **Wenzelstein.** Der Pfad nimmt uns mit auf den bewaldeten Berg. Von der kleinen Burg, die hier einst stand, ist jedoch so gut wie nichts mehr zu finden. Zwischen den Bäumen haben wir schöne Blicke auf den Schafberg. Der als Rundweg angelegte Pfad bringt uns zurück zur bereits bekannten Kreuzung.

Jetzt nehmen wir uns viel Zeit, den besonders schönen **Blick auf den Lochenstein ❺** ausreichend zu würdigen. Ein verzierter Bilderrahmen aus schwarzem Metall ist ein herausragendes Fotomotiv. Und nun folgen wir dem Ruf des Lochensteins. Mit seinen fast senkrecht abfallenden Wänden ist er ein sehr exponierter Aussichtspunkt. Eine Schotterstraße nimmt uns mit bergab. Kurz nach einer Kreuzung halten wir uns links und folgen dem ansteigenden Pfad zum Lochenstein. Das Hinweisschild „Weg nur für geübte Wanderer“ hat seine Berechtigung. Kurze Stücke des Pfades führen über steiniges Gelände etwas steiler aufwärts. Für uns mit unserem guten Schuhwerk stellt das natürlich kein Problem dar.

Über eine große Wiese mit einigen Ruhebänken erreichen wir 400 Meter später den **Aussichtspunkt Lochenstein ❻.** Je nach unserer Höhentauglichkeit genießen wir die Aussicht entweder vom Gipfelkreuz aus oder aber an einer Schautafel auf der Wiese. Bei klarer Sicht blicken wir vom Schwarzwald im Westen – die Hornisgrinde mit dem Fernsehturm ist gut zu erkennen – bis zum Stuttgarter Fernsehturm im Norden. Auch die berühmte Burg Hohenzollern im Nordosten ist meist zu sehen.

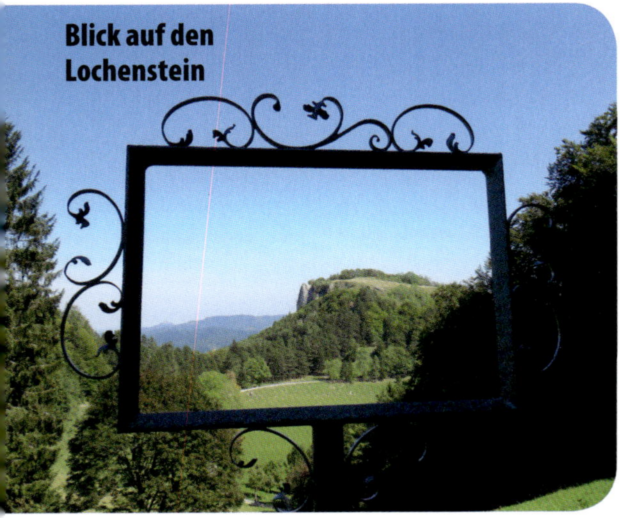

Blick auf den Lochenstein

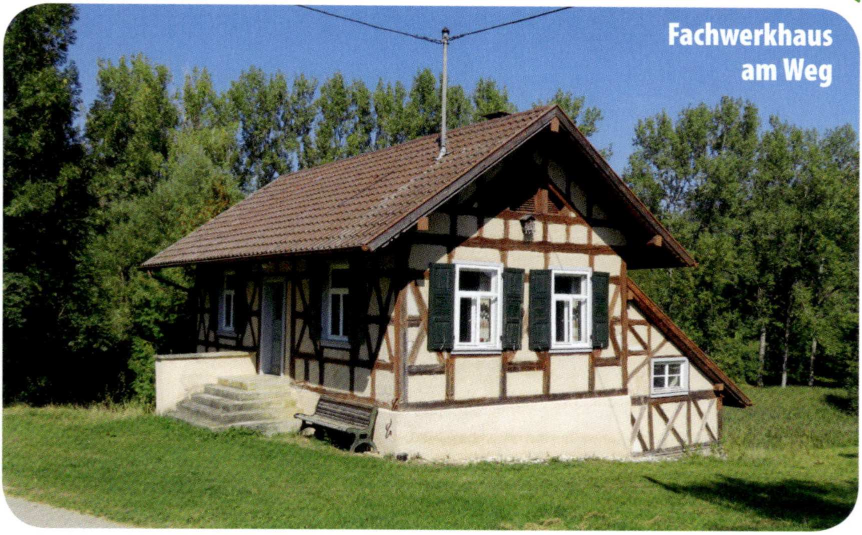

Hier oben verweilen wir einige Zeit. Wir haben die Wahl zwischen einigen Sitzbänken und einem ruhigen Plätzchen auf der Wiese. Als Abstiegsweg wählen wir den Weg zum **Lochenpass.** Er bringt uns über die Wiese und dann über Stufen hinunter zu einer Forststraße. Der Lochenpass und seine Passstraße liegen rund 150 Meter links von uns.

Hier halten wir uns rechts und umrunden auf einer mit einem **roten Y** markierten Forststraße den Lochenstein fast zur Hälfte. So erreichen wir wieder die uns schon bekannte Kreuzung. Von hier geht es bergab nach Hausen am Tann. Auf den rund 3 Kilometern bis dorthin besprechen wir den weiteren Tourenverlauf. Es gibt da einen kleinen Wasserfall an der Schlichem. Den wollen wir uns selbstverständlich auch noch anschauen!

Sehr gepflegte Häuser und wunderschöne Vorgärten liegen an der **Oberhauser Straße** in Hausen am Tann. Geradeaus gehen wir anschließend rund 50 Meter auf dem Gehweg der Dorfstraße weiter und biegen dann links in den **Weiherweg** ein. Wir orientieren uns

!

*Die **Lochen-Passstraße** wurde schon von den Römern genutzt. Vor dem Bau der A 81 verlief hier eine der Hauptachsen, die „alte Schweizer Straße" von Stuttgart nach Schaffhausen.*

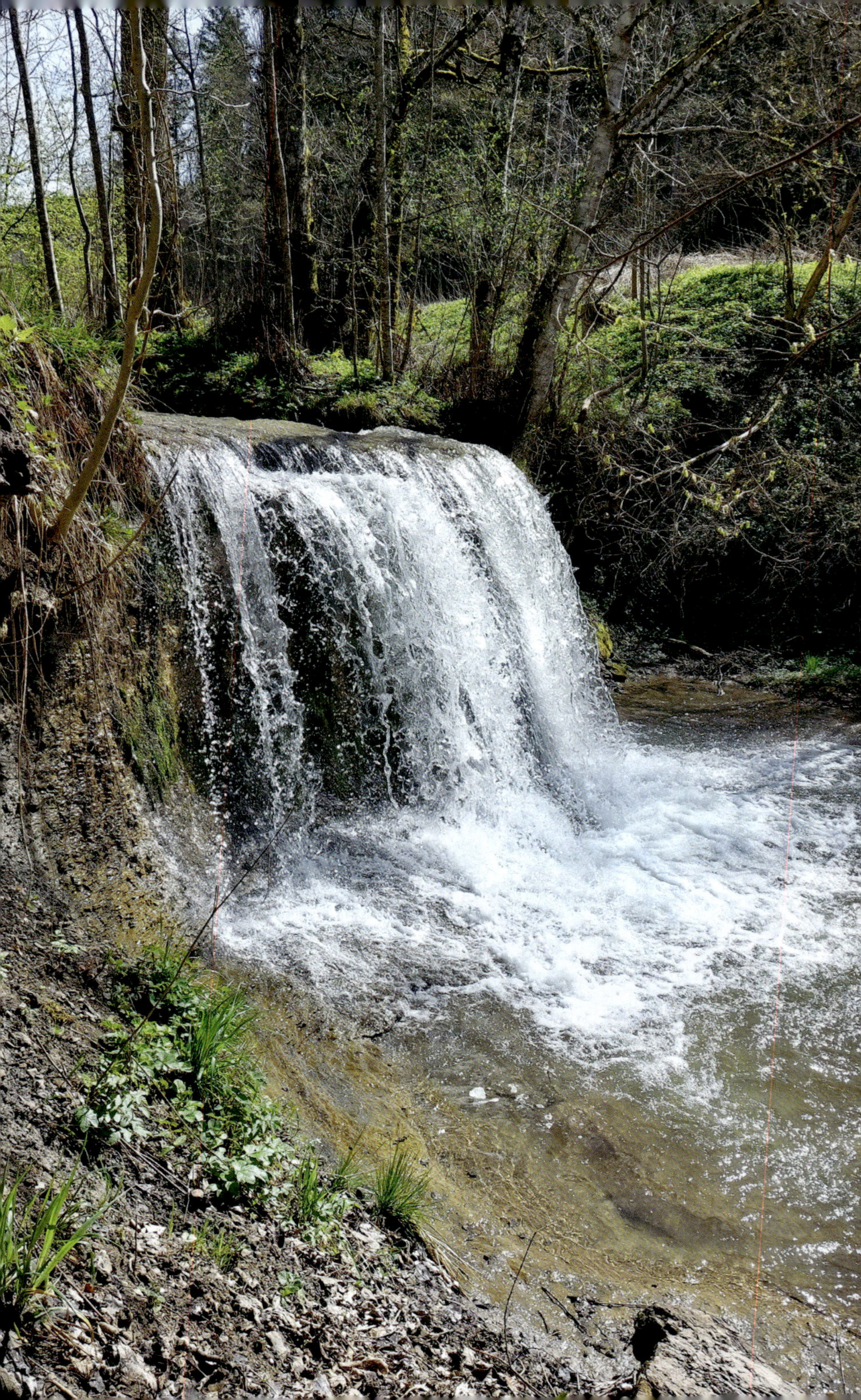

an dem kleinen grünen Wegweiser, auf dem **Unser Käppele** angeschrieben ist. Der Weiherweg leitet uns geradeaus zu einem Kiesweg, dem **Schlichemwanderweg,** auf dem wir nach rechts weitergehen. Hier ist bereits der **Schlichem-Wasserfall** in 800 Meter Entfernung angeschrieben. Der Weg mündet in die Schlichemstraße. Dieser folgen wir nach links, bis wir die **Mühlstraße,** die Hauptstraße von **Hausen am Tann,** erreichen. Nach dem Überqueren der Mühlstraße wandern wir, praktisch geradeaus, auf dem mit der roten Raute markierten Sträßchen weiter. Schon nach wenigen Metern sind wir wieder auf einer Forststraße unterwegs, und am ersten Abzweig hören wir von links das zarte Rauschen des kleinen Wasserfalls. Nur wenige Schritte später stehen wir vor dem Naturschauspiel. Der **Schlichem-Wasserfall** ❼ liegt direkt vor uns.

Dieser Ort ist nicht spektakulär, hat aber etwas Besonderes. Die Sonne scheint zwischen den Bäumen hindurch, das sehr sanfte Rauschen der Schlichem untermalt die Szenerie. So nah an der Zivilisation und dem normalen Leben – dennoch so weit weg vom Alltag. Einfach nur schön.

Wasserfälle *wie der an der Schlichem entstehen, wenn die obere, härtere Gesteinsschicht vom Wasser durchbrochen und die darunterliegende, weichere ausgespült wird. So entsteht ein Überhang der Felsschicht und am Flussboden das Tosbecken.*

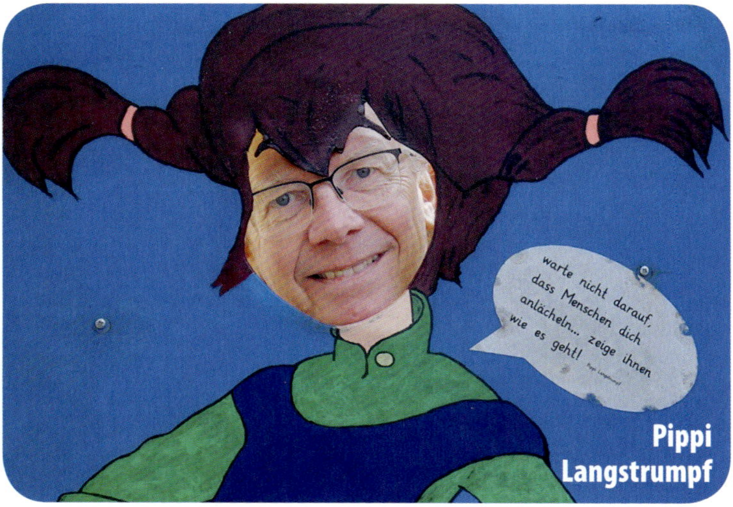

Pippi Langstrumpf

Auszeittour 1

Auch wenn wir keine Eile haben, ist es Zeit weiterzuwandern. Auf einer weiteren Tafel könnten wir uns mit Pippi Langstrumpf fotografieren lassen. Uns gefällt besonders ihr Motto: „Warte nicht darauf, dass Menschen dich anlächeln – zeige ihnen, wie es geht." So wandern wir lächelnd den uns bekannten Weg zurück zur **Mühlstraße** und dem Ortsanfang von Hausen am Tann. Der Gehweg neben der Mühlstraße bringt uns zurück zu unserem Parkplatz – egal, an welcher der beiden Möglichkeiten wir unseren Wagen abgestellt haben. Mit etwas Glück hat das **Gasthaus Krone** ⑧ fast direkt gegenüber dem Rathaus geöffnet, und wir können hier die Tour bei einem Alpirsbacher ausklingen lassen.

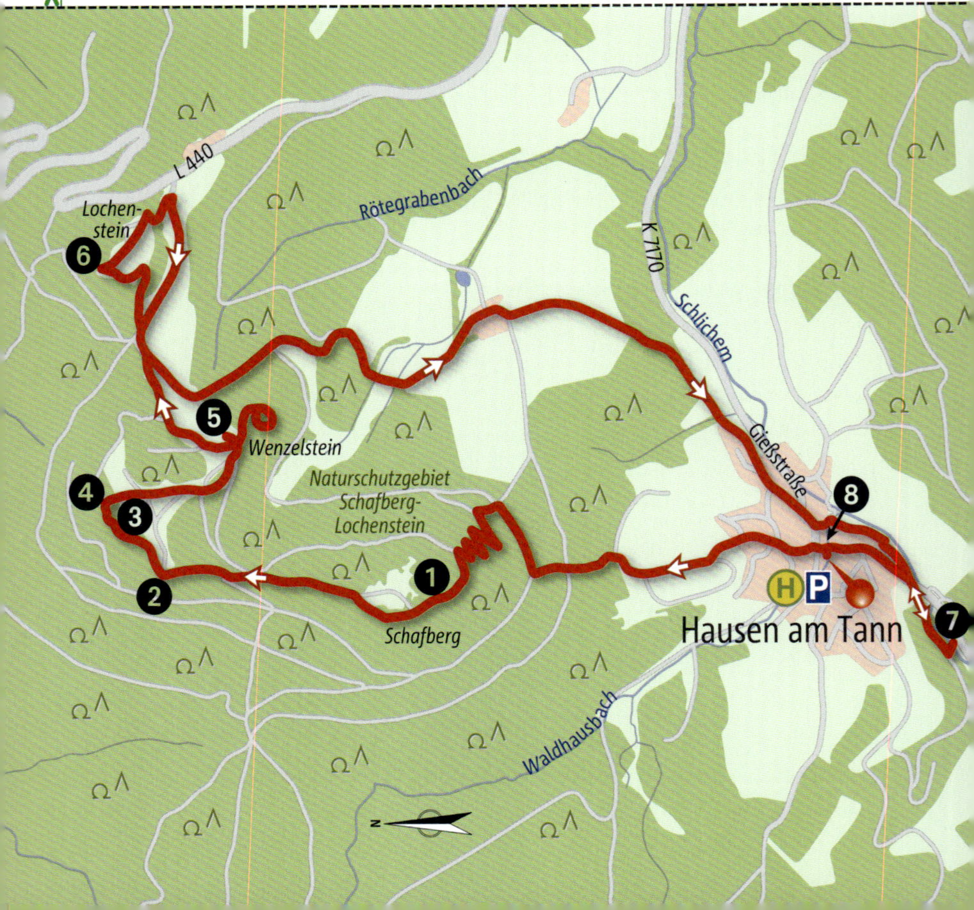

Entspannung ✱✱✱✱✱
Genuss ✱✱✱✱✱
Romantik ✱✱✱✱✱

WIE & WANN:
Wanderwege, Pfade, Forstwege und wenig befahrene Straßen.
Beste Wanderzeit: März bis Oktober.

HIN & WEG:
Auto: Parkplatz beim Rathaus, Mühlstraße, 72361 Hausen am Tann (GPS: 48.1979, 8.83595) oder beschilderter Wanderparkplatz, Riedern, 72361 Hausen am Tann (GPS: 48.19835, 8.83256)
ÖPNV: Bus 315 bis Haltestelle Rathaus; sonntags nur Rufbus, Anmeldung 1 Stunde vorher unter Tel. (0 74 71) 93 50 50

ESSEN & ENTSPANNEN:
Gasthaus Krone ❽ Mühlstraße 11, 72361 Hausen am Tann, Tel. (0 74 36) 15 81
Zusätzlich Rucksackverpflegung empfehlenswert.

ENTDECKEN & ERLEBEN:
Aussichtspunkt Schafberg ❶
Aussichtspunkt Hoher Fels ❷
Gespaltener Fels ❸
Aussichtspunkt Gespaltener Fels ❹
Blick auf den Lochenstein ❺
Aussichtspunkt Lochenstein ❻
Schlichem-Wasserfall ❼

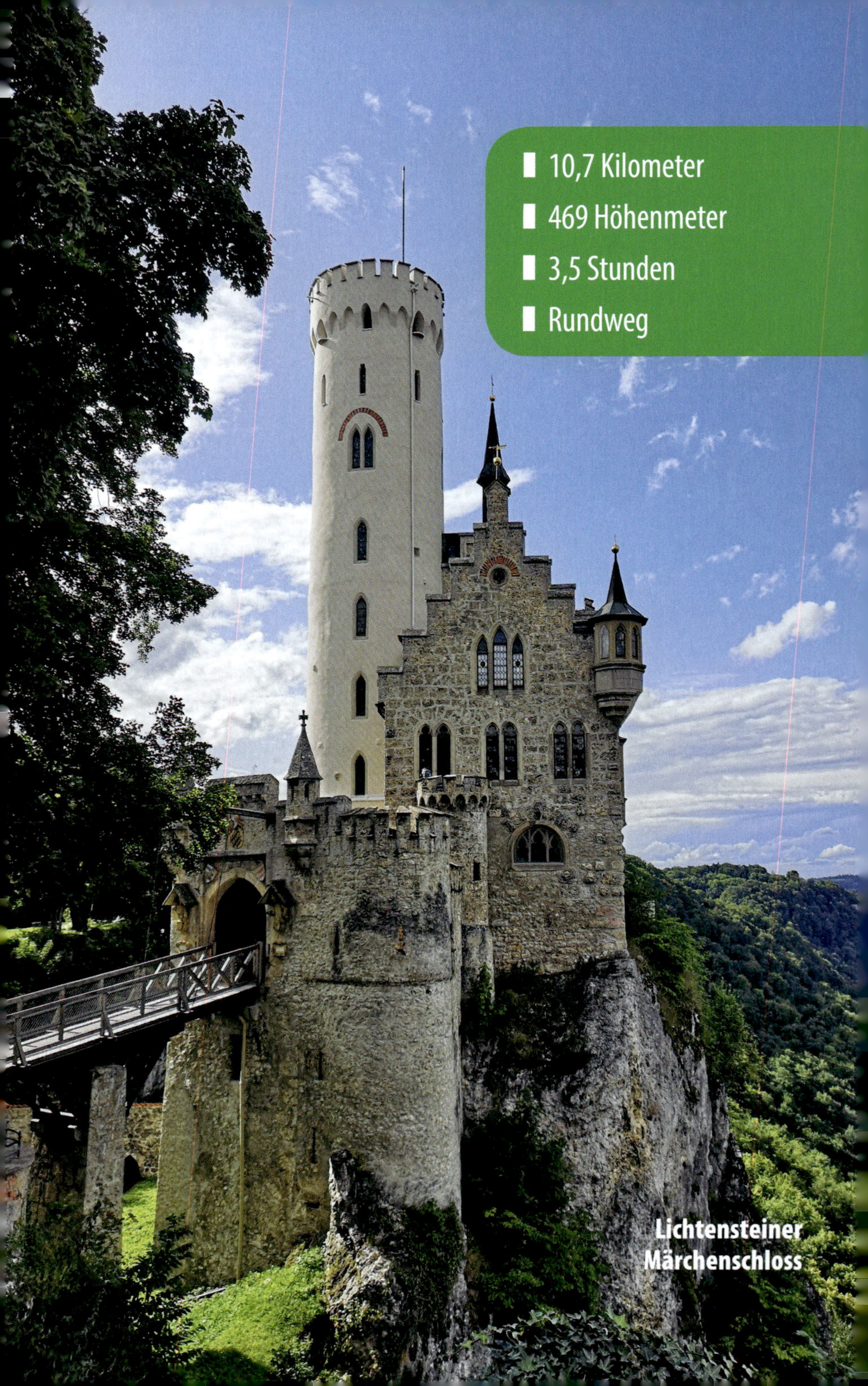

- 10,7 Kilometer
- 469 Höhenmeter
- 3,5 Stunden
- Rundweg

Lichtensteiner Märchenschloss

Helle Pfade

Zum Märchenschloss bei Honau

Ausgerüstet mit guten Wanderschuhen und sicherem Tritt starten wir am kostenfreien **Parkplatz Traifelberg** an der B 312. Die Bushaltestelle liegt genau gegenüber.

Wir überqueren die Landstraße an der Fußgängerampel und folgen der Traifelbergstraße leicht bergauf. Im Moment ist das **rote Dreieck** auf weißem Grund unsere Wegmarkierung. An der nächsten Abzweigung gehen wir auf der Ernst-Glück-Straße nach links weiter. Auf den Wanderwegweisern ist bereits unser erstes Zwischenziel, der Locherstein, angeschrieben. Das ist einer von mehreren sehr schönen Aussichtspunkten, die uns erwarten. Der große Wegweiser **Weg zu den Traifelbergfelsen** leitet uns nach rechts in den lichten Wald hinein. Ab jetzt sind wir fast nur noch auf Wanderwegen und Pfaden unterwegs. Wir überqueren die Traifelbergstraße, wandern noch kurz geradeaus und folgen dann dem markierten Waldweg nach links zu den Aussichtspunkten **Locherstein** und **Rötelstein.** Die Sonne scheint durch den lichten Buchenmischwald, und unser Wanderweg hat, außer mehreren traumhaften Aussichtspunkten auf Schloss Lichtenstein, noch viele natürliche Schönheiten zu bieten. Im mit Pilzen übersäten Stamm eines sehr trockenen Baumriesen entdecken wir mehrere Löcher. Vermutlich hat ein Specht im morschen Holz nach Nahrung gesucht. Spechte haben eine federnde Verbindung zwischen dem starken Schnabel und dem Gehirn, dank derer sie das Gehämmer an den Bäumen ohne Kopfschmerzen überstehen.

*Die **Spechte** sind mit über 100 Arten fast auf der ganzen Welt verbreitet. Sie ernähren sich überwiegend von Insekten und leben in Nisthöhlen, die sie mit dem Schnabel aus dem Stamm herausmeißeln. Am zahlreichsten ist bei uns der Buntspecht vertreten.*

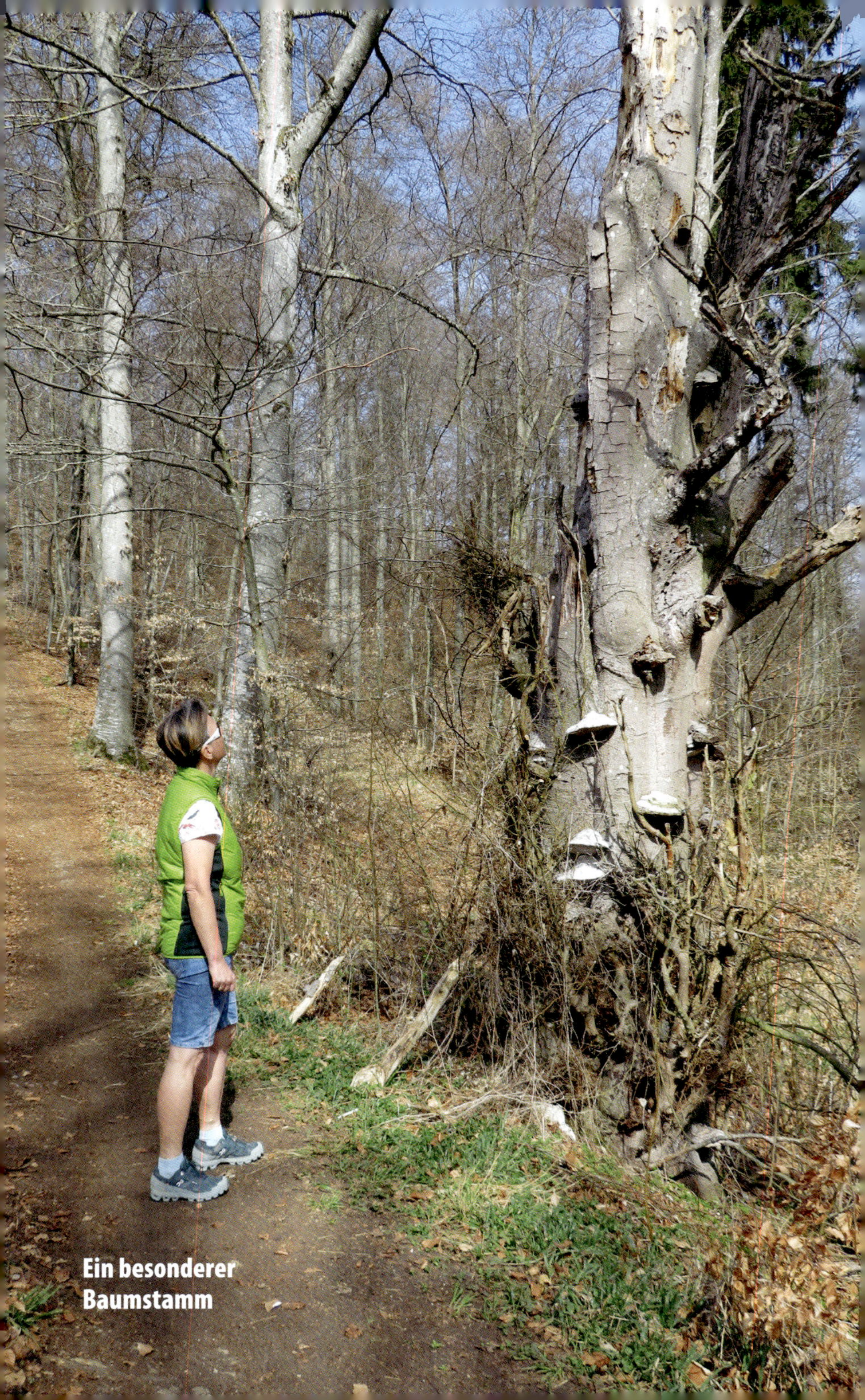

Ein besonderer
Baumstamm

Für die Seele

Im Märchenschloss Lichtenstein vergessen wir Raum und Zeit. Wir träumen von großen Feiern mit unseren Freunden und Verwandten in fantastischer Umgebung.

Wenige Schritte weiter können wir im Frühling vereinzelt schöne Veilchen entdecken. Dann erreichen wir den **Aussichtspunkt Locherstein ❶** mit einem wunderschönen Blick auf Schloss Lichtenstein. Hier rasten wir und bewundern das Schloss auf der anderen Talseite. Es ist direkt auf einen senkrecht abfallenden Felsen gebaut. Wir selbst stehen ebenfalls auf einem solchen Riff und halten von der Kante gebührend Abstand.

Der abwechslungsreiche Wanderweg führt uns weiter in leichtem Auf und Ab am Rand der Albhochfläche entlang. Nach links fällt das Gelände teilweise steil ab. Ob wir die ungesicherten Aussichtspunkte auf den Felsnasen besuchen, liegt in unserem Ermessen. Für trittsichere und schwindelfreie Wanderer ist der Tiefblick ein Erlebnis. Der Abschluss der Aussichtspunkte ist der imposante **Rötelstein ❷** auf 769 Meter über Normalnull.

Wir wandern auf einem abenteuerlichen Weg am Waldrand entlang weiter. Mehrfach bleiben wir stehen, schauen zwischen den Bäumen nach rechts über saftige Wiesen zu dem Dorf Holzelfingen. Links unter uns im Echaztal liegt Honau, und auf der anderen Talseite kommt immer wieder Schloss Lichtenstein in den Blick. Kurz werden wir aus dem Wald auf einen Forstweg geführt. Nur wenige Meter später beginnen wir unseren Abstieg zur Olgahöhle in Honau und folgen dem Wanderweg nach links durch den Wald abwärts. Bis nach Honau ist unsere Wanderweg-Variante jetzt mit einem **blauen Dreieck** markiert. Der Waldboden federt hin und wieder angenehm unter unseren Füßen,

Vor über 100 Millionen Jahren wuchsen im Jurameer, das Europa bedeckte, ***Schwamm-Algen-Riffe****. Diese Riffe wurden im Lauf der letzten 20 Millionen Jahre aus den ungeschichteten Kalkmassen wieder herausgewaschen, was hier bei Honau sichtbar ist.*

*Die „junge" **Olgahöhle** entstand nach der Eiszeit. Sie ist die längste Tuffsteinhöhle Deutschlands. Unter ihrem Entdecker Johann Ziegler wurde sie zur ersten elektrifizierten Schauhöhle Deutschlands ausgebaut.*

während wir dem markierten Weg folgen und bald die ersten Häuser von Honau erreichen. Wir bleiben wenige Meter auf der **Hauffstraße,** das blaue Dreieck weist uns nach rechts in die **Olgastraße.** Hier, in der Olgastraße 31, befindet sich die **Olgahöhle ③.** Die 123 Meter lange Höhle ist nach der württembergischen Königin Olga benannt.

Leider ist heute nicht der erste Sonntag im Monat – denn nur an diesen Tagen zwischen April und Oktober könnten wir die Höhle besichtigen. So gehen wir weiter auf der Olgastraße und bewundern im Vorbeigehen die verschiedenen Baustile der gepflegten Häuser. Über die **Schulstraße** kommen wir zum **Lindenplatz.** Ein Wegweiser an der alten Linde schickt uns nach rechts in die Gallusstraße, die uns zur Hauptstraße von Honau, der **Heerstraße,** bringt. Wir sehen links in der Heerstraße das Restaurant **Forellenhof Rössle ④,** möchten aber gerne unseren Schwung mitnehmen für den Aufstieg zum Schloss. Die Heerstraße wird überquert, wir nutzen die Schloßstraße. An der folgenden Kreuzung entscheiden wir uns für den etwas kürzeren Weg zum Schloss und gehen kurz in den **Ahornweg.** Wo dieser nach rechts abknickt, wandern wir geradeaus weiter auf einem Wiesenweg bergauf.

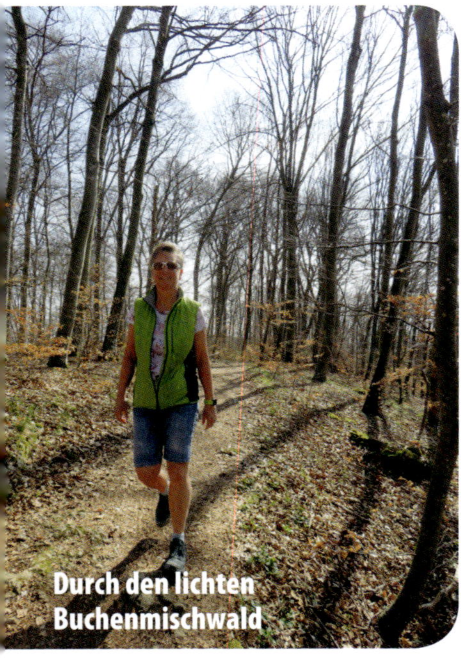

Durch den lichten Buchenmischwald

Der Weg ist zuerst flankiert von zwei Hecken, nimmt uns dann mit über eine freie Wiese und führt uns in einen lichten Buchenmischwald. Eine angenehme Steigung bringt uns zur Wegkreuzung **Felsenkasse.** Das ist ein Kässchen links in einem großen Felsen, das mit einem sympathischen Reim um eine Spende für den Wegebau bittet. Wir biegen rechts ab und folgen dem Pfad weiter aufwärts. Sollte der

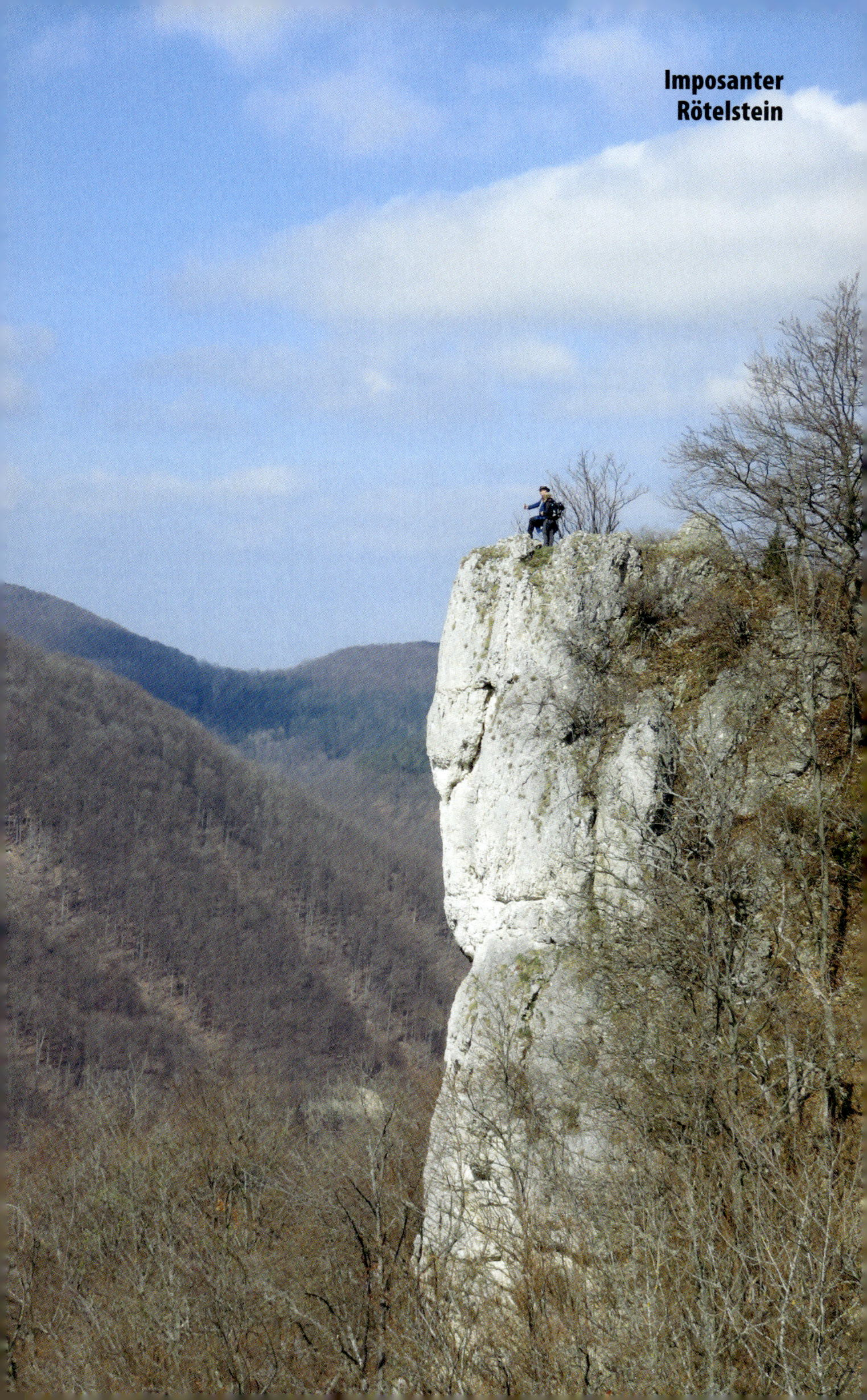
Imposanter Rötelstein

Wilhelm Graf von Württemberg wurde von dem Roman „Lichtenstein" inspiriert und ließ ***Schloss Lichtenstein*** *1840–1842 auf den Ruinen einer alten Burg aus dem 14. Jahrhundert im mittelalterlichen Stil neu aufbauen. So entstand das „Märchenschloss Württembergs".*

Untergrund feucht sein, ist für die nächsten 30 Meter etwas Vorsicht angesagt.

Mittlerweile haben wir die Steigung hinter uns und stehen nun vor der Qual der Wahl zwischen einem Einkehrschwung im **Alten Forsthaus 5**, der Besichtigung von **Schloss Lichtenstein 6** oder einem alkoholfreien Weizen in der **Schlossschenke 7**. Unsere Neugier auf das Schloss ist stärker als Hunger und Durst. Schnell zweimal links abgebogen – und nach 200 Metern stehen wir am Eingang und sichern uns unsere Eintrittskarte für den Schlosshof. Hier zeigt sich erstmals die Größe dieses wunderschönen Schlosses.

Der Teil, der auf dem Felssporn erbaut wurde, war im Mittelalter uneinnehmbar. Der Schlossgarten ist ausgesprochen weitläufig, und die Gebäude mitsamt der Kapelle beeindrucken uns schon von außen. Heute drängt es uns weiterzuwandern, aber wir nehmen uns fest vor, bei unserem nächsten Besuch an einer Führung durch die Gemächer des Grafen Wilhelm teilzunehmen, die uns wärmstens empfohlen wird.

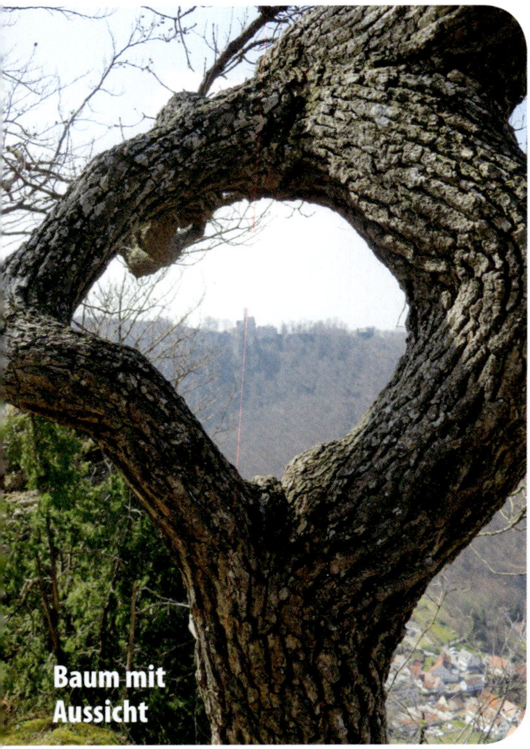
Baum mit Aussicht

Nach der Besichtigung des Schlossgartens umrunden wir das Schloss noch von außen und bewundern die schönen Türme und die unzähligen Verzierungen an der Burgmauer. Vom gesicherten Aussichtspunkt aus haben wir noch einmal einen schönen Blick auf das Schloss, aber auch auf den bisherigen Verlauf unserer Tour. Die **Ruine der Burg Alter Lichtenstein 8** steht noch auf unserem Plan. Ein

Schild an einem Baum leitet uns zur 500 Meter entfernten Burgruine mit genauso schöner Aussicht wie am Märchenschloss. Gerne verweilen wir auf der Bank in der Ruine ein wenig, bevor wir die wenigen Meter zurück zum Wanderweg gehen. Ab hier folgen wir wieder dem mit **roten Dreiecken** markierten Wanderweg in Richtung **Haltestelle Traifelberg.** In großen Bögen bringt er uns abwärts bis fast an eine Landstraße. An diesem Abzweig könnten wir unsere Tour um 2,5 Kilometer und 140 Höhenmeter abkürzen und direkt zum Parkplatz Traifelberg zurückwandern. Aufgrund der Informationen auf dem Wegweiser entscheiden wir uns jedoch, dem Pfad nach links zur **Echazquelle** zu folgen.

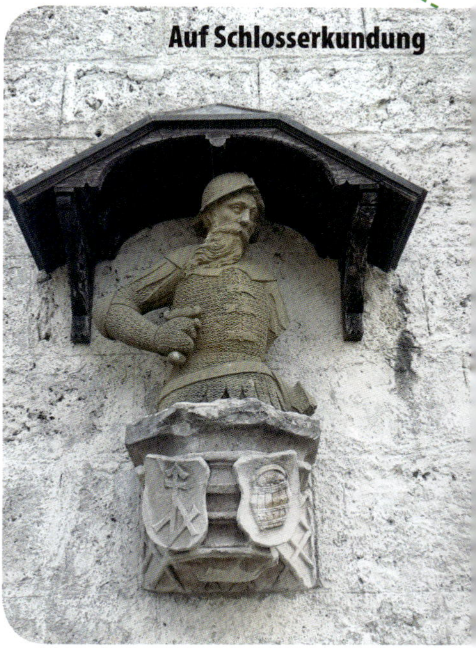
Auf Schlosserkundung

Unser Pfad heißt **Tobelweg** und leitet uns auch tatsächlich in einen Tobel hinein, vorbei am **Ohafelsen** und einem kleinen Felsenfenster neben dem Pfad. Wir erreichen einen breiteren Weg, folgen diesem für 5 Meter nach links und biegen dann wieder halb rechts auf unserem Tobelweg ab, der uns weiter abwärts führt und direkt an der **Echazquelle** **9** endet. Hier gibt es einen Grillplatz und auf einer mit Steinen eingefassten Insel eine weitere Bank. Wer möchte, kann im 8,5 Grad kalten Wasser kneippen. Der **Ernst-Etter-Weg** bringt uns an der linken Tobelseite zurück in Richtung Parkplatz. Rinnsale kommen aus kleinen Quellen und fließen über unseren Wanderweg. Wir entdecken eine versteinerte Muschel am Wegesrand, Tafeln berichten über den Wald und dessen Tiere.

So wandern wir immer geradeaus sanft bergauf, vorbei an stark bemoosten Felsblöcken. Das Moos schimmert im Licht der Nachmittagssonne fast smaragdgrün. Am Ende des Tobels, vor einer Felswand, wendet sich unser Pfad nach links und führt uns in engen Kehren die letzten Meter über Treppenstufen nach oben. Wir sind jetzt rund 100 Meter von der Abzweigung entfernt, an der wir vorher in den Tobel eingeschwenkt sind. Bis zum Parkplatz sind es nur noch 900 Meter. Es geht links, wenige Meter auf einem asphaltierten Weg, dann wieder auf unserem Wanderweg durch ein Waldstück hindurch. Links unterhalb von uns befinden sich der Parkplatz und die Bushaltestelle. Nun liegt es an uns, direkt die Heimreise anzutreten oder noch im **Forellenhof Rössle** in Honau bei einer Spezialität des Hauses unseren Tag ausklingen lassen.

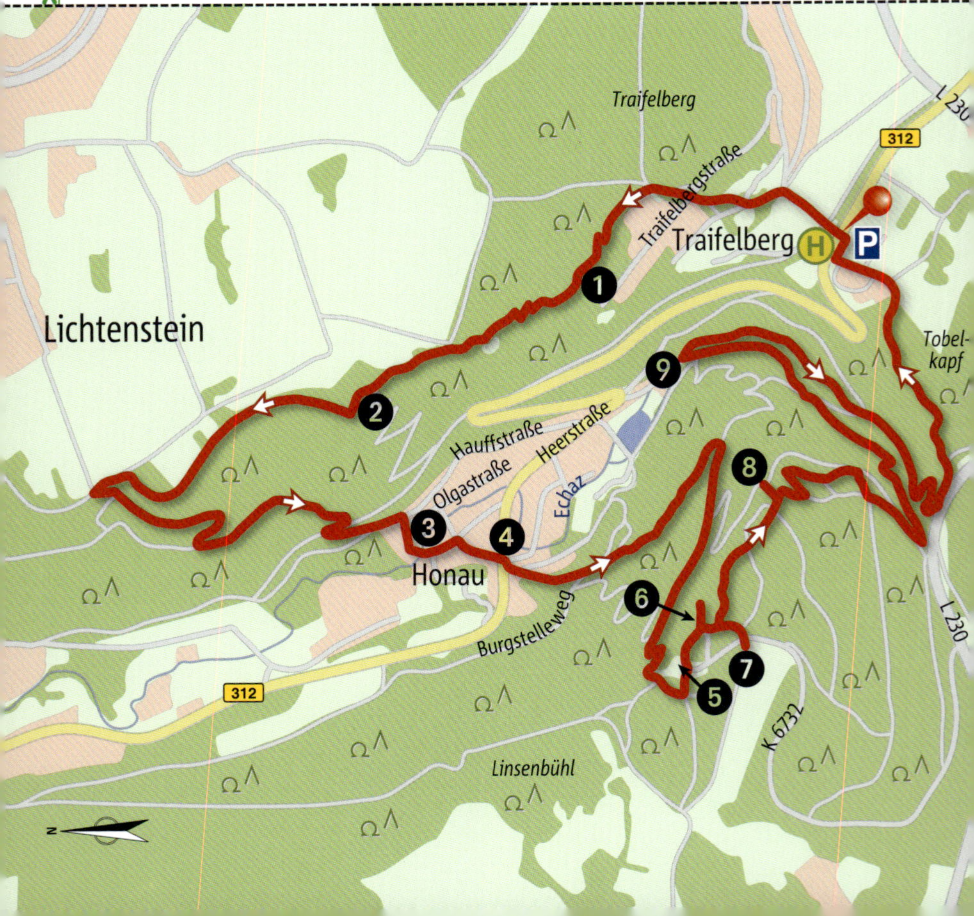

Entspannung ✸✸✸✸✸

Genuss ✸✸✸✸✸

Romantik ✸✸✸✸✸

WIE & WANN:
Wanderwege und Pfade, sehr kurz auf Forststraßen.
Beste Wanderzeit: März bis Oktober bei trockenen Verhältnissen.

HIN & WEG:
Auto: Parkplatz Traifelberg, Greuthaustraße an der B 312, 72805 Lichtenstein (GPS: 48.403030, 9.271334)
ÖPNV: Bus 400, 7606, 7607 bis Haltestelle Traifelberg

ESSEN & ENTSPANNEN:
Forellenhof Rössle ❹ Heerstraße 20, 72805 Lichtenstein-Honau, Tel. (0 71 29) 92 97-0, www.forellenhof-roessle.de
Altes Forsthaus ❺ Schloss Lichtenstein 5, 72805 Lichtenstein, Tel. (0 71 29) 24 40, www.altesforsthauslichtenstein.de
Schlossschenke Lichtenstein ❼ Schloss Lichtenstein 1, 72805 Lichtenstein, Tel. (0 71 29) 6 03 81, www.schlossschenke-lichtenstein.de

ENTDECKEN & ERLEBEN:
Aussichtspunkt Locherstein ❶
Aussichtspunkt Rötelstein ❷
Olgahöhle ❸ Olgastraße 31, 72805 Lichtenstein, www.olgahoehle.de
Schloss Lichtenstein ❻ 72805 Lichtenstein, Tel. (0 71 29) 41 02, www.schloss-lichtenstein.de
Burgruine Alter Lichtenstein ❽
Echazquelle ❾

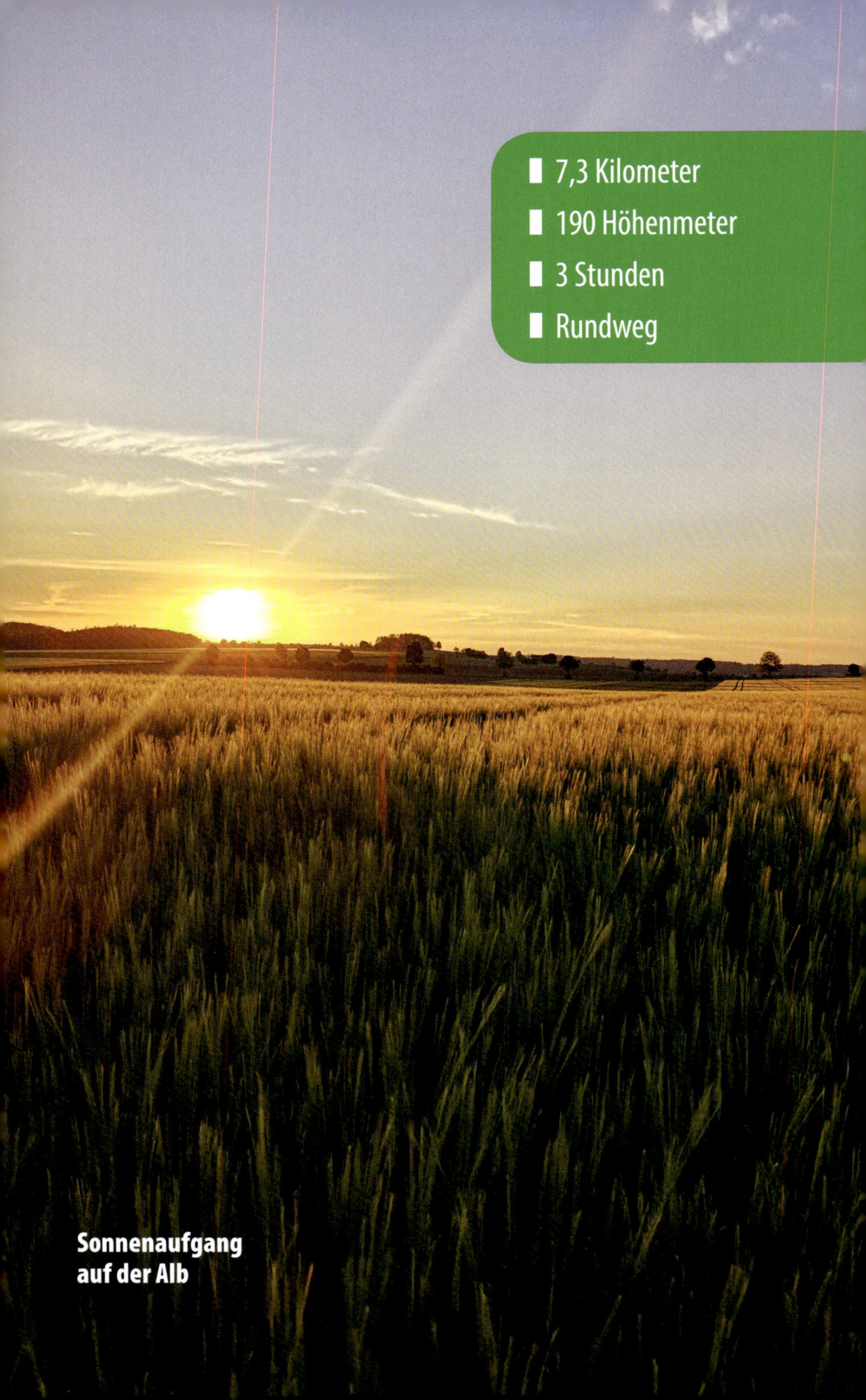

- 7,3 Kilometer
- 190 Höhenmeter
- 3 Stunden
- Rundweg

Sonnenaufgang auf der Alb

Im Märchenwald

Rund um Aalen-Unterkochen

Um den kleinen Parkplatz am Bahnhof zu entlasten, reisen wir entspannt mit dem Zug nach Unterkochen an. Voller Tatendrang verlassen wir das Gelände des Bahnhofs, überqueren mit Vorsicht die **Heidenheimer Straße** und folgen dieser vorbei an zwei Gasthäusern. Nach einer Rechtskurve kommen wir automatisch in die **Waldhäuser Straße.** Diese verlassen wir nach links in die Zehntscheuergasse. In einem Linksknick wechselt das Sträßchen seinen Namen in **Kellersteige,** und rund 30 Meter später nutzen wir einen asphaltierten Wanderweg, der in spitzem Winkel nach rechts abzweigt. Schon bald gehen wir auf feinem Kies. Der Weg führt uns ein Stück am Ortsrand entlang, bis wir auf der Straße **Eisenschmiede** wieder ein Stück im Ort wandern. In einem Rechtsbogen kommen wir über den Bischof-Hefele-Weg rechts zur **Waldhäuser Straße.**

Hier, an dieser Einmündung, können wir schon mal in den schönen Biergarten des **Landgasthofs Lauterhäusle** schauen. Da es für eine Einkehr noch etwas zu früh ist, folgen wir der Waldhäuser Straße nach links und biegen dann gleich darauf erneut links ab in die **Klause.** Wenige Schritte später sehen wir auf einem Wanderwegweiser bereits unser erstes Zwischenziel: Nur 1 Kilometer trennt uns vom Ursprung des Weißen Kochers. Das Asphaltsträßchen verwandelt sich in einen breiten, komfortablen Kiesweg. Wir haben das Gefühl, durch einen Märchenwald zu wandern. Links neben uns das beruhigende Plätschern des jungen Kochers, die Sonnenstrahlen, die zwischen den Bäumen hereinstrahlen: wirklich märchenhaft!

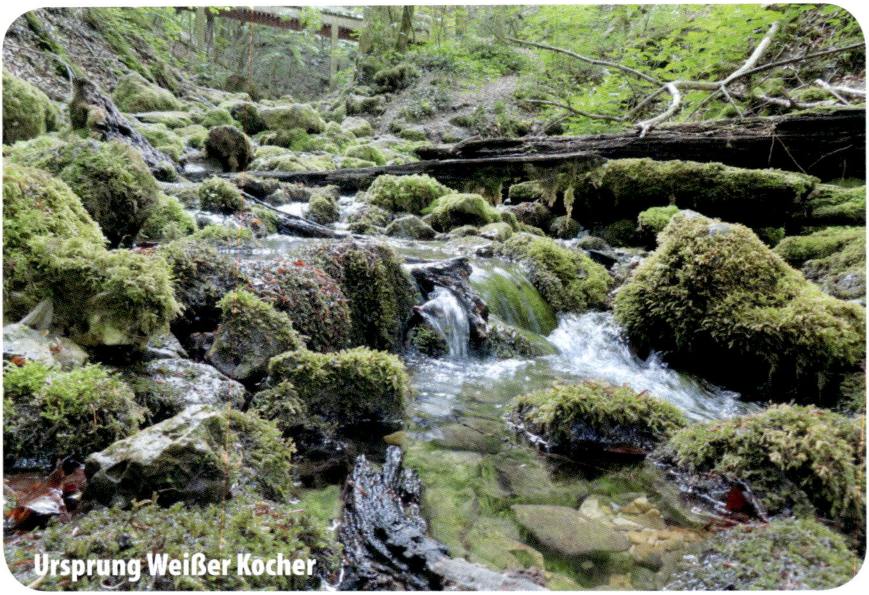

*Nahe dem Kocherursprung entsteht der **„Urwald von morgen"**. Hier werden Lebensgemeinschaften zwischen Alt- und Totholz sowie Lebensräume für Tiere gesichert.*

Wir kommen an mehreren Ruheorten vorbei, wandern über kleine Brücken und erreichen den **Ursprung des Weißen Kochers 1.** Das dezente Rauschen um uns herum verleiht diesem Ort eine besondere Stimmung. Auf der Bank am Ende einer Brücke nehmen wir Platz und verweilen ein wenig. Malerisch sind die stark mit Moos bewachsenen Steine.

Nach dieser Rast folgen wir unserem Wanderweg bergauf, an der kommenden Abzweigung nehmen wir den breiteren Weg nach rechts und erreichen nach rund 200 Metern eine Landstraße. Diese überqueren wir mit angemessener Vorsicht und gelangen zu einem Kiesplatz. Eine Tafel gibt uns Informationen über Entstehung, Größe und Bedeutung der Kocherburg in der guten alten Zeit. Ab hier ändert sich unsere Wegmarkierung zu einem **roten Y.** Es gibt aber noch eine weitere Besonderheit: die Bahntrasse der Härtsfeldbahn, *Schättere*, wie die alte Eisenbahn im Volksmund genannt wurde. Sie führte von Aalen bis nach Dillingen an der Donau.

Für die Seele

Die liebevoll restaurierte Ruine Kocherburg gibt uns viele freudige Überraschungen mit auf den Weg – sie bleiben uns dauerhaft positiv in Erinnerung!

Wir sind gerade über ihren stillgelegten Tunnel gewandert. Heute ist er Quartier für Fledermäuse.

Wir gehen auf einer Forststraße geradeaus weiter Richtung Ruine Kocherburg. Das **rote Y** leitet uns an der nächsten Abzweigung nach rechts leicht bergauf. Unser geschultes Auge sieht den kleinen Wegweiser am Baum auf den zweiten Blick. Gleich darauf wandern wir an einer Tafel vorbei, die uns auf den **Hauptwall der vorgeschichtlichen Kocherburg** hinweist. Der Wall ist mittlerweile stark überwachsen und für uns nicht zu erkennen. Der Forstweg bringt uns ein kleines Stück weiter sanft bergauf. An der nächsten Kreuzung nutzen wir einen Weg nach links, der uns zu der

!

*Die 55 Kilometer lange **Härtsfeldbahn** war bis 1972 in Betrieb. Der Verein Härtsfeld-Museumsbahn betreibt einen 5,6 Kilometer langen Streckenabschnitt von Neresheim bis Katzenstein am Härtsfeldsee. Das Viadukt bei Unterkochen steht unter Denkmalschutz.*

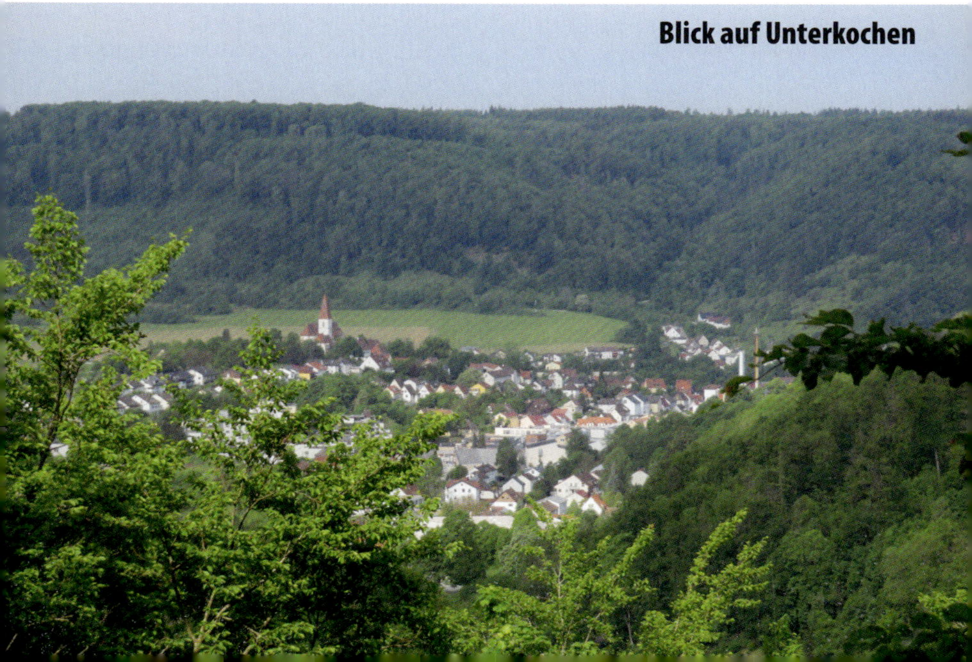

Blick auf Unterkochen

*Die **Kocherburg**, 1147 erstmals erwähnt, ist eine Spornburg. Sie wurde mehrfach erweitert und unter den Grafen von Württemberg zum Amtsschloss ausgebaut. Ihre Schildmauer auf der Bergseite war bis zu 4 Meter dick und wohl 30 Meter hoch.*

Forststraße zurückführt. Wir folgen ihr nach rechts. So erreichen wir rund 1 Kilometer später die **Ruine Kocherburg ❷.**

Nachdem die Natur im Lauf der Jahre vom Burggelände Besitz ergriffen hatte, begann man 2008, die Reste der Anlage nach und nach zu restaurieren.

In ihrer Blütezeit war die Kocherburg Sommerresidenz der Äbte aus Ellwangen. Leider wurde sie Anfang des 17. Jahrhunderts baufällig und kurz darauf als Steinbruch freigegeben. Wie es sich gehört, gibt es auch eine alte Sage zur Ruine: das Geheimnis um den großen schwarzen Pudel – man kann sie, wie vieles andere Interessante, auf der Webseite der Kocherburg nachlesen. Wir wollen aber nicht in der dunklen Vergangenheit suchen, sondern genau jetzt, hier und heute die Ruine erforschen.

Auf unserem Rundgang finden wir stets etwas überraschend Neues. So viele Details, wie die liebevoll gestalteten Bilder vom Bärenfänger und dem Pudel

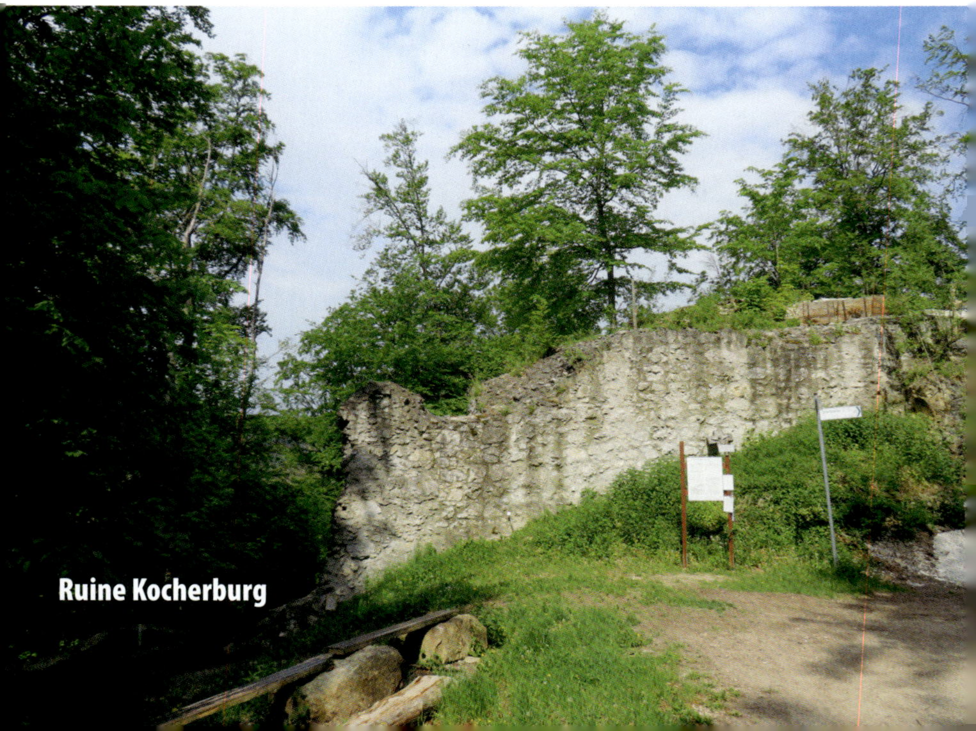

Ruine Kocherburg

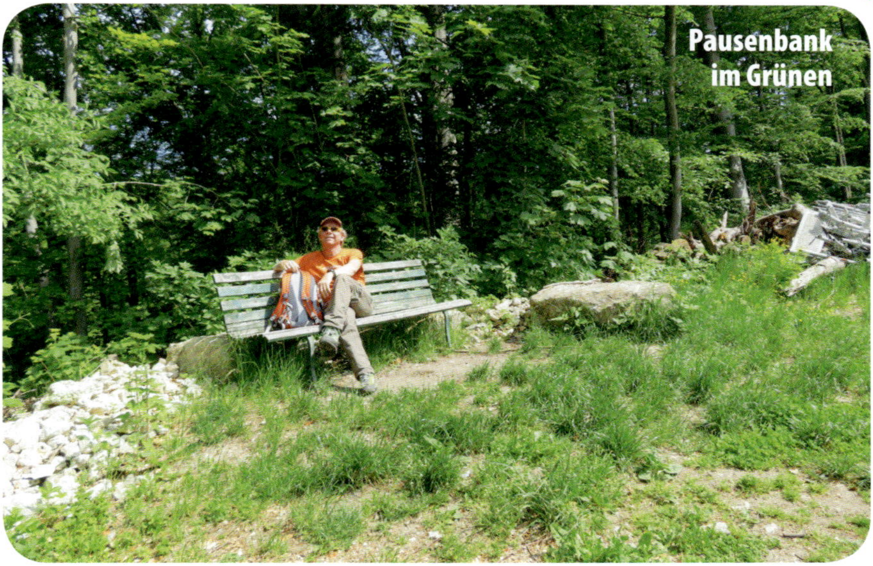

Pausenbank im Grünen

wie auch das Schild „Bitte läuten" begeistern uns. Die Sonne scheint auf uns und die Bank, auf der wir gerade rasten. Es braucht nicht viel, um zufrieden zu sein!

Eigentlich wollen wir überhaupt nicht mehr weg. Wenn da nicht dieser schöne Biergarten wäre – ein unschlagbares Argument, unsere ausgiebige Pause zu beenden und dem Wanderweg mit dem **roten Y** bergab weiter zu folgen. Nach einigen Kehren kommen wir wieder an die Landstraße, überqueren diese erneut umsichtig und sind wenige Meter später auf dem uns bekannten Weg **Klause.** Wir folgen ihm nach links Richtung Bahnhof Unterkochen. Der Gehweg neben der **Waldhäuser Straße** leitet uns direkt in den Biergarten vom **Landgasthof Läuterhäusle ③.** Das frisch gezapfte isotonische Sportgetränk begeistert uns genauso wie der dekorative Latte macchiato. Natürlich darf auch ein Stückchen des hausgemachten Kuchens nicht fehlen. So schwärmen wir von den schönen Erlebnissen des Tages und nehmen die letzte Etappe zum Bahnhof mit neuer Energie.

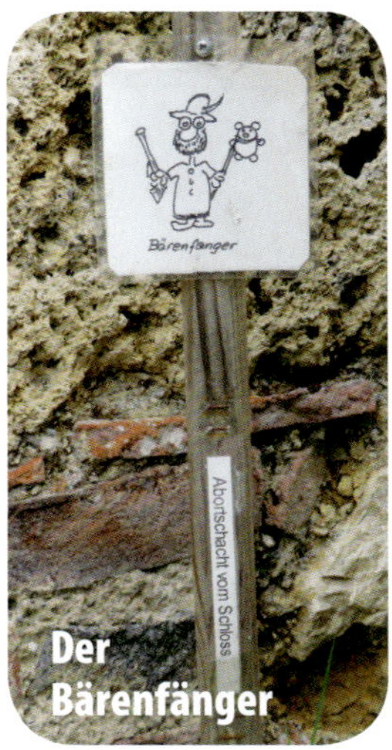

Der Bärenfänger

Der Gehweg der **Waldhäuser Straße** nimmt uns leicht abwärts mit. An der Sporthalle biegen wir links über den Otto-Rieger-Platz in den **Roßbrunnenweg** ein. Die Markierungen an den Masten der Straßenlaternen leiten uns leicht bergauf zum **Kutschenweg,** dem wir nach links folgen. Er beschreibt fast einen 180-Grad-Rechtsbogen, der uns in die **Schulstraße** bringt. An deren Ende werden wir direkt, wiederum gut markiert, über eine breite Treppe in die Straße **Hinterer Kirchberg** geleitet. Während wir die wenigen Schritte abwärts gehen, sehen wir schon die uns bekannte **Heidenheimer Straße,** die uns auf den Weg zum Bahnhof führt. Der Zug oder unser Auto bringt uns bequem nach Hause.

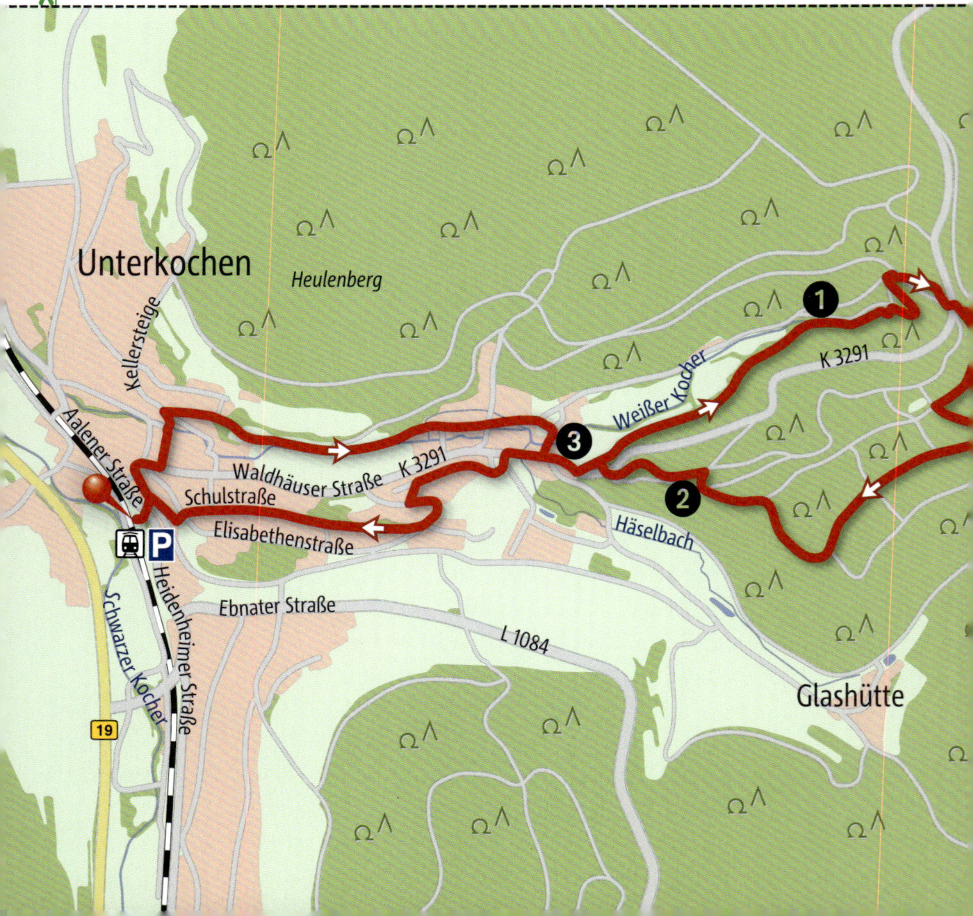

Entspannung ✱✱✱✱✱
Genuss ✱✱✱✱✱
Romantik ✱✱✱✱

WIE & WANN:
Wanderwege, Pfade, Forststraßen und wenig befahrene Straßen.
Beste Wanderzeit: März bis Oktober.

HIN & WEG:
Auto: Kleiner Parkplatz am Bahnhof, Heidenheimer Straße 12, 73432 Aalen-Unterkochen (GPS: 48.815126, 10.126987)
ÖPNV: RS 5, diverse Buslinien bis Bahnhof Unterkochen

ESSEN & ENTSPANNEN:
Landgasthof Läuterhäusle ❸ Waldhäuser Straße 109, 73432 Aalen-Unterkochen, Tel. (0 73 61) 9 88 90, www.laeuterhaeusle.de

ENTDECKEN & ERLEBEN:
Ursprung des Weißen Kochers ❶
Ruine Kocherburg ❷

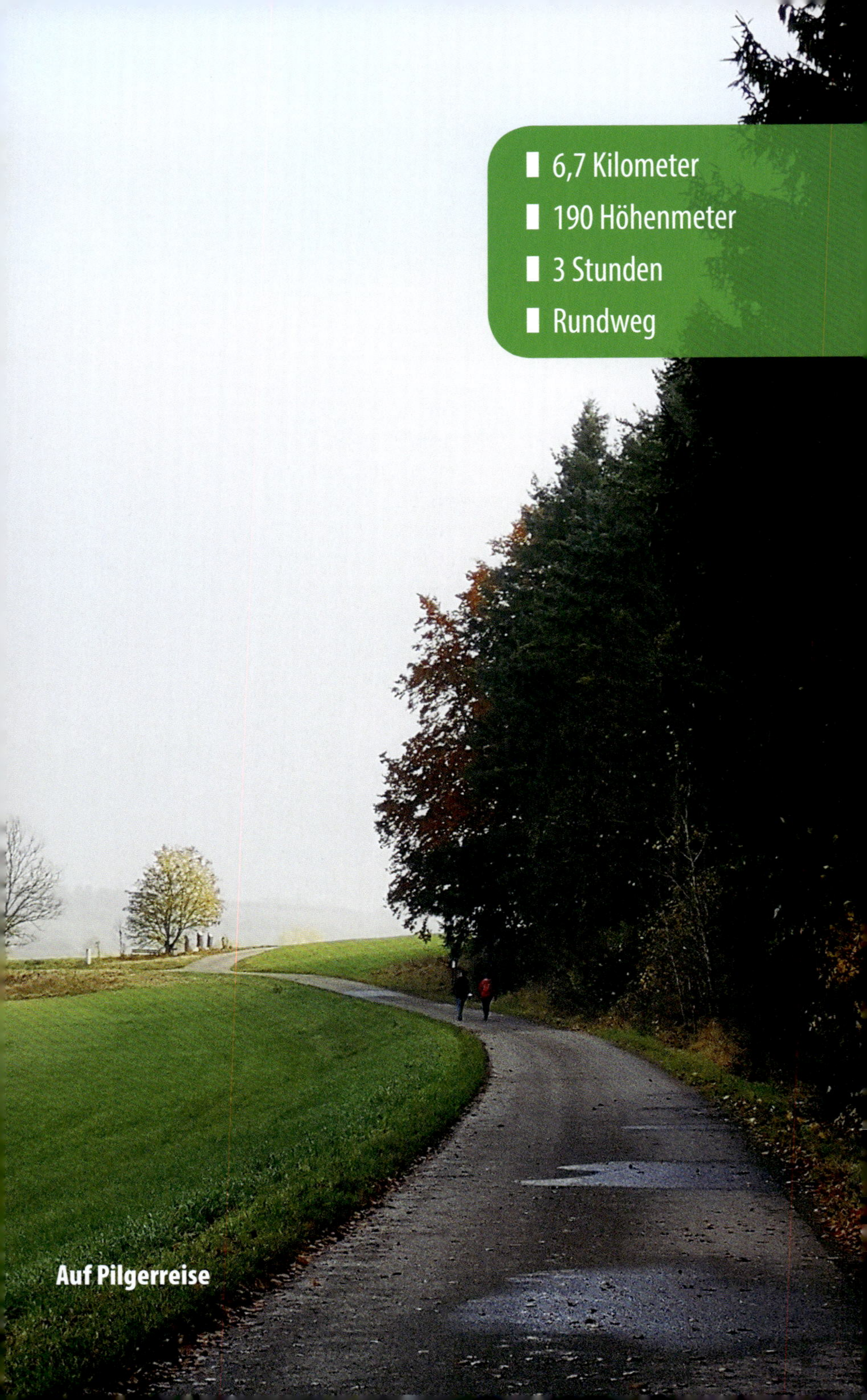

- 6,7 Kilometer
- 190 Höhenmeter
- 3 Stunden
- Rundweg

Auf Pilgerreise

Das Jakobswegle

Pilgern im Maßstab 1:1000

Fast jeder hat vermutlich schon von den Jakobswegen gehört; viele davon geträumt, mindestens einmal auf den Spuren des heiligen Jakobus zu wandeln.

Ganz oft fehlt es an der notwendigen Zeit, um diese längere Unternehmung in die Tat umzusetzen. In Hürben auf der Schwäbischen Alb, bei Giengen an der Brenz, haben wir die Möglichkeit, uns auf eine großartige Wanderung zu begeben, den Geist des Pilgerns zu erkunden und nach wenigen Stunden bereits am Ziel anzukommen. Nicht im geografischen Zentrum von Santiago de Compostela, der Hauptstadt von Galicien in Spanien. Aber mental – also im Geiste – recht nah dran. Dazu verhilft uns das Jakobswegle. Eine tolle Idee und irgendwie typisch schwäbisch.

Prinzipiell bedeutet Pilgern, sich auf einen Weg zu begeben. Gespannt zu sein auf das, was kommt, und dann irgendwohin zu gehen. Manche Pilger fühlen sich vorbereitet – andere kennen die Bedeutung des Wortes Vorbereitung nicht. Auch das ist eine Frage der Einstellung.

Genug der Vorrede – wir beginnen nun endlich die Wanderung auf dem Jakobswegle. Von der **Bushaltestelle Charlottenhöhle** gehen wir über die Straße zum großen Parkplatz der Charlottenhöhle. Der Wegweiser auf dem Parkplatz leitet uns in Richtung **Hürben.** Schon nach wenigen Metern sehen wir das erste Schild, das uns zum **Start des Jakobswegle** leitet. Wir wandern über einen breiten Holzsteg, kurz auf einem Pfad in der Wiese, folgen einem breiten Kiesweg nach links und sind schon bei der **ersten Informationstafel über**

*Der **heilige Jakobus** war einer der zwölf Jünger Christi. Er spielte eine wichtige Rolle unter den ersten Christen und wurde 44 n. Chr. zum Märtyrer. Eine Überlieferung benennt die Kathedrale von Santiago de Compostela als seine Grabstätte.*

*Das 2009 eröffnete **Jakobswegle** ermöglicht interessante Einblicke in die Historie des Pilgerns und die Geografie des „echten" Jakobswegs. Authentisch werden alle Themen erklärt. Besonderes Highlight sind vier Meditationsplätze.*

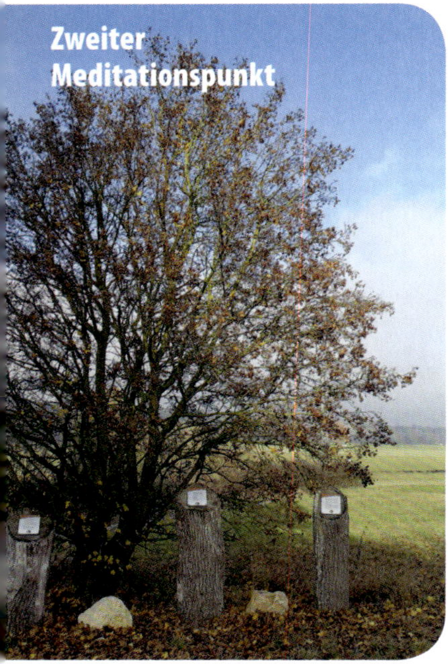

das Jakobswegle ①. Hier erfahren wir, dass der Weg zwei Teilstücke hat: Das erste, der Verbindungsweg, folgt für 1,7 Kilometer dem Verlauf des originalen Pilgerwegs von Nürnberg nach Santiago de Compostela, dessen Gesamtlänge mit rund 2500 Kilometern angegeben wird. Dieser „echte" Jakobsweg ist auf dem folgenden Teilstück, dem Minipilgerweg, im Maßstab 1:1000 nachgebildet, es ist somit 2,5 Kilometer lang. Die Wegmarkierung auf den originalen Jakobswegen ist eine gelbe Muschel auf meistens blauem Grund. Die Markierung des schwäbischen Jakobswegles hat dagegen einen kräftigen, dunklen Erdton. Wir folgen dieser **dunklen Jakobsmuschel** nach links und freuen uns über die Herbstsonne, die auf uns herunterscheint.

In regelmäßigen Abständen passieren wir weitere **Informationstafeln,** die uns die Geschichte wie auch Geschichten des Jakobswegs näherbringen. Nach der vierten Tafel gehen wir geradeaus und erreichen den Ortsanfang von **Hürben.** Halb rechts biegen wir auf die **Hurwinstraße** ein. Unsere Orientierung, die dunkle Jakobsmuschel, ist an zwei Straßenlaternen deutlich zu sehen. Verschiedenste Arten von Häusern begleiten uns ein kurzes Stück. Auffällig ist ein Blockhaus auf der rechten Straßenseite. Das könnte auch irgendwo in Amerika oder den Pyrenäen stehen.

Nach der fünften Tafel sind wir auf dem Minipilgerweg des Jakobswegle angekommen. Auf den folgenden 14 Tafeln werden uns die Teiletappen mit Länge der Wegstrecke und Sehenswürdigkeiten nähergebracht. Von Nürnberg über Giengen, den Schwabenweg Konstanz nach Einsiedeln bis nach Santiago de Compostela in Spanien. Obwohl wir noch nicht allzu lange unterwegs sind, spüren wir deutlich, wie sich

Für die Seele

Auf dem Weg, dem El Camino. Er ist nicht immer leicht, beginnt jeden Tag neu. Wir sind sicher: Wir kommen gesund ans Ziel. Danach geht es weiter. Es wird gut!

unsere Gedanken von den alltäglichen Sorgen trennen. Wir lassen das Ortsende-Schild von Hürben hinter uns, lesen auf den Tafeln und entspannen uns mit jedem Schritt etwas mehr. Der **erste Meditationspunkt** – drei weitere werden noch folgen – unterstützt diesen Prozess mit praktischen Beispielen.

Ruhigen Schrittes wandern wir weiter auf unserem Pilgerwegle um den Kagberg. Immer geradeaus, und nur an beschilderten Abzweigungen nach rechts. Eine Etappe folgt der nächsten, jeweils angezeigt durch eine Infotafel. In der zweiten Rechtskurve der Tour erreichen wir eine **zweite Meditationsstelle** unter einem großen Baum. Spätestens jetzt sind wir mittendrin.

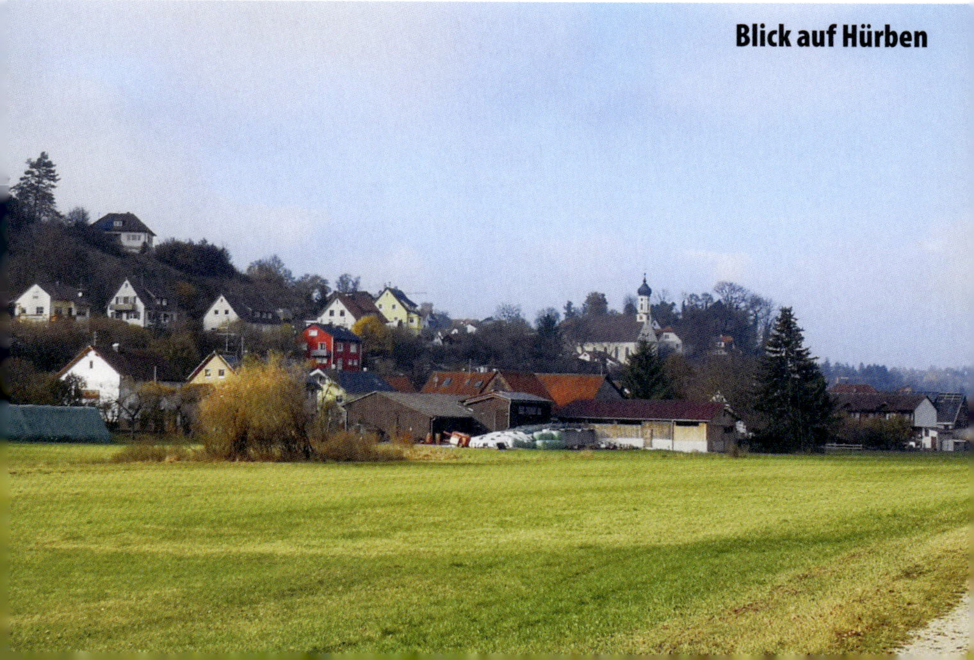

Blick auf Hürben

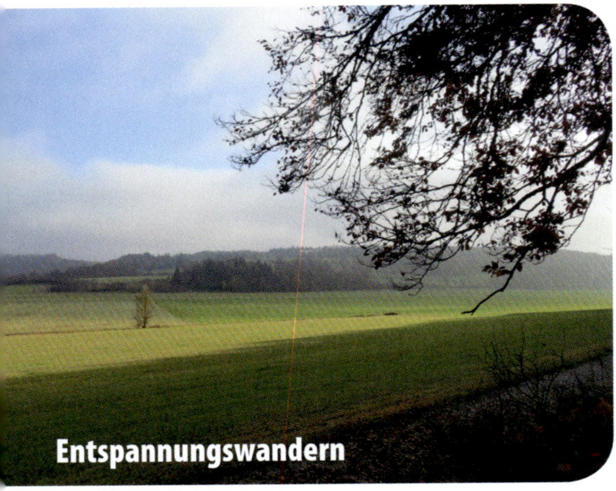

Entspannungswandern

Einerseits sind wir gemütlich unterwegs, genießen die Ruhe wie auch die schöne natürliche Stimmung. Andererseits regen uns die Meditationspunkte an, inspirieren zu guten Gedanken.

Nach **Etappe 8** und einer etwas längeren Passage geradeaus biegen wir an der **Tafel 9** von Neuem rechts ab und folgen einem asphaltierten Sträßchen knapp 200 Meter abwärts. An dem kommenden Wegweiser biegen wir schon wieder rechts ab und schlagen einen Forstweg Richtung **Ruine Kaltenburg** ein. Rechts von uns in den Bäumen bemerken wir ein Wanderschild des Albvereins mit der **roten Raute** und dem Hinweis **Charlottenhöhle** und **Hürben.** Gleich darauf eine schöne Marienfigur, geschützt in einer Holzvitrine. Die **Etappen 10 bis 12** vergehen wie im Zeitraffer. Zum Inhalt der Tafeln am **dritten Meditationspunkt** gibt es ein passendes Zitat: „Bevor Du mit dem Kopf durch die Wand gehst – überlege! Was willst Du im Nebenzimmer?“

Ein Windhauch bläst den leichten Nebel zur Seite. Die Sonne strahlt über den blauen Himmel mit seinen Schönwetterwolken. Wir spüren die Kraft der Natur. Es gibt sie, diese ganz speziellen Momente. Sie sind plötzlich da. Wir wissen, dass wir bald am Ziel sind. Deshalb gehen wir weiter. Gespannt und voller Vorfreude. Wir kommen am **Cruz de Ferro** vorbei: einem Baumstamm, der ein eisernes Kreuz als Krone trägt. Auf dem originalen Camino gibt es auch so ein Kreuz. Dort ist es aber der Abschluss eines großen Steinmannes. Am Fuß des Kreuzes sind viele beschriftete Steine zu sehen. Teilweise mit Wünschen, andere mit Danksagungen.

Unser Weg verläuft schon länger in einem weiten Rechtsbogen. Auf dem Berg gegenüber sehen wir eine Ruine. Da ist die Energie, die wir verstärkt spüren, gepaart mit der grenzenlosen Lust, Neues zu entdecken. Doch zuerst kommen wir an. Wir sind am **Ziel des Jakobswegles ❷.** Die Tafel mit der **Nummer 14** ist der klare Beweis. Am Ziel unserer Pilgerreise, in Santiago de Compostela. Wie anfangs gesagt: nicht geografisch, aber mental. Die Inhalte der drei Informationstafeln an der **vierten Meditationsstelle** verstärken den Eindruck, angekommen zu sein. In Erinnerung bleibt das Zitat: „Der Weg hat mich bereichert. Schade, dass er vorbei ist. Ein Trost bleibt: Ich werde neue Wege gehen."

Dieser neue Weg führt uns aktuell hinauf zur Ruine der Burg Kaltenburg. Wir folgen einem asphaltierten Wander- und Radweg nach links. Nach dem Überqueren der Landstraße, mit dem nötigen Respekt, gehen wir auf dem parallelen Wander- und Radweg

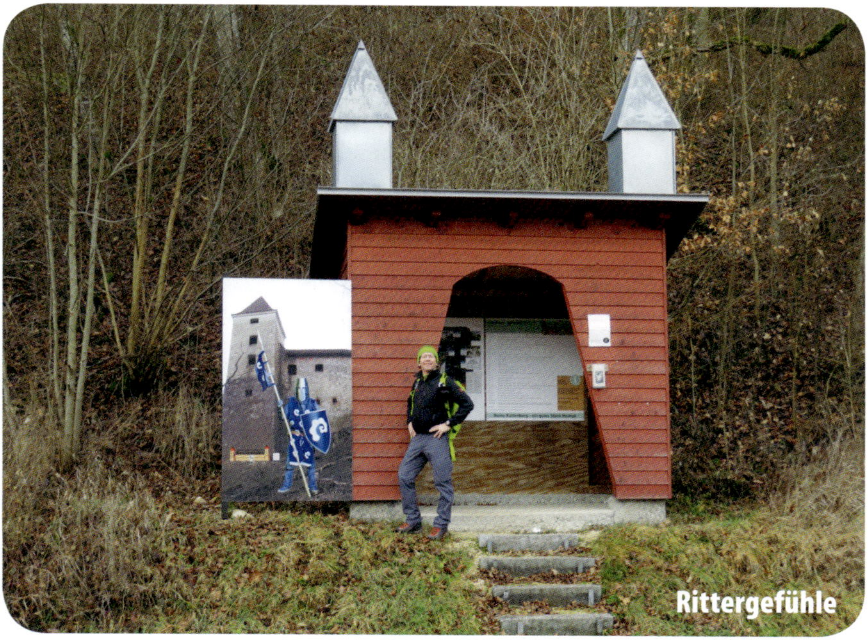

Rittergefühle

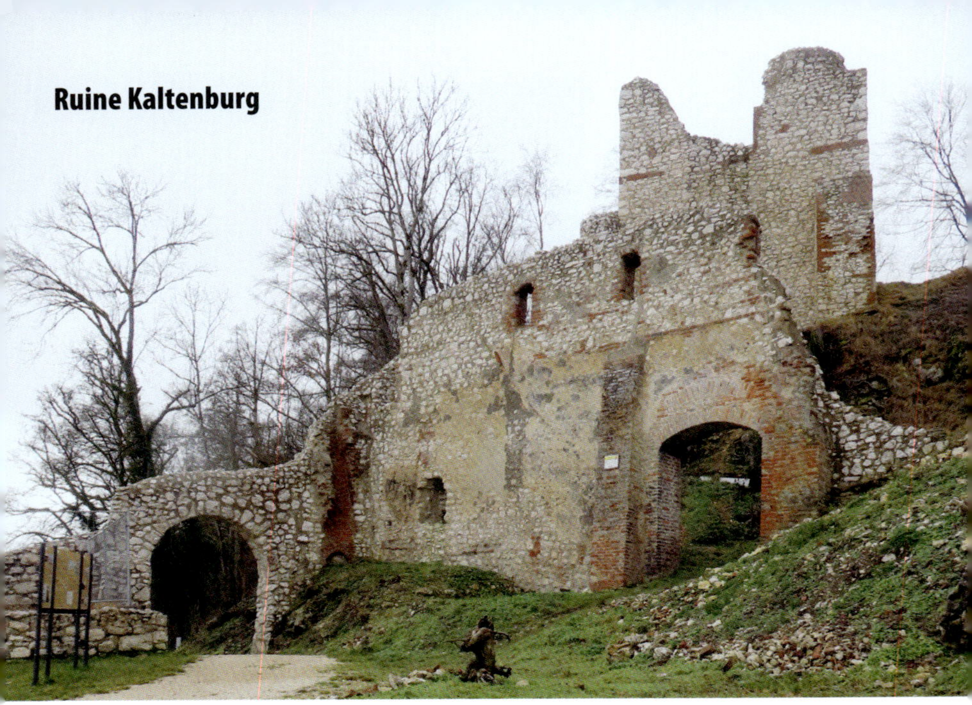

Ruine Kaltenburg

nach links weiter. Die **Jakobsmuschel** des Jakobus-Radpilgerwegs nimmt uns dann nach rechts mit Richtung Lonetal. Über uns die schöne Ruine, erreichen wir eine große Übersichtstafel und ein Burgtor aus Holz. Hier wird die Geschichte der Kaltenburg erzählt. Wir nehmen den Wanderpfad mit dem **blauen Y,** der kurz hinter der Holzkonstruktion nach rechts in den Wald führt. Der bringt uns zur Forststraße, die uns nach rechts zum Eingang der Ruine mitnimmt.

Im Rahmen einer Sanierung haben die Türme der **Kaltenburg ❸** von der IG Kaltenburg neu gedeckte Dächer aus Biberschwanz-Dachziegeln erhalten. Die Historie wie auch die Sanierungsarbeiten sind sehr anschaulich und interessant auf mehreren großen Informationstafeln dargestellt. Wir geben gerne einen Beitrag in das *Spendenkässle* und wandern zur oberen Kernburg. Hier nehmen wir auf einer der schönen Holzbänke Platz und genießen den Ausblick ins Hürbetal. Im Blickfeld unter uns erkennen wir die Zieltafel des Jakobswegles und den vierten Meditationspunkt. Es passt einfach alles zusammen.

Wir verlassen die Kaltenburg über die Treppe an der Rückseite und folgen dem Wegweiser Richtung Charlottenhöhle. Wenige Meter nach dem ersten Wegweiser führt uns ein markierter Wanderpfad rechts abwärts und wir erreichen 200 Meter später die **Charlottenhöhle ④.**

Die Besichtigung der Höhle ist sehr zu empfehlen. Im Tropfsteinparadies wird auf einer Länge über 500 Metern das Leben in der Urzeit greifbar. Felsen, von Bären glatt poliert, und die schöne Zwergengrotte sind nur zwei von vielen Höhepunkten unseres Rundgangs. Die Besichtigung ist immer mit einer Führung verbunden und dauert 1 Stunde.

In der ***Charlottenhöhle*** *wie im* ***Museum HöhlenSchauLand*** *wird die Steinzeit lebendig. In der heutigen Schauhöhle (entdeckt 1893) fanden sich zahlreiche Gegenstände der Steinzeit. Im Winter ist sie zum Schutz der Fledermäuse geschlossen.*

Der Weg von der Höhle hinunter zum **Museum HöhlenSchauLand ⑤** wird zu einer Zeitreise. An sieben Stationen verfolgen wir die geschichtliche und vorgeschichtliche Entwicklung des Landes rückwärts – von den Staufern über die Alemannen bis in die Urzeit. Im Museum HöhlenSchauLand gibt es noch mehr Information über die Erdgeschichte. Wir bevorzugen es aber, die **Gaststätte an der Charlottenhöhle ⑥** zu besuchen. Von Familie Wolman werden wir sehr freundlich empfangen und mit überaus leckerer Hausmannskost verwöhnt. Die selbst gemachten Maultaschen sind ebenso ein Hochgenuss wie das Hähnchen Hawaii. Die Zutaten stammen fast komplett aus der Region, zum Teil sogar aus eigenem Anbau.

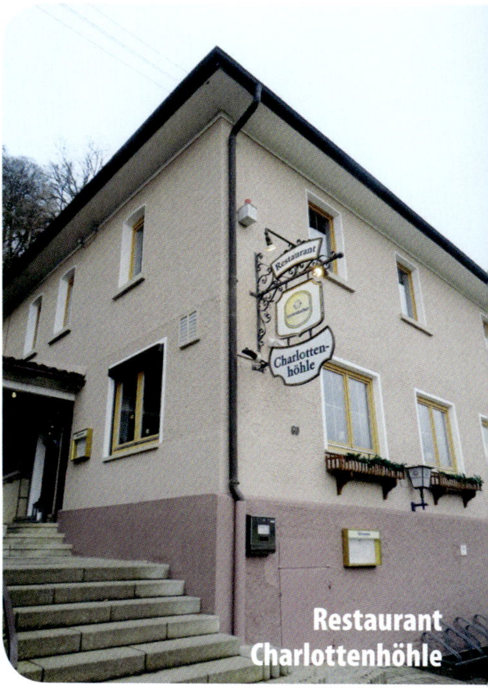

Restaurant Charlottenhöhle

Danach nutzen wir den Zebrastreifen über die Straße zum **Höhlen-Haus der Erlebniswelt ⑦.** Auf dem großzügig angelegten Gelände gibt es eine **Gastronomie** mit vielen Sitzplätzen im Freien und einen großen

Auszeittour 4

Spielplatz. Wir gehen über den Versammlungsplatz und entdecken eine künstlich angelegte Höhle. Durch diese Höhle schlendern wir hindurch und erreichen so den Parkplatz. Hier, beziehungsweise an der Bushaltestelle, schließt sich der Kreis unserer besonderen Auszeittour. Der Heimweg beginnt.

Einerseits ein Abschluss – gleichzeitig ein neuer Anfang. So manches geht uns durch den Kopf, die „Pilgerreise" hat unseren Geist in positive Unruhe versetzt. Wir sind uns heute schon sicher, wir werden wieder auf dem Jakobswegle pilgern und sicherlich auch beim nächsten Mal mit neuen Erkenntnissen das Ziel erreichen.

Buen Camino.

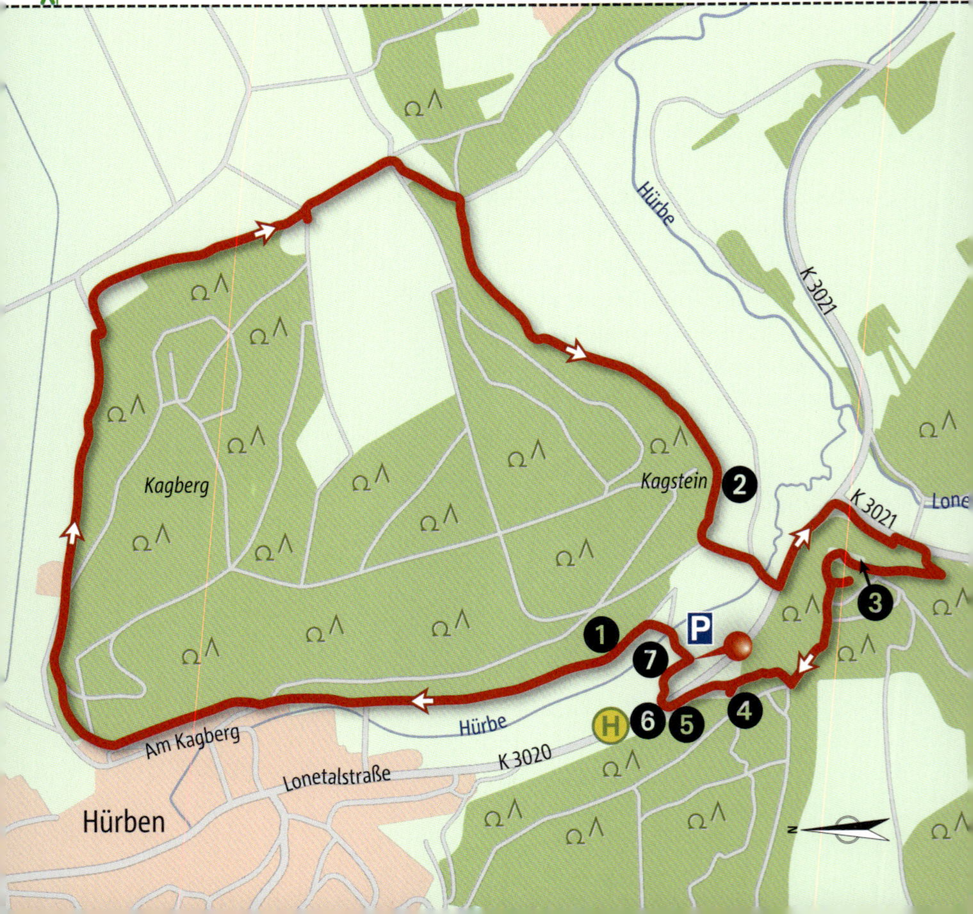

Alles auf einen Blick

Entspannung ✱✱✱✱✱
Genuss ✱✱✱✱✱
Romantik ✱✱✱✱✱

WIE & WANN:
Wiesen- und Landwirtschaftswege, Pfade und Forstwege.
Beste Wanderzeit: März bis Oktober.

HIN & WEG:
Auto: Parkplatz der Charlottenhöhle, Lonetalstraße 61, 89537 Giengen an der Brenz (GPS: 48.58424, 10.20901)
ÖPNV: Bus 61 bis Haltestelle Hürben Charlottenhöhle

ESSEN & ENTSPANNEN:
Gaststätte an der Charlottenhöhle ❻ Lonetalstraße 60, 89537 Giengen an der Brenz, Tel. (01 73) 1 54 68 66
Gastronomie im HöhlenHaus der Erlebniswelt ❼ Lonetalstraße 61, 89537 Giengen an der Brenz, Tel. (0 73 24) 98 71 46, www.hoehlenerlebniswelt.de

ENTDECKEN & ERLEBEN:
Anfangstafel Jakobswegle ❶
Zieltafel Jakobswegle ❷
Ruine Kaltenburg ❸
Charlottenhöhle ❹ Eintrittskarten nur im **Museum HöhlenSchauLand** ❺ erhältlich
Museum HöhlenSchauLand ❺ Lonetalstraße 61, 89537 Giengen an der Brenz
HöhlenHaus der Erlebniswelt ❼ siehe ESSEN & ENTSPANNEN

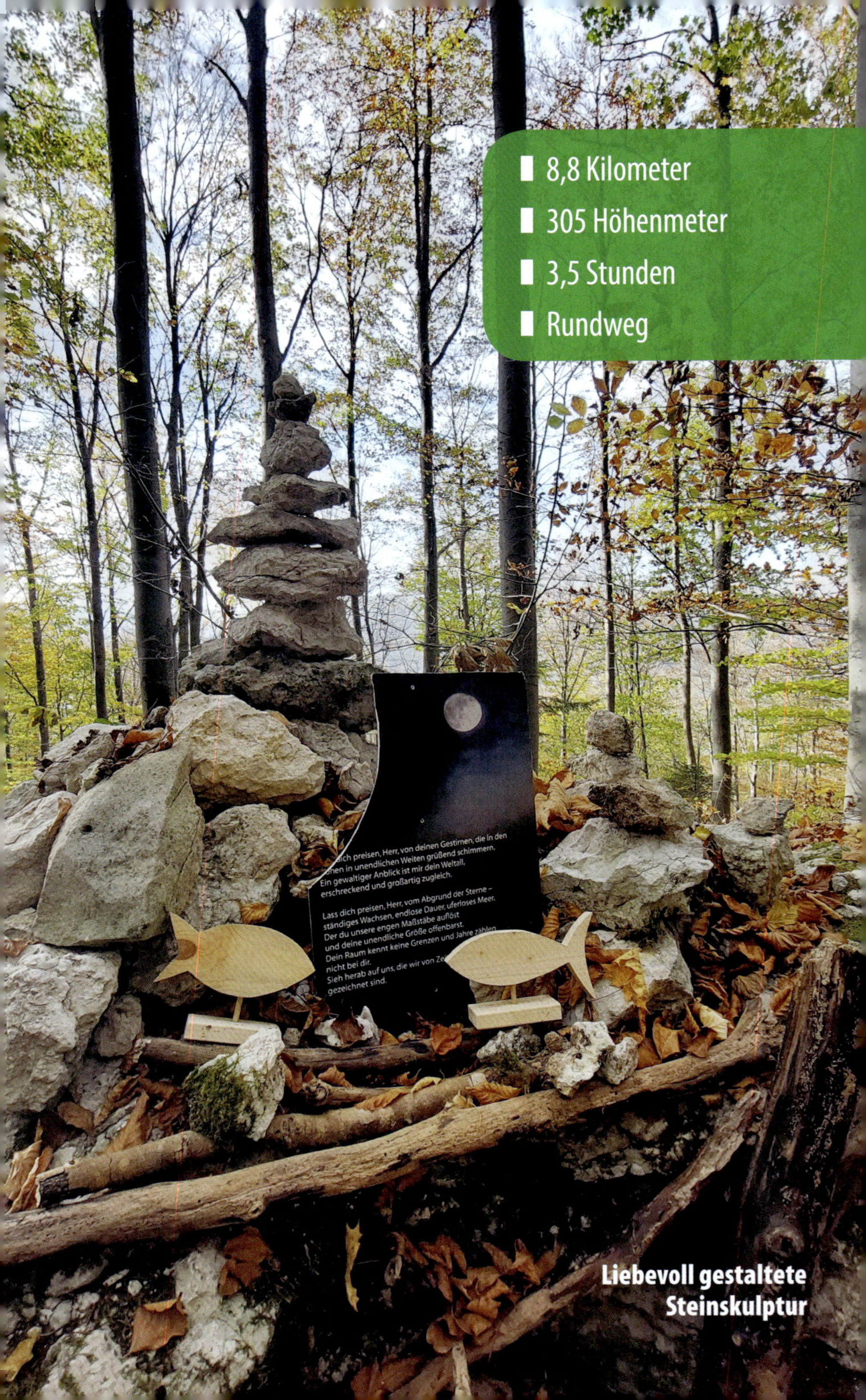

- 8,8 Kilometer
- 305 Höhenmeter
- 3,5 Stunden
- Rundweg

Liebevoll gestaltete Steinskulptur

Positive Energie

Ave Maria bei Deggingen

Ein wunderschöner Herbsttag bringt uns nach Hausen an der Fils. Die dünnen Nebelschwaden haben sich verzogen, und wir starten am kleinen Parkplatz in der **Wiesenstraße.** Nur ein Grünstreifen trennt uns von der B 466.

An der Bushaltestelle folgen wir dem Gehweg parallel zur Bundesstraße nach links und überqueren die Fahrbahn an der **Fußgängerampel.** Auch auf der anderen Seite der Bundesstraße nutzen wir den Gehweg nach links und biegen wenige Schritte später nach rechts in die **Degginger Straße** ein. Schon an der ersten Straßenlaterne auf der rechten Straßenseite sehen wir einen Wegweiser, der uns halb links, leicht bergauf, in Richtung Deggingen schickt. Zu unserer Linken liegt bereits eine saftiggrüne Wiese, und die wenigen Häuser auf der rechten Seite lassen wir schnell hinter uns. Unsere Wegmarkierung, die **rote Raute** des Schwäbischen Albvereins, leitet uns weiter sanft bergauf, und mit ein wenig Glück können wir Schafe beim Weiden beobachten.

Das asphaltierte Sträßchen hat sich in einen grasigen Feldweg verwandelt. Dieser nimmt uns mit, weiterhin in angenehmer Steigung, in den Wald hinein. Dort ist die Forststraße jetzt Ende Oktober dick mit Laub bedeckt. An der ersten Weggabelung halten wir uns rechts, bei den weiteren müssen wir etwas schauen. Die **rote Raute** gibt uns immer die Richtung an, mal nach rechts und mal nach links. Während wir bergauf wandern, denken wir an die Bekannte, die mit so ehrlicher und überzeugender Begeisterung von der

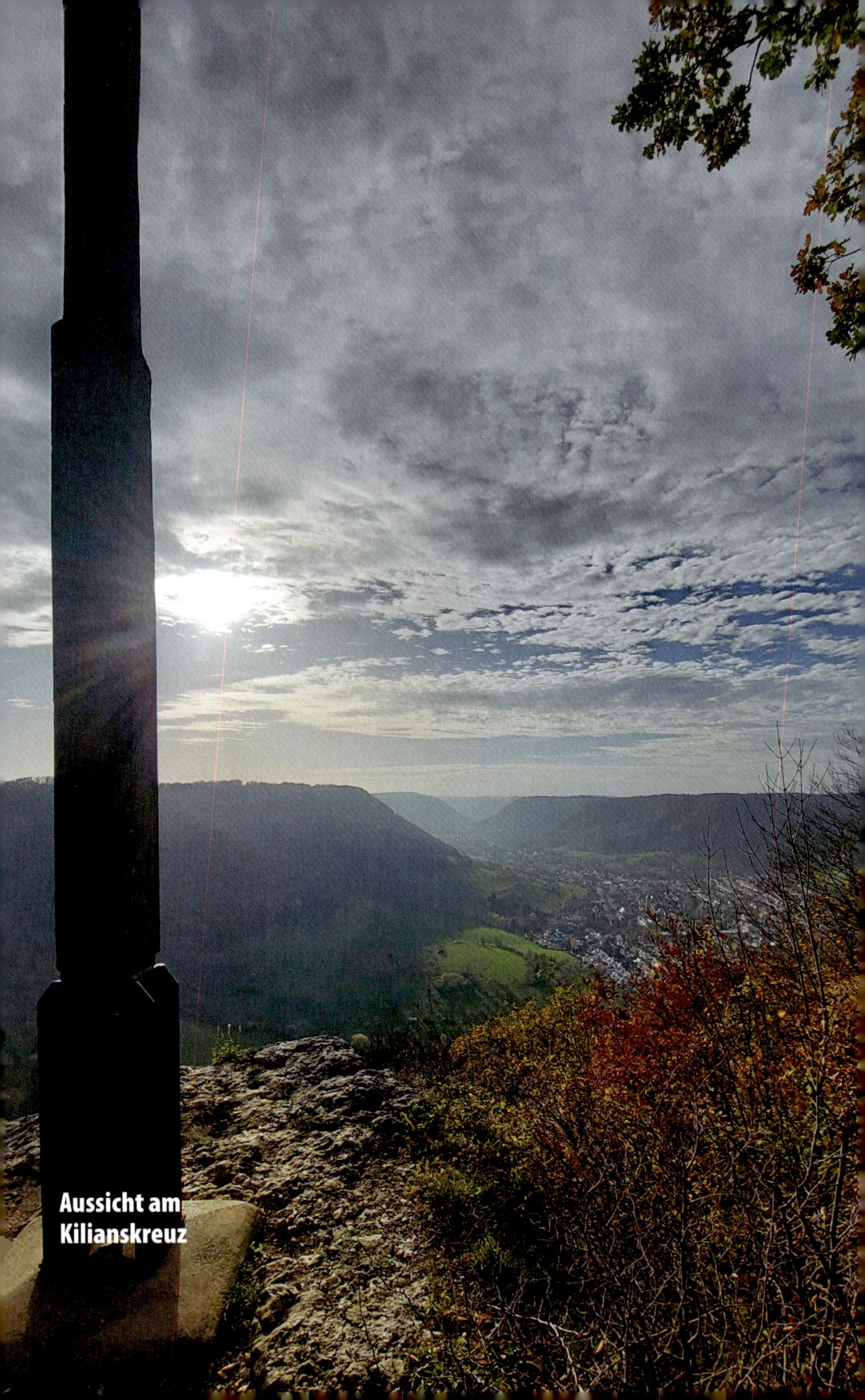
Aussicht am Kilianskreuz

Für die Seele

Wir spüren die besondere Kraft des Wallfahrtsorts Ave Maria und genießen die Erfahrung intensiv. Die positive Energie nehmen wir mit in unseren Alltag.

Wallfahrtskirche Ave Maria erzählt hat. Es gab für uns danach keine andere Option, als diesen Ort zu erkunden – wenn auch nicht auf dem mit Sicherheit auch schönen Ave-Maria-Weg, sondern auf einer Route „Marke Eigenbau".

Mittlerweile ist aus unserer Forststraße ein belaubter Wanderweg geworden. In einigen großzügigen Bögen bringt er uns nach rund 240 Metern im Aufstieg hoch an den oberen Rand des Albtraufs. Hier, an einem großen Wegweiser, verschnaufen wir kurz. Nach rechts verläuft nun unser Wanderpfad nahezu ohne Steigung, immer dem Albtrauf folgend. Die Markierung hat zu einem **geschwungenen T** auf hellgrünem Grund gewechselt; die Bezeichnung für den Albtraufgänger-Weg. Liebevoll schmiegt sich der Pfad in die traumhafte Natur. Die herbstliche Farbenpracht der Bäume, die wärmenden Sonnenstrahlen, die zwischen den Blättern zu uns durchdringen – es kann nicht schöner sein. Mal über Wurzeln, dann wieder auf dickem Laubpolster wandern wir glücklich dahin, bis wir die erste Abzweigung erreichen. Ein großer Wegweiser leitet uns geradeaus in Richtung Kilianskreuz. Diesen Aussichtspunkt wollen wir auf jeden Fall besuchen. Das Wegstück ist mit dem **roten Y** markiert, und schon 300 Meter später haben wir den **Aussichtspunkt Kilianskreuz ❶,** benannt nach Pater Kilian Müller, erreicht. Er war der Erbauer und der erste Hausobere des Kapuzinerklosters neben der Wallfahrtskirche.

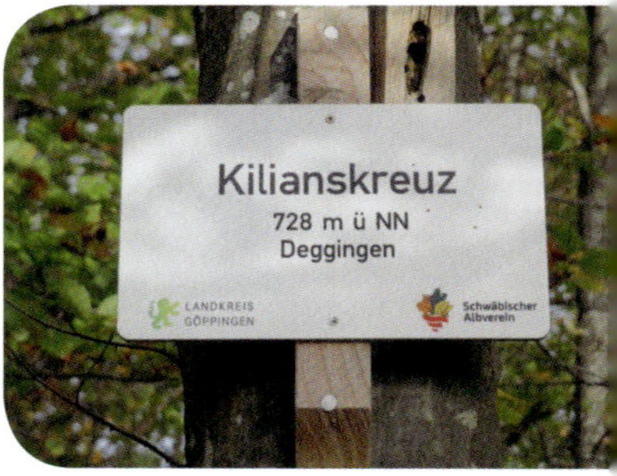

Die Bank beim Kilianskreuz lädt zu einer Pause ein. Hier auf 728 Meter über dem Meeresspiegel hat man eine tolle Sicht. Wir erfreuen uns am Spiel von Sonne und Wolken über den bewaldeten Hügeln und auf dem grünen Talboden des Filstals. Wer schwindelfrei ist, setzt sich auf den Felsen direkt an den Rand des Albtraufs und genießt die Aussicht. Nicht ganz so bequem wie die Bank – aber eine fast noch schönere Perspektive.

*Die **Kapelle Alt-Ave** war fast 500 Jahre Mittelpunkt der Wallfahrt zum Gnadenbild der Mutter Maria. Der Holzbau des 9. Jahrhunderts wurde 200 Jahre später durch einen Steinbau ersetzt.*

Anschließend gehen wir die bekannten 300 Meter zurück zu dem Wegweiser, der uns nun abwärts zur Wallfahrtskirche und zu **Alt-Ave** leitet. Unser Wanderpfad schlängelt sich zwischen den Bäumen hindurch. In einer Haarnadelkurve entdecken wir eine liebevoll gestaltete Steinskulptur, dekoriert mit zwei Fischen aus Holz. Voller Vorfreude auf die bekannte Wallfahrtskirche erreichen wir kurz darauf die **Dreifaltigkeitskapelle Alt-Ave ❷.**

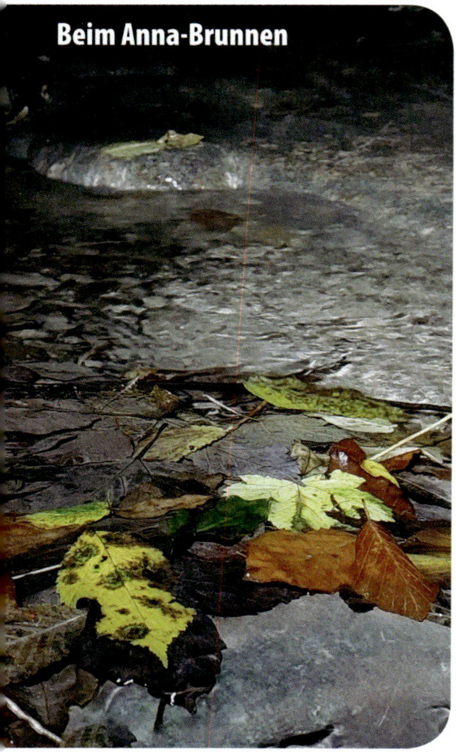

Beim Anna-Brunnen

Die gepflegte kleine Kapelle steht auf einer Lichtung. Das Bild am Altar zeigt die Krönung Mariens. Neben der Kapelle lesen wir auf einer Tafel die Informationen über den heiligen Franz von Assisi und seinen Sonnengesang. Dann folgen wir dem **Franziskusweg** abwärts, vorbei an der Lourdesgrotte zum **Anna-Brunnen.** Dieser ist, von uns aus gesehen, am Anfang des großzügigen Geländes der Wallfahrtsstätte gelegen, auf dem sich unter anderem eine Kerzenkapelle, die Franziskus-Grotte, das Kapuzinerkloster und die bekannte **Wallfahrtskirche Ave Maria ❸** befinden.

Während wir entspannt zur Kirche schlendern, spüren wir die positive Aura dieses Ortes. Wir versuchen nicht zu ergründen, warum wir das fühlen –

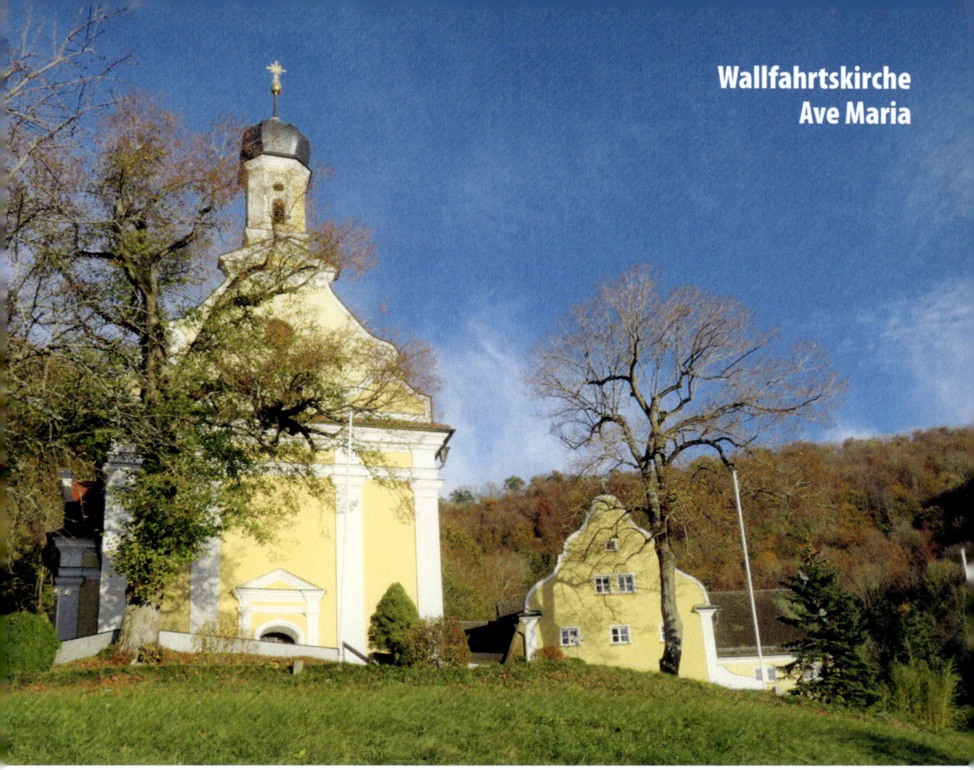

wir geben uns dem Gefühl einfach hin. Die warmen Sonnenstrahlen im Gesicht, der Sonnengesang von Franz von Assisi um uns herum. Dieses Lied, in italienischer Sprache verfasst, gilt als Beginn der italienischsprachigen Literatur. Wir erfreuen uns noch einmal an dem schönen Blick ins Filstal und treten in die Kirche ein. Der Hochaltar leuchtet uns, von der Sonne angestrahlt, kraftvoll entgegen. Engel umjubeln die Madonna. Die Deckengemälde und reichen Stuckverzierungen machen die Kirche zu einem prachtvollen Gesamtkunstwerk.

Beeindruckt treten wir wieder in das Sonnenlicht hinaus und schlendern zum Wegweiser am Parkplatz. Auf dem sind **Deggingen** und seine Bushaltestelle mit 1,3 Kilometer Weg angeschrieben. Bei Ermüdung oder schlechtem Wetter würden wir diese Option wählen. So aber führt unser Weg über den Parkplatz für Kirchenbesucher hinweg. Wir lassen den Wegweiser und die XIV-Station des Franziskuspfades „Dem Siege

*Die **Wallfahrtskirche Ave Maria** wurde 1716 bis 1718 im Stil des Spätbarocks erbaut. Ab dem ersten Adventssonntag ist jährlich eine mehrere Quadratmeter große Weihnachtskrippe zu besichtigen.*

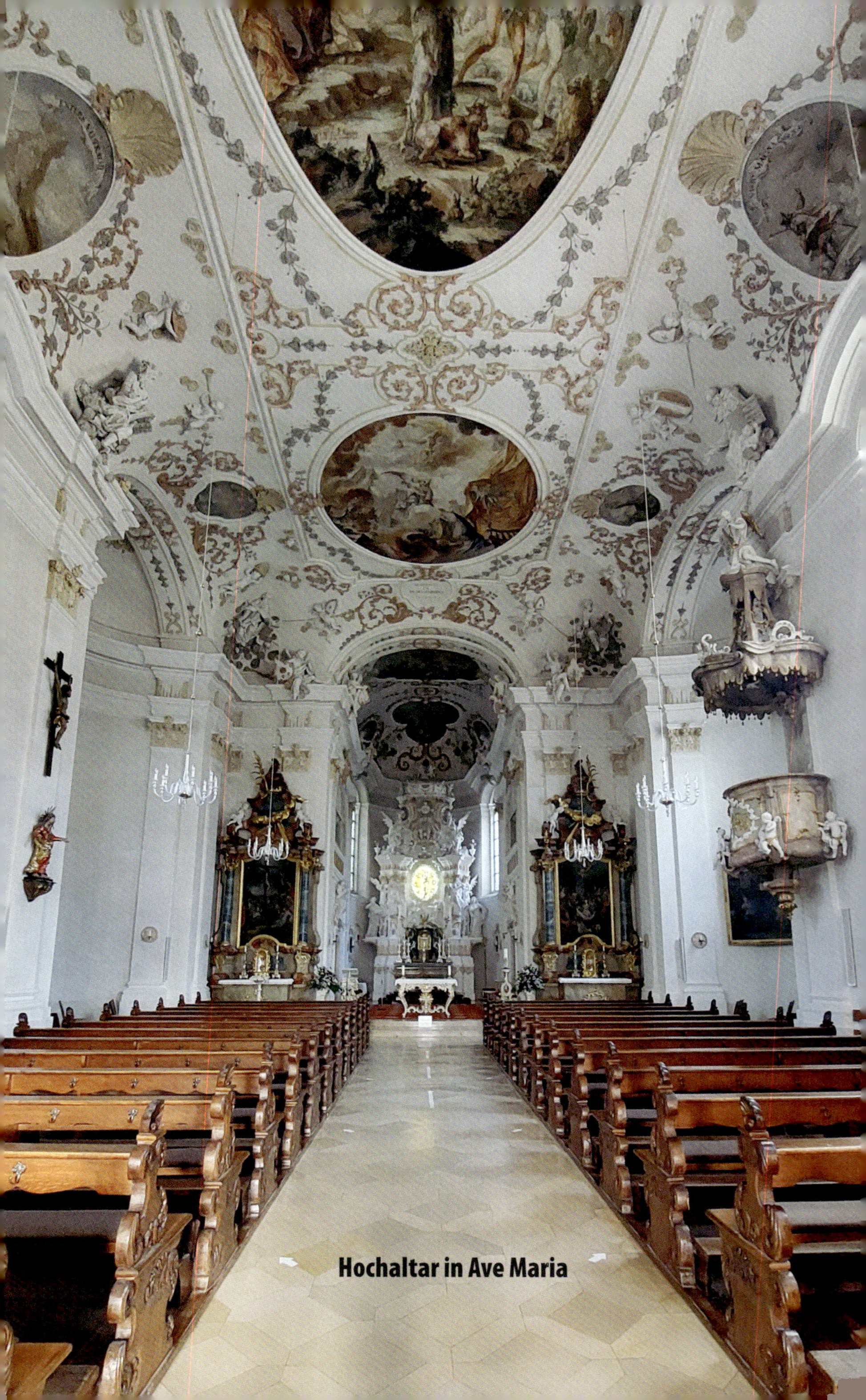

Hochaltar in Ave Maria

entgegen“ links von uns. Am Ende des Parkplatzes kommen wir von selbst auf einen Wanderweg. Dieser nimmt uns mit, sanft bergauf und an einer Schranke vorbei aus dem Wald hinaus. Nach einem kurzen Stück treffen wir wieder auf den Franziskuspfad, der uns geradeaus abwärts zur **Pizzeria Ristorante Il Vesuvio** ❹ führt. Auf der Terrasse nehmen wir unter den Sonnenschirmen Platz. Einen echten Espresso oder einen isotonischen Durstlöscher haben wir uns redlich verdient. Die handgemachte Pizza aus dem Holzbackofen oder der fangfrische Fisch mit Gemüse sind ebenfalls sehr zu empfehlen. Traditionelle Süßspeisen runden das Mahl ab. *Delizioso!*

Der Aufbruch fällt uns nicht leicht. Wir folgen einem schmalen Sträßchen weiter bergab, halb rechts vorbei am Anwesen des Schäferhundevereins. An der nächsten Einmündung halten wir uns scharf links, um

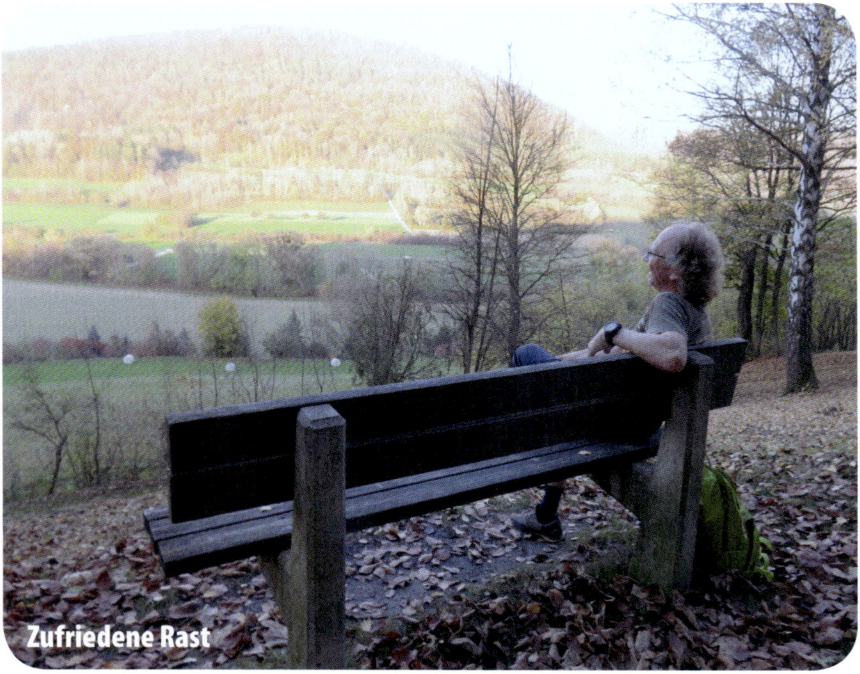

Zufriedene Rast

dann wenige Schritte später, in spitzem Winkel nach rechts, auf der **Degginger Straße** weiterzuwandern. Diese schmale Straße ist nur für den land- und forstwirtschaftlichen Verkehr freigegeben. Abwechslungsreich führt sie uns zwischen Bäumen, Wiesen und Obstplantagen hindurch.

Mehrere Bänke geben uns die Möglichkeit, uns kurz zu setzen, um die vielseitigen Eindrücke Revue passieren zu lassen. So erreichen wir, nahezu ohne Steigung oder Gefälle, rund 2,5 Kilometer nach der letzten Abzweigung am Ortseingang von Hausen bekanntes Gelände. Überqueren die Brücke, an der Fußgängerampel die B 466 und fahren mit Öffis oder unserem privaten Fahrzeug zurück.

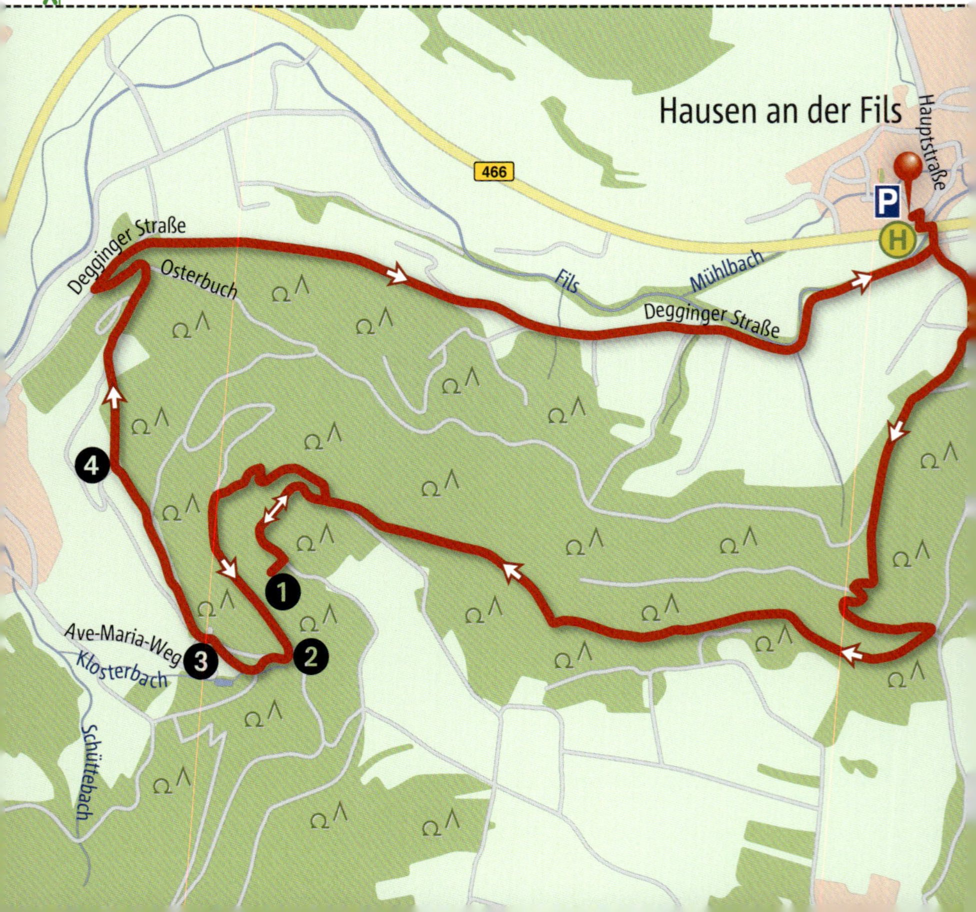

Entspannung ✱✱✱✱✱
Genuss ✱✱✱✱✱
Romantik ✱✱✱✱✱

WIE & WANN:
Wiesen- und Landwirtschaftswege, Pfade, Forstwege und wenig befahrene Straßen.
Beste Wanderzeit: März bis Oktober.

HIN & WEG:
Auto: Kleiner Parkplatz in der Wiesenstraße (Sackgasse), 73337 Hausen an der Fils (GPS: 48.605282, 9.762860)
ÖPNV: Bus 56, 31, 966 bis Haltestelle Hausen (Fils) B 466

ESSEN & ENTSPANNEN:
Pizzeria Ristorante Il Vesuvio ❹ Osterbuchweg 3, 73326 Deggingen, Tel. (0 73 34) 63 75

ENTDECKEN & ERLEBEN:
Aussichtspunkt Kilianskreuz ❶
Dreifaltigkeitskapelle Alt-Ave ❷
Wallfahrtskirche Ave Maria ❸

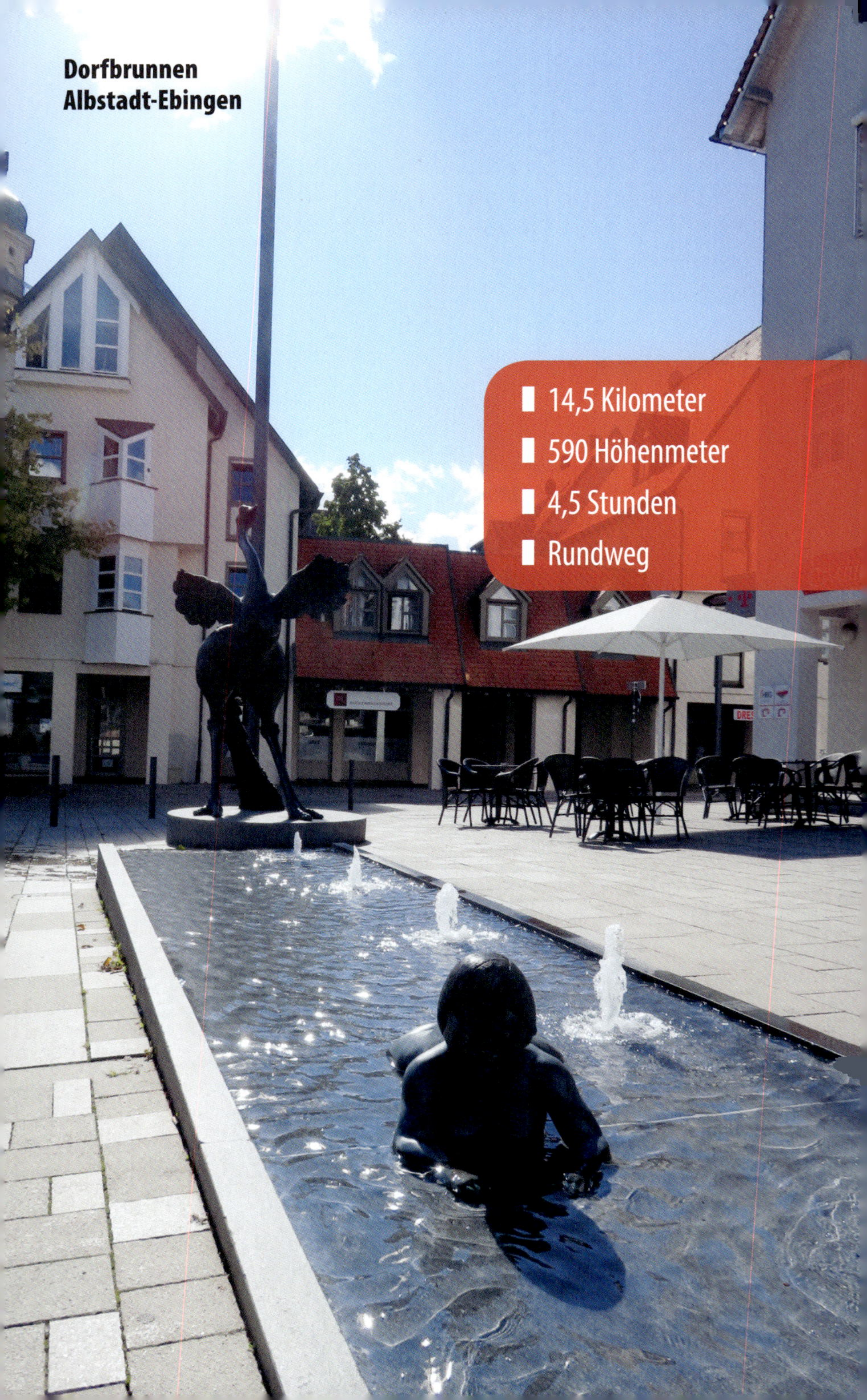

Dorfbrunnen Albstadt-Ebingen

- 14,5 Kilometer
- 590 Höhenmeter
- 4,5 Stunden
- Rundweg

Wir starten unsere Panoramarundtour am **Parkhaus Am Bahnhof** in Albstadt-Ebingen und gehen rechts in die **Poststraße.** Der Bahnhof liegt nur wenige Meter entfernt auf der anderen Straßenseite. Das Brauhaus neben dem Bahnhof fällt uns gleich ins Auge, den Besuch verschieben wir aber auf das Ende unserer Tour. Hier

Wald & Weitblick

Traumrunde bei Albstadt-Ebingen

biegen wir rechts in die Straße **Landgraben** ein. An der ersten Kreuzung folgen wir der Gartenstraße nach links und gehen an der zweiten Möglichkeit rechts in die **Martinstraße** hinein. Diese bringt uns auf einem breiten, gepflasterten Gehweg zur Sonnenstraße. Vor dem plätschernden **Dorfbrunnen** ❶ mit seinen Bronzefiguren biegen wir nach links in die **Sonnenstraße** und folgen kurz darauf der Friedrichstraße rechts leicht bergauf.

Weiter geradeaus, mittlerweile auf der Klarastraße, sehen wir zum ersten Mal die **blau-grünen Wanderwegzeichen** des **Donau-Zollernalb-Wegs.** Der Wegweiser zeigt unser erstes Zwischenziel an – den Aussichtspunkt Schnecklesfelsen – und leitet uns nach links in die Ulrichstraße, wenige Meter später nach rechts über breite Stufen in die Straße **Am Schnecklesfelsen** hinauf. Dieser folgen wir über mehrere Kreuzungen zur Richard-Wagner-Straße bis zum Ortsende stetig bergauf. Nach diesem Anstieg verlassen wir die Richard-Wagner-Straße in einen asphaltierten Weg, der für Fahrzeuge gesperrt ist, und finden uns wenige Meter später in einem lichtdurchfluteten Wald wieder. Nun lacht unser Wandererherz!

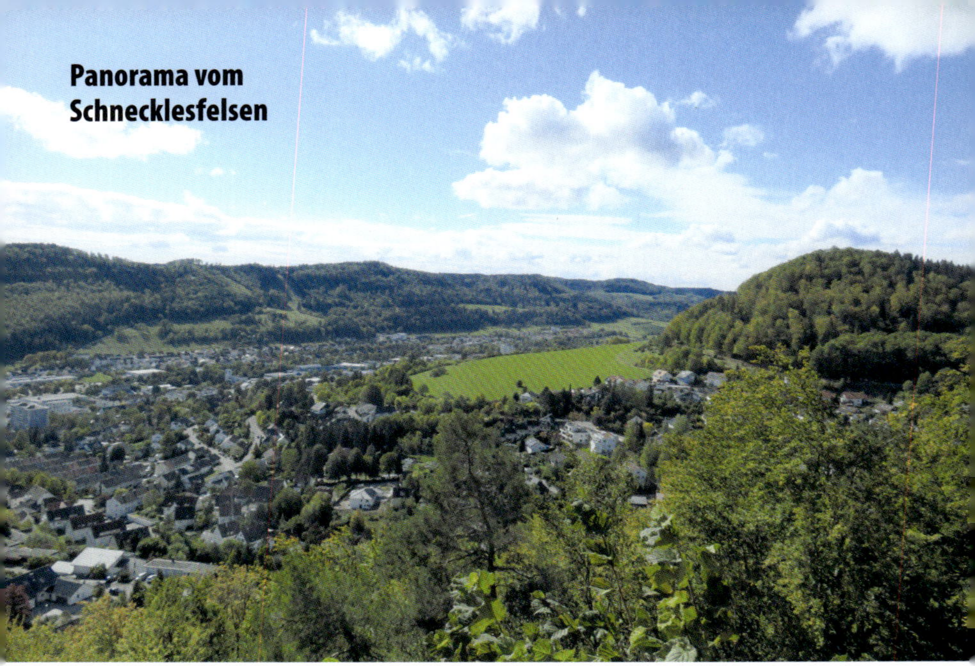

Panorama vom Schnecklesfelsen

In der 40 Meter langen **Heidensteinhöhle** hat man 1909 Feuersteinklingen von altsteinzeitlichen Menschen entdeckt. Außerdem ist die kleine Höhle einer von fünf Plätzen in Deutschland, an denen Überreste von Menschenaffen gefunden wurden.

Auf einem traumhaften Pfad, **blau-grün markiert,** gewinnen wir zügig an Höhe und erreichen nach kurzer Zeit den **Aussichtspunkt Schnecklesfelsen ❷.** Hier gibt es zwar keine Ruhebank – auch keine Sicherungen oder Geländer – aber einen großartigen Ausblick. Unter uns liegt Albstadt-Ebingen, umgeben von grünen Wiesen und Wäldern. Etwas oberhalb des Schnecklesfelsens lädt eine Bank zu einer Sitzpause ein. Ab hier folgen wir ein Stück einem der **Traufgänge** der **Ochsenbergtour** durch den Wald zur **Heidensteinhöhle ❸,** die nur 900 Meter entfernt ist. Die Höhle wird im Winter von Fledermäusen bewohnt und darf deshalb zwischen Oktober und März nicht betreten werden.

Nachdem wir kurz in die flache Höhle hineingeschaut haben, sind wir froh, in der heutigen Zeit leben zu dürfen. Unsere Wohnungen bieten entschieden mehr Komfort und Luxus als diese Sommerresidenz von altsteinzeitlichen Jägern. Die Höhle liegt etwas abseits unserer Wanderroute. Darum gehen wir ein kurzes Stück zurück und folgen unserem Wanderweg nach links Richtung **Aussichtspunkt Alpenblick** (den wir allerdings auf unserer Tour nicht berühren werden).

Waldwege wechseln sich mit Forststraßen ab, und überraschend schnell stehen wir am **Aussichtspunkt Martinsfels** ④ auf 940 Meter über dem Meeresspiegel. Wir sind der Meinung, eine Pause verdient zu haben, und nehmen auf der einladenden Bank Platz. Während wir uns aus dem Rucksack stärken, schweifen

Für die Seele

Der grenzenlose Weitblick vom Schlossfelsenturm ist atemberaubend. In Kombination mit dem Spiel der Wolken und der frischen Brise bleibt er unvergesslich!

unsere Blicke über den bewaldeten Hang gegenüber. Uns fällt der Schlossfelsenturm auf. Bei ihm wollen wir später auf unserer Tour vorbeischauen.

Und dann geht's weiter. Meistens wandern wir auf Forststraßen, weiter Richtung **Aussichtspunkt Alpenblick.** Nach einem langen Linksbogen kommen wir an eine Kreuzung. Hier verlassen wir den Traufgang und wandern auf einer Forststraße rechts bergab weiter. Auf geschnitzten Holzschildern lesen wir, dass wir uns auf dem **Raiden-Rundweg** und später auf dem **Trautenhardtweg** befinden. Dieser nimmt uns abwärts mit bis an den Waldrand. Unter uns liegt Truchtelfingen, ein Ortsteil von Albstadt. Wir wenden uns kurz nach links und folgen sogleich dem asphaltierten Sträßchen **Sommerhalde** nach rechts weiter abwärts. Rund 200 Meter nach den Schulgebäuden der Sommerhalde nutzen wir eine

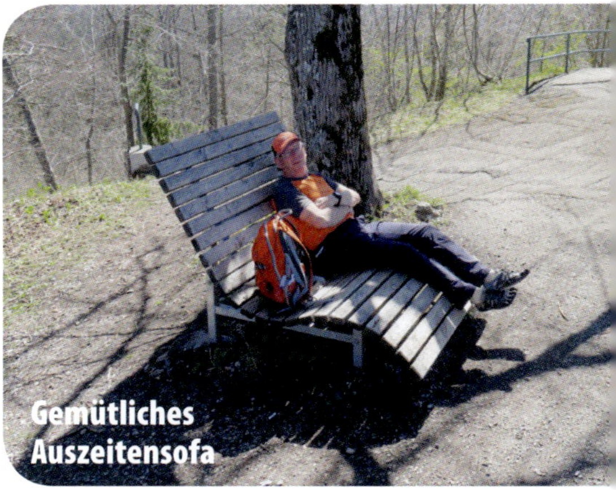

Gemütliches Auszeitensofa

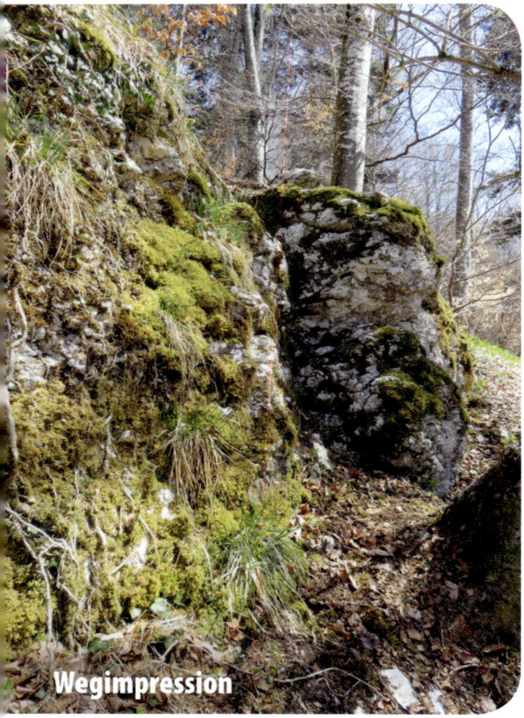

breite Treppe nach rechts, die uns zur Hauptstraße, der **Konrad-Adenauer-Straße,** bringt. Sollte das Wetter umschlagen, gäbe es hier die Möglichkeit, mit einem Bus zu unserem Startpunkt zurückzufahren.

Wir überqueren die Konrad-Adenauer-Straße an der Fußgängerampel, laufen dann rund 50 Meter nach rechts und biegen links in die **Tennentalstraße** ein. Diese bringt uns pfeilgerade über einige Abzweigungen fix wieder in die Natur. Das Ortsende wird uns durch ein Verbotsschild für Kraftfahrzeuge angezeigt. Eine schmale Straße führt in einem 180-Grad-Rechtsbogen bergauf (bei trockenem Wetter können wir diesen auf einem unmarkierten Pfad direkt nach dem Verkehrsschild abkürzen). An einer Abzweigung hören wir links von uns das dezente Plätschern eines Brunnens. Wir folgen dem Pfad wenige Schritte aufwärts nach links und sehen etwas erstaunt eine sehr schön angelegte Sitzgruppe am **Veitlesbrunnen ⑤.** Der Platz liegt ein bisschen über dem Sträßchen und überrascht uns mit schönen Ausblicken.

Erfrischt begeben wir uns auf den spannenden Weiterweg. Wir biegen auf einen breiten Weg nach links ab, der uns, vorbei an einem Wildbienenhaus, in sanfter Steigung wieder in den Wald hinein bringt. Der Weg wird zu einem Pfad, wir überqueren die Mountainbiketour **Alb Gold Wadenbeißer,** steigen für weitere 200 Meter etwas steiler geradeaus bergauf und erreichen eine Forststraße, den Jausenteichweg. Ihm folgen wir nach rechts und erreichen nach rund 1,5 Kilometern in leichtem Auf und Ab das große Gelände des Waldheims. Wollen wir uns unterhalten, ohne groß auf den Weg zu achten, bleiben wir stets auf der Forststraße. Wollen wir lieber auf Pfaden unterwegs sein, nutzen wir die Möglichkeit, zwei kleine Schleifen auf dem **Traufgängerle Hexenküche** zu wandern. Diese Alternative ist auf den Wegweisern mit **Spielplatz Traufgängerle** zu lesen. Die Wanderwege befinden sich stets in der Nähe der Forststraße, und kurz vor dem Parkplatz, am Hochseilgarten **Kletterpark Waldheim ❻,** kommen beide Wegvarianten wieder zusammen.

Uns steht jetzt der Sinn nach einer Erfrischung der besonderen Art. Die Werbetafel **Bayerischer Biergarten** des Lokals **Das Waldheim ❼** lockt uns mit warmen und kalten bayerischen Schmankerln und den passenden Getränken. Deshalb folgen wir der Straße nach links und gehen über einen Parkplatz. Das geübte Wandererauge sieht den kleinen, unscheinbaren Wegweiser aus Aluminium auf der linken Seite: **Schlossfelsenturm** 0,5 Kilometer, nach rechts mit dem **roten Y** als Wegmarkierung. Der durstige Wandererkörper reagiert allerdings stärker auf das große, rote Schild **Biergarten/Minigolf** nach rechts. Wichtig ist jedenfalls, dass wir hier rechts abbiegen.

Während wir uns stärken, lassen wir die Seele baumeln. Das alkoholfreie Weizen zischt so richtig, und ausnahmsweise gibt es die Weißwürste auch mal nach dem 12-Uhr-Läuten. Doch wer rastet, der rostet. Deshalb verlassen wir den großzügigen Biergarten nach links, werfen einen Blick auf die schön angelegte Minigolfanlage links von uns. Der

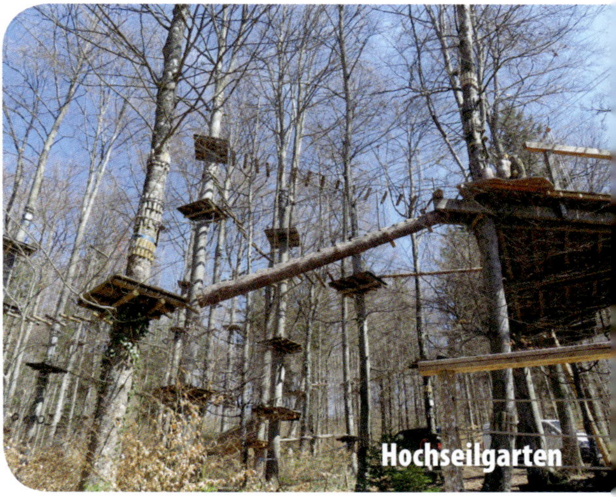
Hochseilgarten

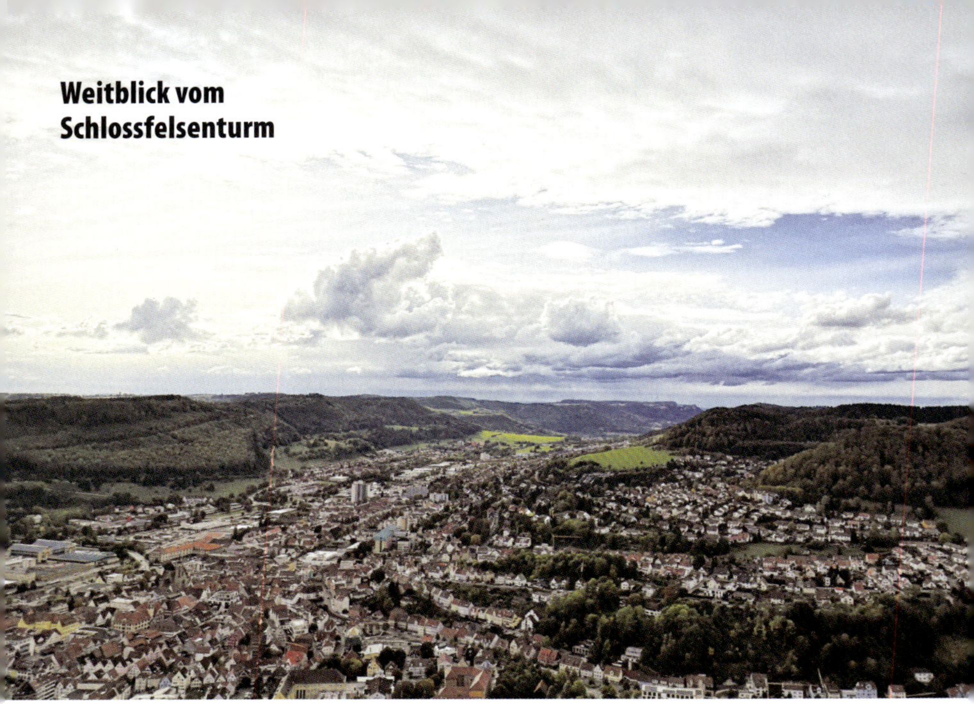

*Der 24 Meter hohe **Schlossfelsenturm** wurde 1899 errichtet und 1991 saniert. An dieser Stelle lag um 1100 die Burg Häringstein, die bereits Mitte des 13. Jahrhunderts aufgegeben wurde.*

breite, geschotterte **Waldlehrpfad Waldheim** ist für die ersten 300 Meter identisch mit der Mountainbikestrecke **Alb-Gold.** Ein Forstweg bringt uns, sanft ansteigend, nach ungefähr 10 Minuten zum **Schlossfelsenturm 8.**

Natürlich möchten wir jetzt auf der **Aussichtsplattform** den tollen Blick genießen. Die obere Plattform gibt uns fast das Gefühl zu schweben. Bei klarem Wetter sehen wir nicht nur ganz Albstadt-Ebingen mit sämtlichen Ortsteilen, sondern über das gesamte Schmiechtal bis zu den Alpen. Eine umlaufende Metalltafel hilft uns bei der Orientierung. Von der Zugspitze, dem höchsten Berg Deutschlands, wandert unser Blick zu dem Großen Widderstein, dem Beschützer des Kleinen Walsertals. Es folgen die Wahrzeichen des Montafons: Sulzfluh, Drei Türme und Drusenfluh. Den Abschluss der Gipfelparade bildet das berühmte Dreigestirn Mönch, Eiger und Jungfrau in den Berner Alpen.

Dann steigen wir über die 119 Treppenstufen wieder nach unten. Wenige Meter folgen wir dem uns bekannten Weg zurück. Am ersten Wegweiser biegen wir nach rechts ab Richtung Ebingen. Der schmale Pfad führt uns abwärts, über Treppen und einige Stufen erreichen wir eine weitere Abzweigung. Wenige Meter nach links bietet uns der schöne **Aussichtspunkt Schlossfels 9** die Möglichkeit, auf einer gemütlichen Bank etwas zur Ruhe zu kommen. Unser Abstiegsweg führt aber rechts weiter. Der Wald lebt. Während wir konzentriert abwärts gehen, raschelt es rechts neben uns. Mit viel Glück können wir hier Waldmäuse sehen!

*Die nachtaktiven **Waldmäuse**, flinke Tiere und gute Kletterer, sind sehr scheu und durch ihr gelb- bis braungraues Fell gut getarnt. Ihre Bedeutung für einen widerstandsfähigen Wald ist groß: Sie verteilen Samen und unterstützen Symbiosen von Pflanzen.*

An der nächsten Abzweigung folgen wir dem Wanderweg nach links und erreichen die **Hexenküche 10.** Einer alten Sage nach sollen in dieser Höhle Hexen eine Küche eingerichtet haben. Vor ihrer Abreise haben sie allerdings gründlich aufgeräumt. Auch sämtliche Besen wurden mitgenommen. So können wir leider nicht ins Tal hinunterfliegen, sondern müssen unseren Abstieg zu Fuß fortsetzen.

An der nächsten Abzweigung nehmen wir den mit einem **roten Y** markierten Wanderweg nach rechts. Dieser bringt uns, stets Richtung Bahnhof Ebingen, im Zickzack über eine Straße und weiter durch lichten Buchenwald zu den ersten Häusern von **Ebingen.** Hier folgen wir der Schloßbergstraße nach links. Die Wanderwegweiser leiten uns abwechselnd auf Gehwegen und Treppen zügig abwärts bis in die Straße **Häringstein.** Wir drehen uns um und blicken noch mal zum Schlossfelsenturm, von dem wir vorhin dieses einzigartige Traumpanorama genossen haben.

Wenige Schritte gehen wir auf der Schmiechastraße nach links und folgen dann der Sigmundstraße nach rechts. An deren Ende biegen wir links in

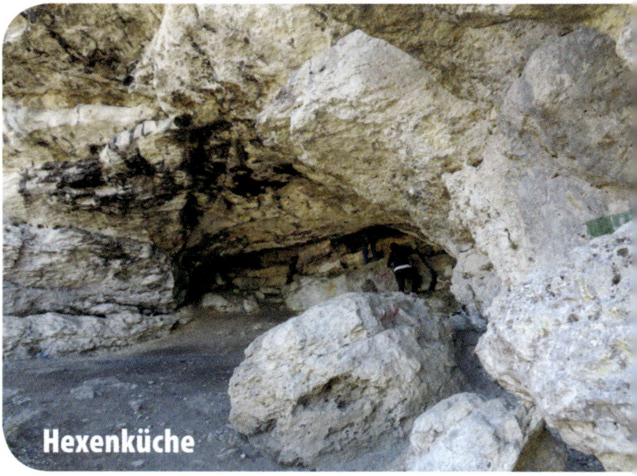

Hexenküche

die Grüngrabenstraße ein. Diese bringt uns, gefühlt immer geradeaus, vorbei am Hallenbad, in die Fußgängerzone. Hier am **Kurt-Georg-Kiesinger-Platz** locken verschiedene Cafés und Restaurants.

Unsere Tour möchten wir aber im Brauhaus ausklingen lassen. Deshalb folgen wir 300 Meter der **Bahnhofstraße,** nutzen eine Unterführung und erreichen wenige Schritte später das **Brauhaus Zollernalb ⑪.** Zwischen kupferfarbenen Braukesseln lassen wir uns schwäbische Spezialitäten schmecken und bedienen uns aus einer sehr umfangreichen Getränkekarte. Perfekt, um nach einer, gerne etwas längeren, Abschlussbesprechung dieses Wandertages gestärkt die Heimreise anzutreten.

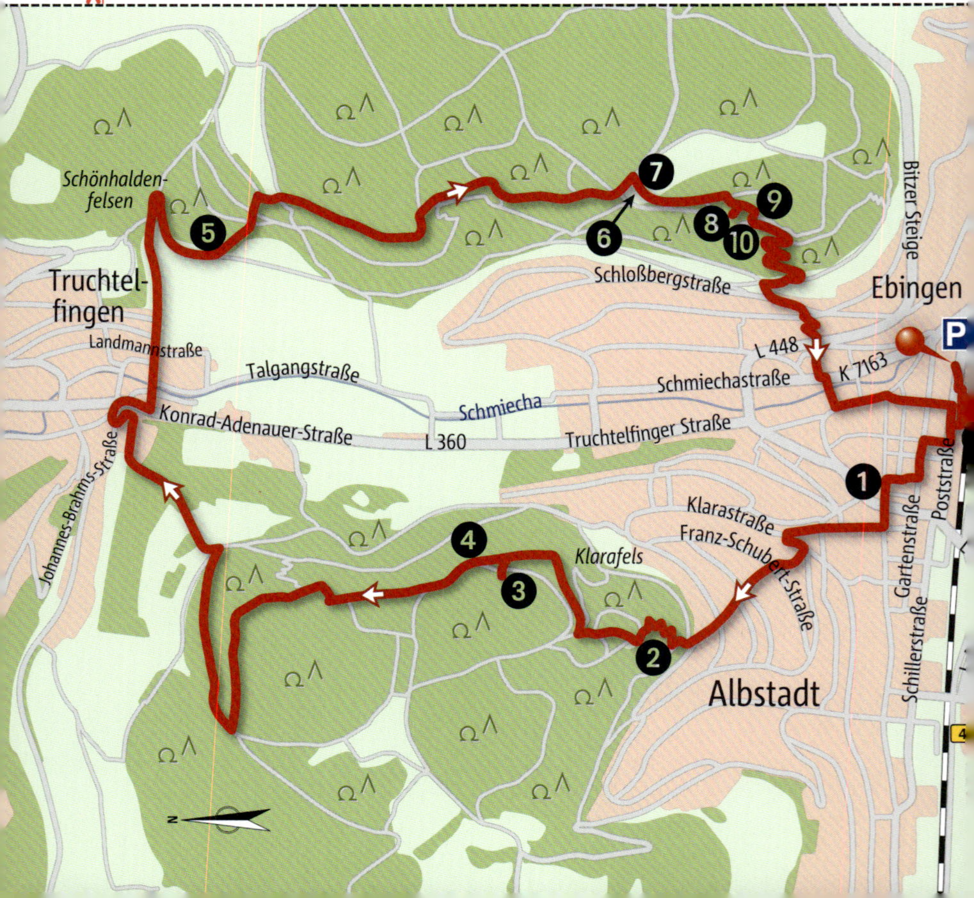

Alles auf einen Blick

WIE & WANN:
Wiesen- und Landwirtschaftswege, Pfade, Forstwege und wenig befahrene Straßen.
Beste Wanderzeit: März bis Oktober.

Entspannung ✱✱✱✱✱
Genuss ✱✱✱✱✱
Romantik ✱✱✱✱✱

HIN & WEG:
Auto: Parkhaus Am Bahnhof, Poststraße 16, 72458 Albstadt-Ebingen (GPS: 48.21058, 9.02920)
ÖPNV: RB 53, IRE 6, bis Bahnhof Albstadt-Ebingen

ESSEN & ENTSPANNEN:
Das Waldheim ❼ Waldheim 1, 72458 Albstadt, Tel. (0 15 78) 6 60 66 34, www.daswaldheim.de
Brauhaus Zollernalb ⓫ Bahnhof 4, 72458 Albstadt, Tel. (0 74 31) 9 48 29 41, www.brauhaus-zollernalb.de
Weitere Einkehrmöglichkeiten in der Fußgängerzone in Albstadt-Ebingen.

ENTDECKEN & ERLEBEN:
Dorfbrunnen ❶
Aussichtspunkt Schnecklesfelsen ❷
Heidensteinhöhle ❸
Aussichtspunkt Martinsfels ❹
Veitlesbrunnen ❺
Kletterpark Waldheim ❻ Waldheim 1, 72458 Albstadt, Tel. (0 74 33) 1 40 29 50, www.kletterpark-waldheim.de
Schlossfelsenturm ❽
Aussichtspunkt Schlossfels ❾
Hexenküche ❿

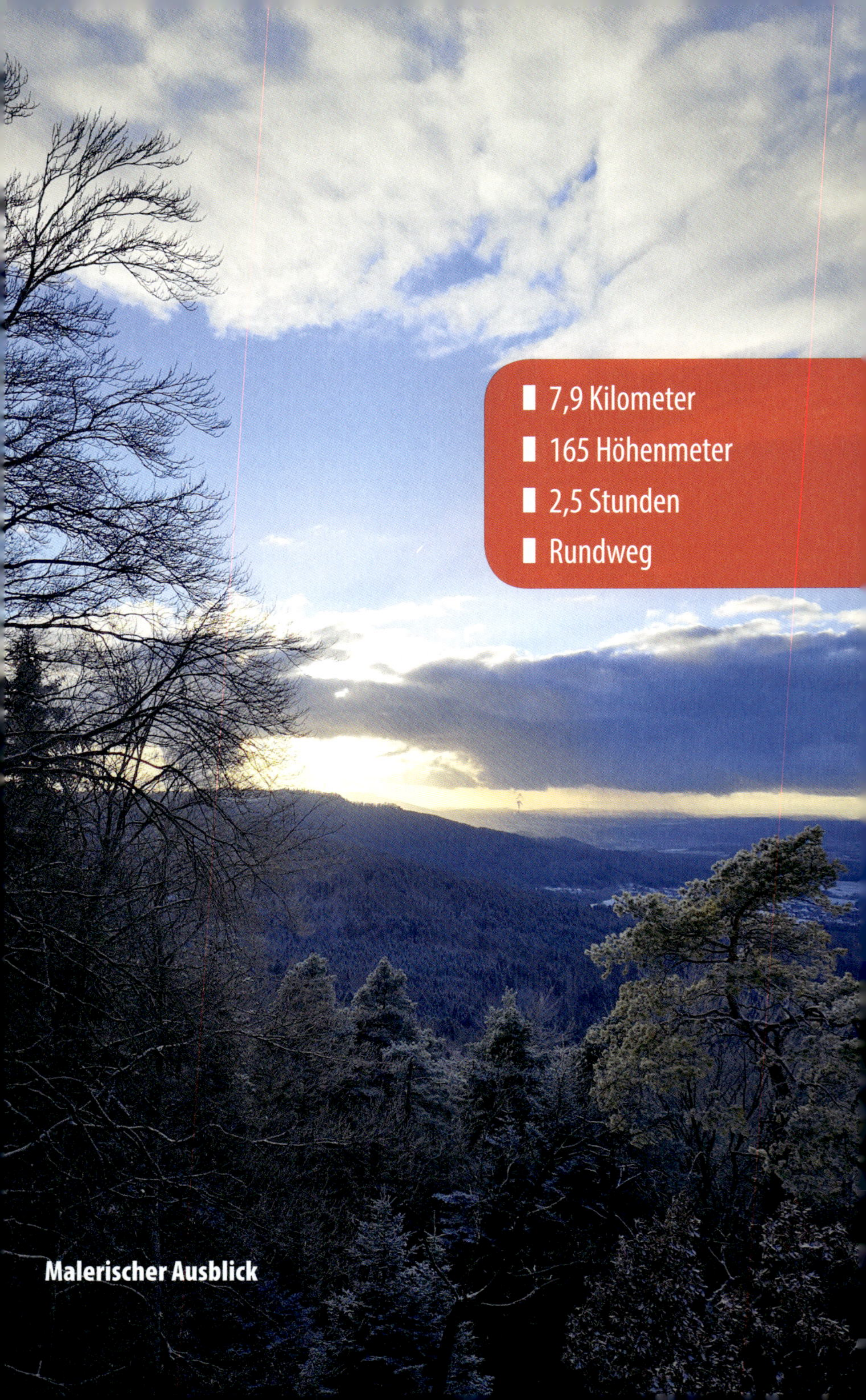

Malerischer Ausblick

Für unsere heutige Winterwanderung packen wir außer einer gut gefüllten Thermoskanne Tee noch eine warme Windjacke in den Rucksack. Hin und wieder pfeift es am Albtrauf ganz ordentlich. Nicht zu vergessen: Wir bewegen uns während unserer Wintertour fast auf 1000 Meter Höhe. Die Orientierung

Wintermärchen

Um den Raichberg bei Albstadt

wird heute kein Problem werden, der Weg ist sehr gut ausgeschildert. Jedoch können die Verhältnisse recht schnell wechseln; von wenig bis relativ viel Schnee – lockerer Schnee oder feste Schneedecke.

Unser Startpunkt ist am **Wanderparkplatz Zollersteighof.** Der Gasthof mit dem gleichen Namen bietet sich für den Abschluss unserer Tour an. Wir gehen zur großen Übersichtstafel am Rand des Parkplatzes. Ausnahmsweise bewegen wir uns heute überwiegend auf einem Premium-Winterwanderweg mit der Markierung **Traufgänge Wintermärchen** auf blauem Grund. Über den Verbindungsweg, der hier beginnt, erreichen wir nach 200 Metern den eigentlichen Wanderweg. Nach rechts geht es über eine freie Wiese Richtung **Dagersbrunnen** und **Stocken.** Ganz automatisch schweifen unsere Blicke in die Ferne: vorbei am verschneiten Allenberg direkt vor uns hinüber zu dem bewaldeten Höhenzug

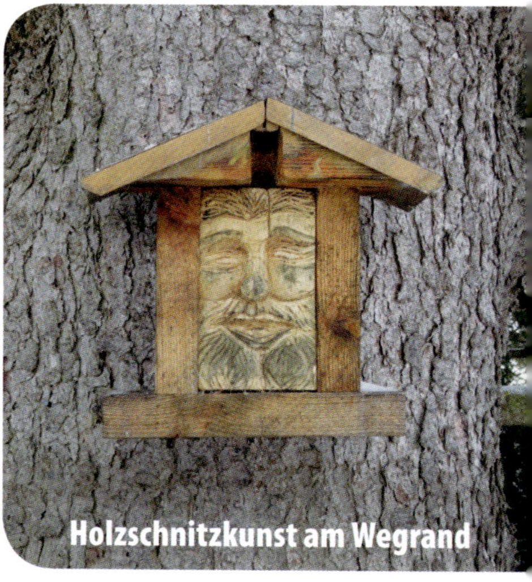

Holzschnitzkunst am Wegrand

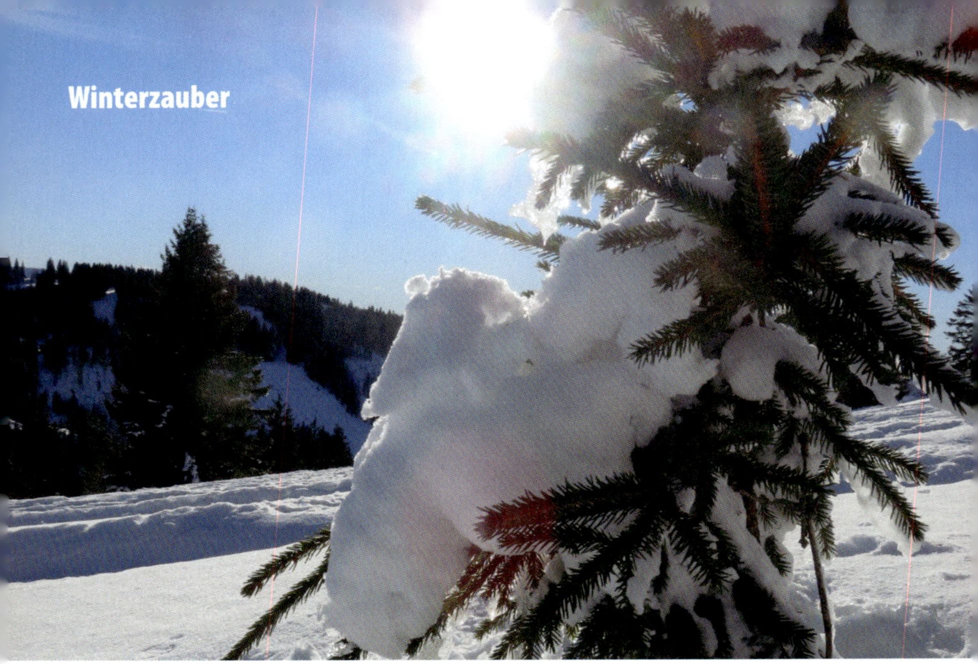

oberhalb von Albstadt-Ebingen. Lächelnd schlendern wir weiter und erinnern uns an die schöne Panoramatour 6 „Wald & Weitblick". Gerade jetzt freuen wir uns über die Sonne. Es ist windstill, wir genießen diesen Moment der Wärme und schauen auf den Weg vor uns.

Dieser Winterwanderweg ist nicht schwierig; nicht verwegen. Das Besondere daran: Wir haben einen größeren Spielraum als im Sommer. Er gibt uns die Richtung vor, und wir dürfen legal über verschneite Wiesen und Wiesenwege wandern. So erreichen wir den **Wanderparkplatz Stocken** und überqueren eine wenig befahrene Straße. Bevor wir unseren Weg fortsetzen, nehmen wir uns ausgiebig Zeit, die mit Raureif überzogenen Äste und Grashalme zu bewundern. Skurrile Bäume sind zu entdecken.

Wir gehen weiter, überqueren eine Langlaufloipe und biegen etwas später links ab Richtung **Hangender Stein** (die Beschriftung hilft uns bei der Orientierung, auch wenn der Hangende Stein nicht auf unserer Route liegt). Direkt rechts von uns befindet sich ein **bronzezeitlicher Grabhügel ❶.** Dieser hier wurde 1904

*Auf dem **Raichberg** wurde 1936 ein 63 Meter hoher **Turm** in Holzkonstruktion errichtet. Er bildete einen trigonometrischen Punkt für die Landvermessung. Die Konstruktion erinnerte an einen hölzernen Eifelturm, sie hielt leider nur 8 Jahre.*

untersucht und die Grabbeigaben dem Museum für Vor- und Frühgeschichte in Berlin übergeben.

Kurz nach dem Parkplatz **Langer Weg** überqueren wir erneut die wenig befahrene Straße, folgen dem unteren Weg, der uns nach einem geraden Stück in einem Rechtsbogen an einer Fuchsfarm vorbeileitet.

Für die Seele

Wir bewundern die grazilen Kunstwerke, die der Wind in den Schnee zaubert. Das Schöne liegt oft zu unseren Füßen – wenn wir es erkennen und annehmen!

Auf diesem Wegabschnitt finden wir bei genauerem Hinsehen zahlreiche **Wacholdersträucher.** Die Frucht benötigt für ihre vollständige Reife bis zu 2 Jahre Zeit. Einer alten Sage nach haben Wacholderzweige, über der Stalltür angebracht, Hexen ferngehalten. Wie war das noch mal mit der Hexenküche am Schlossfelsen oberhalb Albstadts?

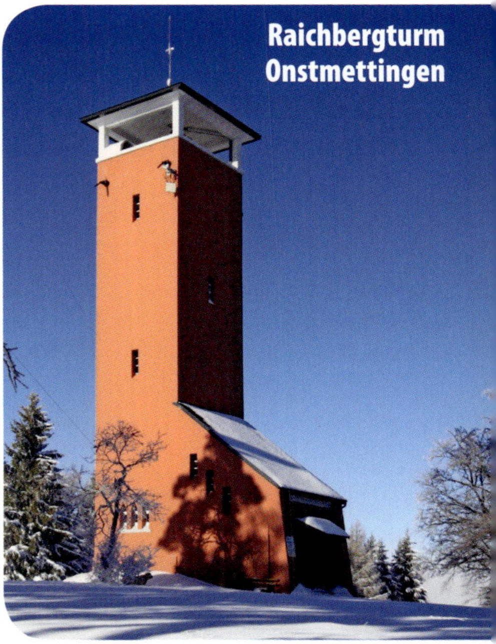

Raichbergturm Onstmettingen

Mittlerweile wandern wir zart aufwärts und haben unser nächstes Zwischenziel fest im Blick: den **Aussichtspunkt Raichbergturm ❷.** Dieser wurde 1928 auf dem höchsten Punkt des Raichbergs erbaut und wird vom Schwäbischen Albverein unterhalten.

Gerne spenden wir unseren Obolus für den Erhalt des Turmes und steigen die 22 Meter bis zur Plattform hoch. Zuerst schauen wir auf unsere bisherige Wanderstrecke zurück. Dann schweift der Blick in die Ferne, bei guten Bedingungen können wir über den Feldberg bis zu den Vogesen in Frankreich schauen, im Norden zeigt sich die Burg Hohenzollern. Der Wind ist etwas aufgefrischt, deshalb steigen wir bald vom Turm herunter und schreiten zügig abwärts. Unser Winterweg führt uns geradeaus mitten durch ein Naturschutzgebiet, bestehend aus Magerrasen, Wacholderheiden und Steinriegelhecken. Die Wiesen müssen einmal pro Jahr gemäht werden. Im Bereich der Wacholderheiden übernehmen das die schwäbischen Schafe.

Unsere Route beschreibt einen lang gezogenen Linksbogen. Wir folgen dem Hauptweg weiter Richtung **Zollersteighof,** wandern nach einem Rechtsknick im Winterweg gemütlich am Waldrand entlang und erreichen eine Kreuzung. Der Zollersteighof ist nur noch 900 Meter entfernt. Wir beschließen aber, vorher noch ein ganz besonderes Schmankerl zu

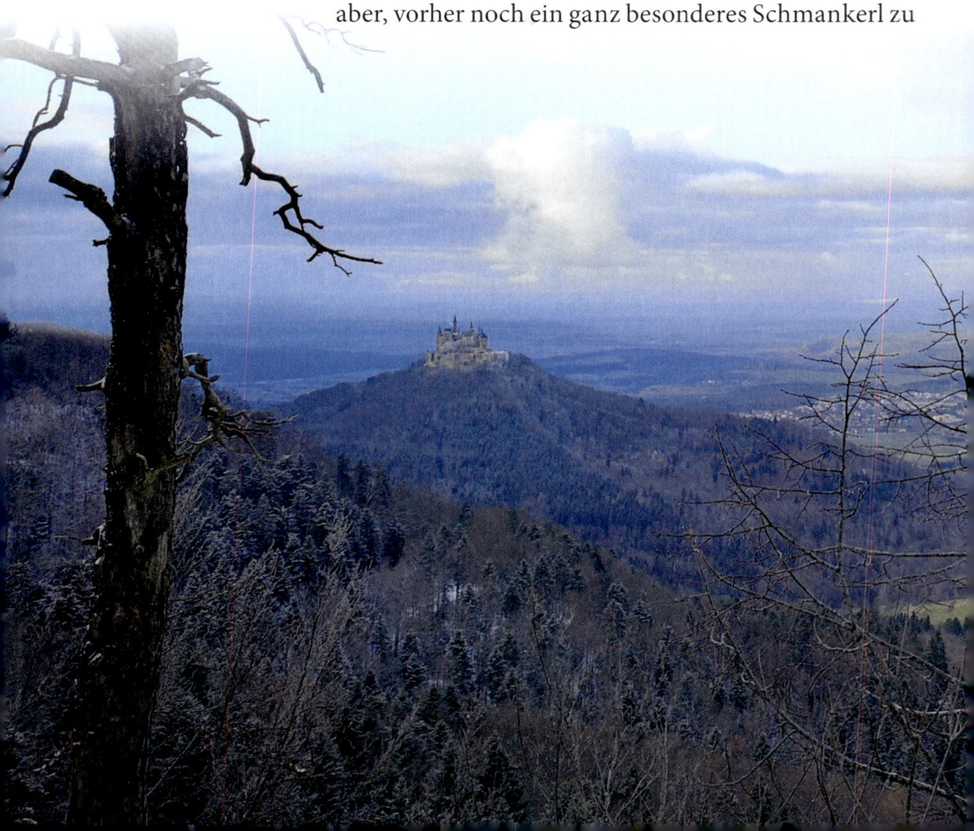

besuchen: Auf dem Wegweiser steht Aussicht Burg Hohenzollern in 500 Metern. Wir folgen diesem Weg nach rechts und erreichen den **Aussichtspunkt Zeller Horn** ❸ mit traumhaftem Blick auf die Burg Hohenzollern. Die „Krone aller Burgen Schwabens" hat eine bewegte Geschichte. Preußenkönig Friedrich Wilhelm IV. veranlasste im 19. Jahrhundert ihren Wiederaufbau im Stil der damaligen Zeit.

Völlig begeistert nehmen wir auf einer der gemütlichen Ruhebänke Platz. Eine wahrlich fürstliche Loge auf 909 Meter Höhe. Außer der imposanten Burg sind bei gutem Wetter im Westen der Gipfel des Feldbergs, mit 1493 Metern der höchste Punkt des Schwarzwalds, sowie im Norden Teile der schwäbischen Landeshauptstadt Stuttgart zu sehen.

Doch für uns ist, gerade jetzt, wieder einmal das Gute in der Nähe wichtig. Somit wandern wir den uns bekannten Weg zur Kreuzung zurück und gehen

***Burg Hohenzollern**, erstmals 1267 als Castro Zolre erwähnt, ist heute noch im Besitz der Familie. Seit 2021 verwandelt beim „Königlichen Winterzauber" festliche Beleuchtung die Schlossanlage in ein sichtbares Wintermärchen. (www.burg-hohenzollern.com)*

Blick auf Burg Hohenzollern

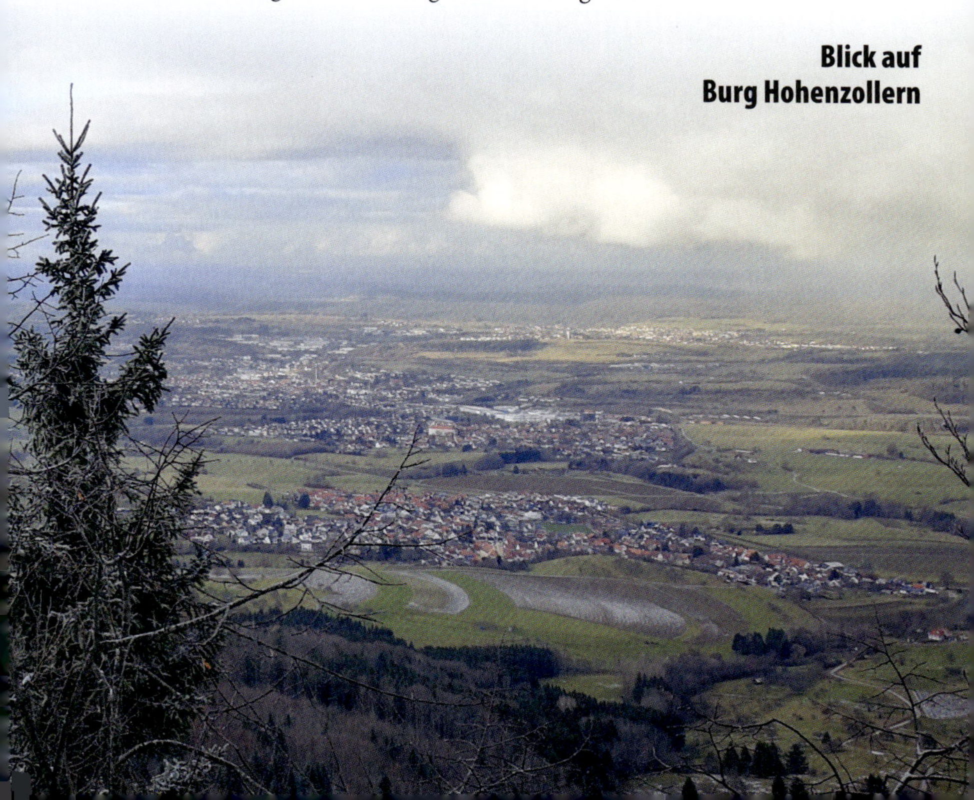

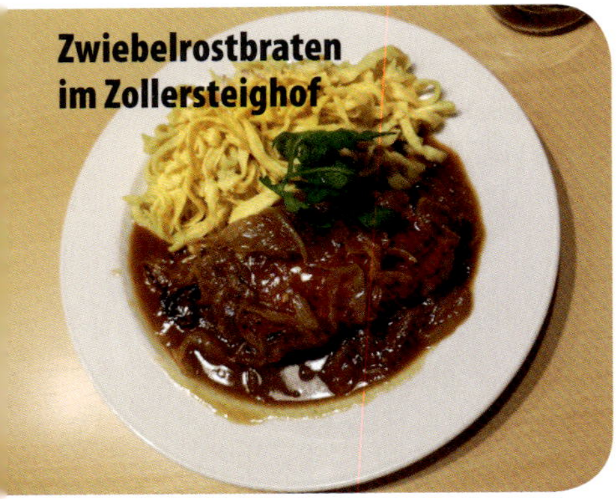

Zwiebelrostbraten im Zollersteighof

von dort die letzten 900 Meter zum **Hotel & Restaurant Zollersteighof ❹.** Hier werden all unsere Wünsche bezüglich Speisen und Getränken erfüllt! Unabhängig davon, ob es sich um die süße Versuchung Schwäbische Rosmarin-Pannacotta, den saftigen Rostbraten vom Angusrind oder die rahmigen Käsespätzle handelt – hier wird der Slogan „Genuss aus der Heimat" in vierter Generation in Perfektion gelebt. So bekommt unser Wintermärchen an diesem Tag noch ein ganz besonderes Happy End!

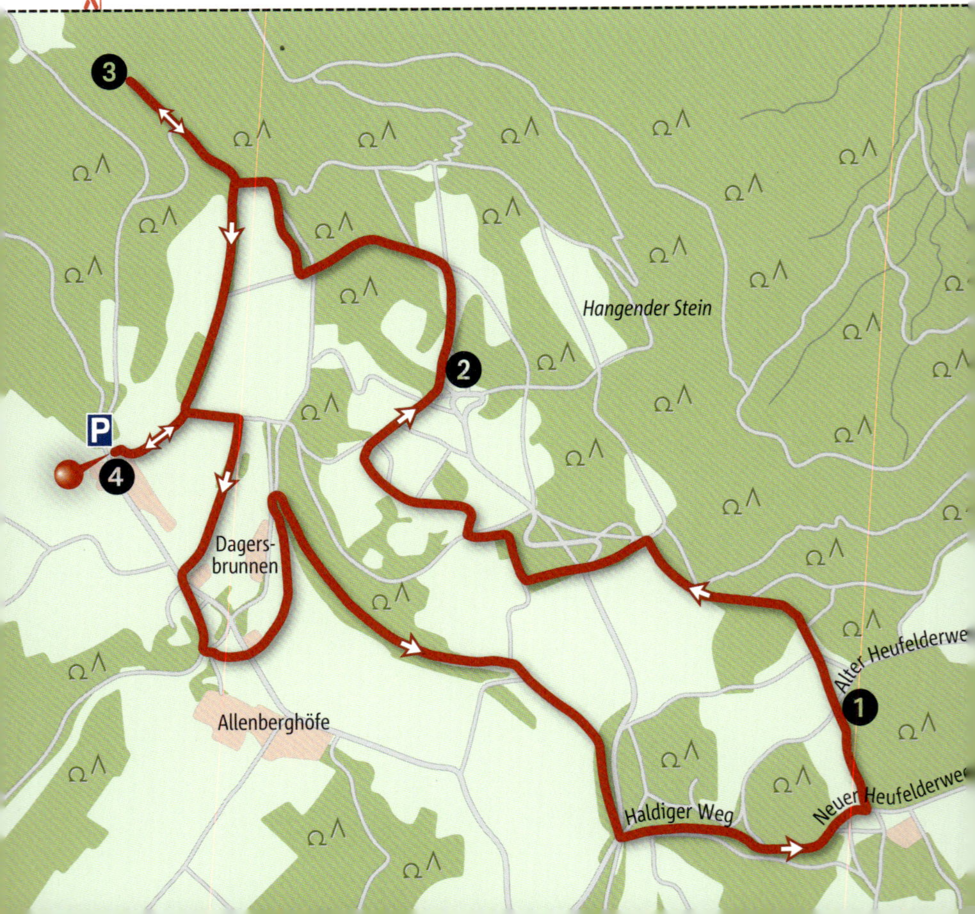

Alles auf einen Blick

WIE & WANN:
Verschneite Wiesen- und Landwirtschaftswege, Forstwege.
Beste Wanderzeit: November bis März – nur im Winter ausgeschildert und begehbar, genaue Info unter: www.traufgaenge.de. Wanderstöcke sind von Vorteil.

Entspannung ✸✸✸✸✸
Genuss ✸✸✸✸✸
Romantik ✸✸✸✸✸

HIN & WEG:
Auto: Wanderparkplatz Zollersteighof, Zollersteighof 2, 72461 Albstadt-Onstmettingen (GPS: 48.303238, 8.981711)
ÖPNV: Im Winter keine Anbindung.

ESSEN & ENTSPANNEN:
Hotel & Restaurant Zollersteighof ❹ Zollersteighof 2, 72461 Albstadt-Onstmettingen, Tel. (0 74 32) 2 18 40, www.hotel-restaurant-zollersteighof.de

ENTDECKEN & ERLEBEN:
Bronzezeitlicher Grabhügel ❶
Aussichtspunkt Raichbergturm ❷
Aussichtspunkt Zeller Horn ❸

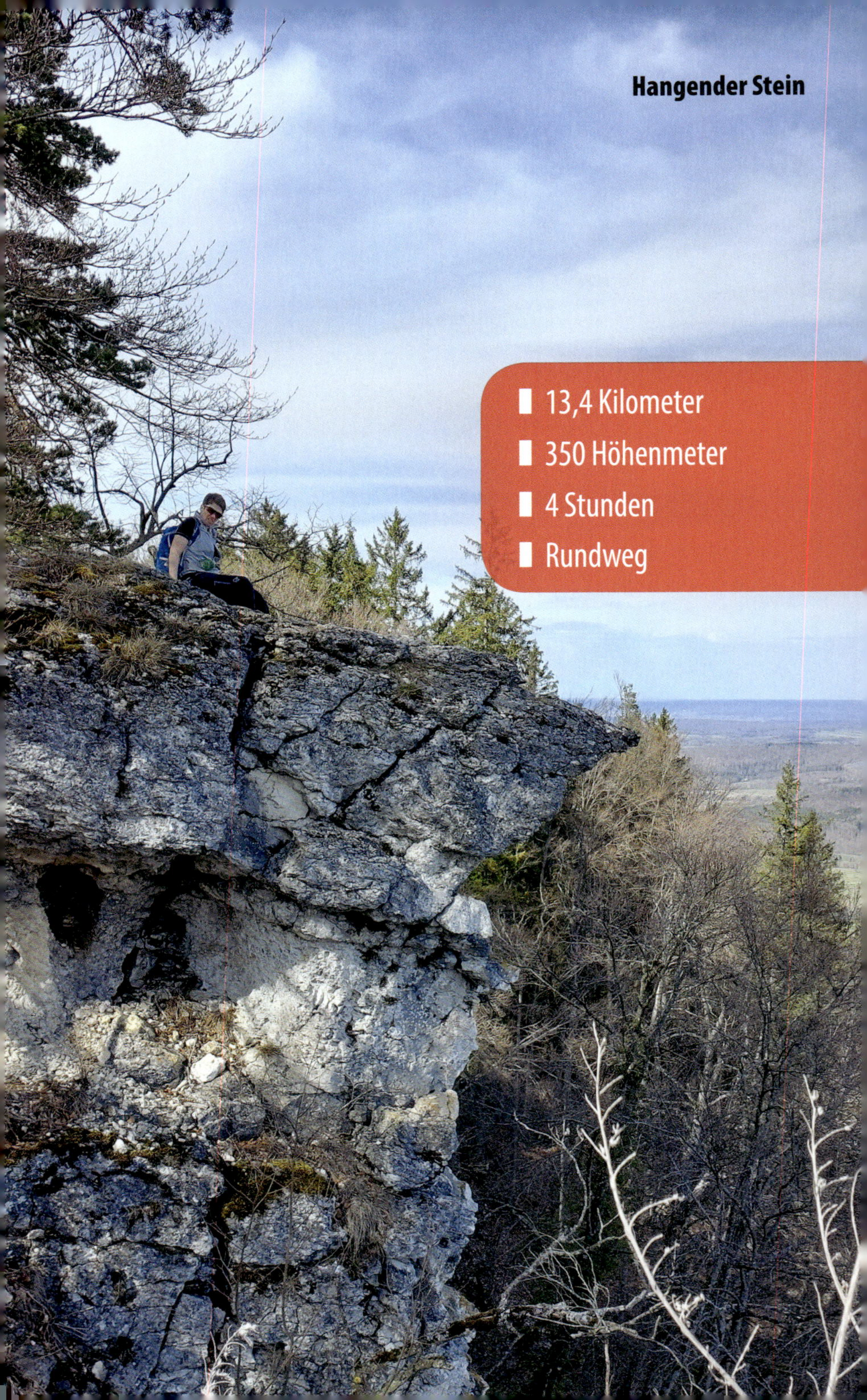

- 13,4 Kilometer
- 350 Höhenmeter
- 4 Stunden
- Rundweg

Bevor wir den Wanderparkplatz Stich verlassen, legen wir erst etwas Sonnencreme auf. Neben der Übersichtstafel folgen wir dem Wegweiser **Zubringer** und erreichen 200 Meter später den Rundweg zum Raichberg. Hier biegen wir rechts ab und folgen dem Weg in Richtung Dagersbrunnen. Unser Wanderweg

Hohenzollernblick

Aussichtsbalkon Zeller Horn

leitet uns, perfekt ausgeschildert, zwischen Wiesen und lichten Wäldern durch das Ruchtal.

Schön ist es hier. Unspektakulär. Ruhig. Wir wandern ohne echte Steigung oder Gefälle und fühlen uns in der Natur wie zu Hause. Es geht vorbei am Skilift und dem **Skihaus Ruchtal** (nur im Winter geöffnet), dann überqueren wir eine asphaltierte Straße und passieren das Anwesen **Dagersbrunnen.** An der großen Kreuzung rund 200 Meter nach dem Anwesen biegen wir in spitzem Winkel nach rechts ab. Der Aussichtsturm auf dem Raichberg ist unser nächstes Zwischenziel. Der Weg zum geografischen Höhepunkt unserer Tour führt uns aufwärts, und nach kurzer Zeit haben wir den **Raichbergturm ❶** erreicht. Er liegt etwa 100 Meter oberhalb vom Wanderheim **Nägelehaus ❷.** Nachdem wir unseren Obolus für den Erhalt des Turms beigetragen haben, besteigen wir den massiven Bau. Bei klarer Sicht können wir im Norden über die Burg Hohenzollern bis fast nach Stuttgart schauen. Im Westen erkennen wir die höchste

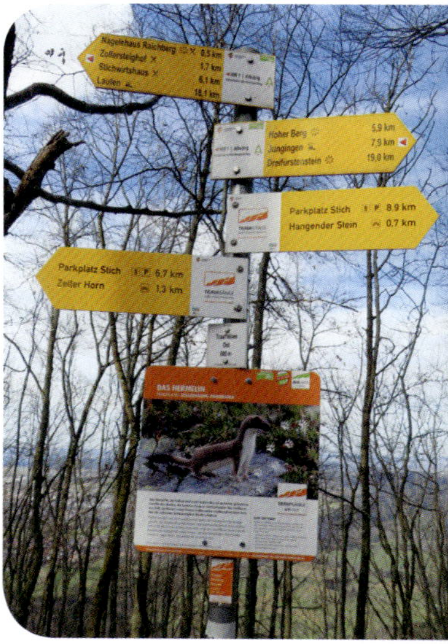

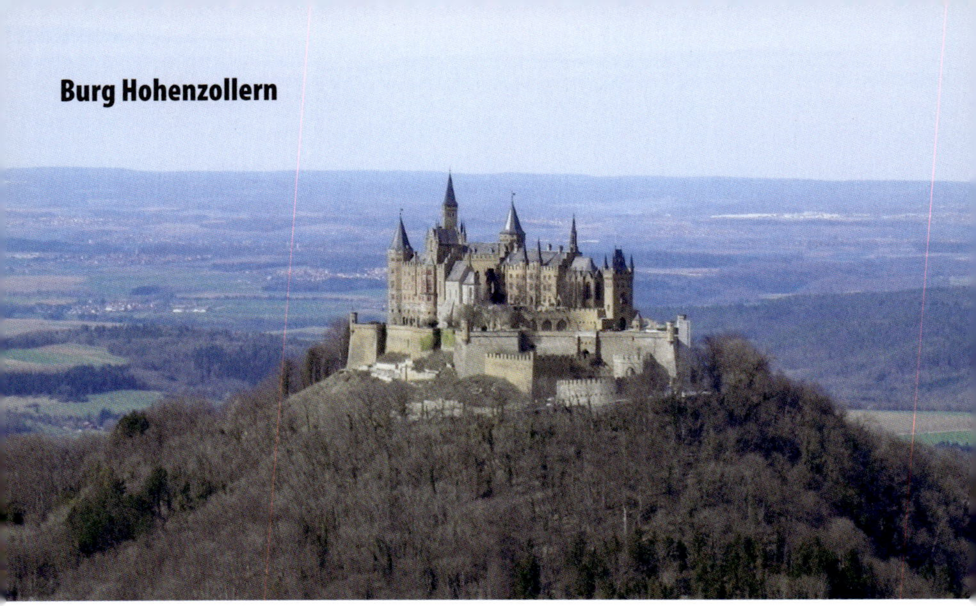

*Die Felswand des **Hangenden Steins** ist in „sanfter" Bewegung. Zum Raichbergmassiv ist eine Spalte mit rund 2 Metern Breite und 200 Metern Länge entstanden.*

*Der **Albtrauf** ist ein Steilabbruch mit Erhebungen bis 1015 Metern und erstreckt sich über eine Länge von rund 200 Kilometern. Er besteht überwiegend aus Kalk, Mergel und Ton und entstand vor ungefähr 150 Millionen Jahren.*

Erhebung aller deutschen Mittelgebirge, den Feldberg, im Süden bei klarer Sicht die Alpen.

Umso mehr interessieren uns jetzt die zu erwartenden Tiefblicke und das Panorama direkt am Albtrauf. Der Abstieg vom Turm und die wenigen Meter zum Parkplatz des Wanderheims sind schnell zurückgelaufen. Wir lassen das Wanderheim rechts liegen, gehen geradeaus über den Parkplatz und folgen einem Wanderweg in den Wald Richtung **Parkplatz Stocken.** Auch die nächsten zwei Kreuzungen halten wir den Kurs geradeaus ein und bleiben unserem relativ schmalen Wanderweg treu. Ein kleines Schild **Hangender Stein** und hin und wieder das **rote Y** des Schwäbischen Albvereins geben uns die Sicherheit, auf dem richtigen Pfad zu sein. So erreichen wir den Albtrauf und 200 Meter später nach einem Linksbogen den **Hangenden Stein ❸.**

Der Fels ist schräg nach außen gewölbt und bricht dann steil ab. Gut geschützt durch ein stabiles Geländer lässt sich der Ausblick in vollen Zügen genießen.

Wir überqueren die Spalte zwischen dem Raichberg und dem Hangenden Stein auf einem Steg und fühlen uns immer noch absolut sicher. Klar, hineinfallen will da niemand – und wer auf den Weg achtet, wird das auch nicht. Das Wandern im lichten Wald ist sehr abwechslungsreich und angenehm. Unser Weg, der **Alb-Nordrand-Weg HW1,** ist perfekt angelegt. In gesundem Abstand zum Albtrauf nimmt er uns die nächsten 1,5 Kilometer in einem sehr lang gezogenen Linksbogen mit. Mehrere Aussichtspunkte spendieren

Für die Seele

Aus den unzähligen wunderschönen Eindrücken bauen wir unser eigenes Traumschloss. Wir richten es mit Geborgenheit, Zuversicht und Liebe ein.

uns immer wieder neue Panoramen. Unter uns liegen die bewaldeten, sanften Hügel der Neckar-Alb, lieblich umspielt von einer mehrfarbigen Wolkenpracht und von Sonnenstrahlen gestreichelt. Freudig entdecken wir schließlich ganz links in unserem Sichtfeld, noch relativ weit entfernt, die Burg Hohenzollern.

Kurz hinter dem **Aussichtspunkt Backofenfelsen 4,** der etwas abseits unseres Wanderwegs liegt, schlängelt sich unser Pfad bergab und bringt uns zum

***Burg Hohenzollern** ist Stammsitz der Fürsten von Hohenzollern, die später preußische Könige und deutsche Kaiser wurden. Die vielen Türme und prunkvollen Räume geben der 1852 bis 1867 neu aufgebauten Burg ihre Einzigartigkeit.*

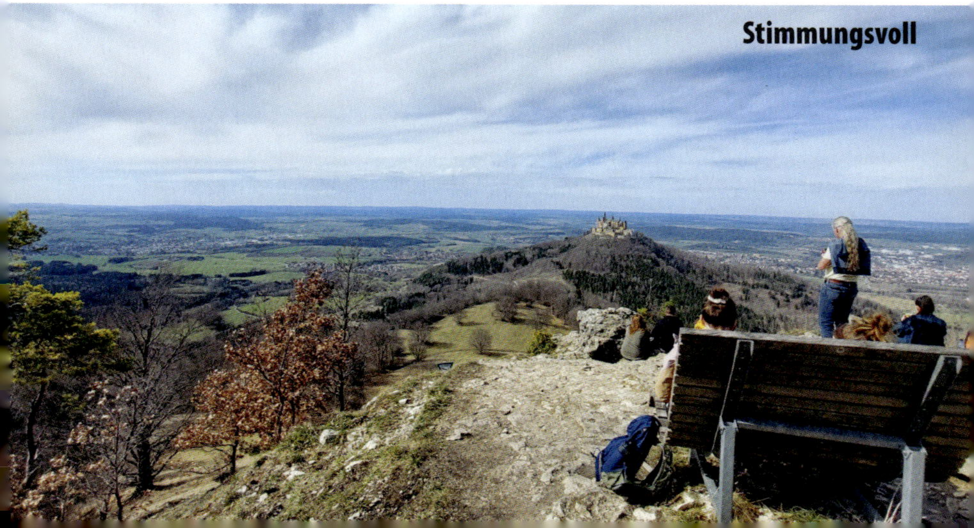
Stimmungsvoll

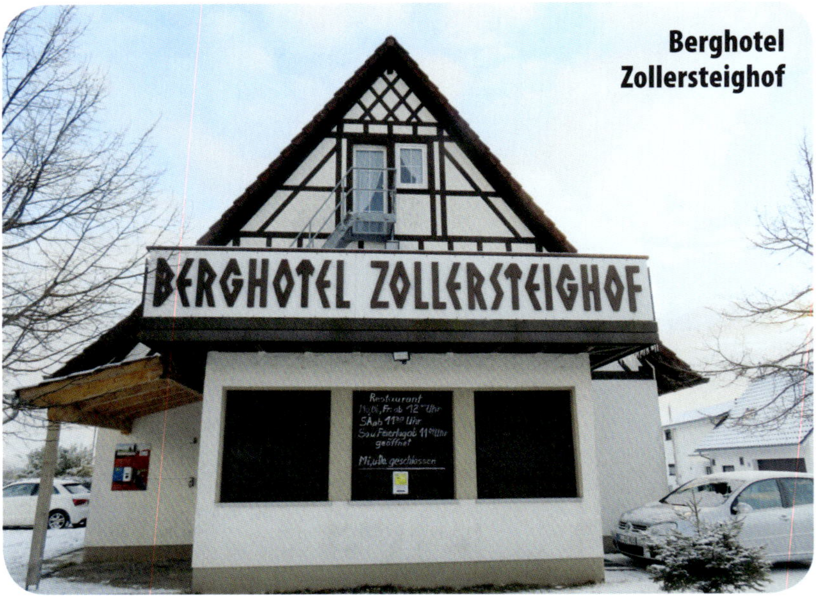

Berghotel Zollersteighof

Aussichtspunkt Zeller Horn ❺. Von hier aus haben wir den besten Blick auf das prachtvolle neugotische Schloss mit Wehranlage. Aber es gibt auch noch anderes zu sehen. Bei gutem Wetter grüßt auch hier der Feldberg aus dem Westen und mit etwas Glück der Stuttgarter Fernsehturm im Norden.

Bei all den traumhaften Aussichten fällt es uns nicht leicht, ins echte Leben zurückzukommen – wäre da nicht die große Lust auf einen leckeren, kühlenden Eiskaffee. Da trifft es sich gut, dass das Restaurant Zollersteighof ganz in der Nähe ist. Wir wandern einen Teil unseres bekannten Weges zurück, folgen an der nächsten Abzweigung dem Wegweiser nach rechts und erreichen nach 900 Metern das **Hotel & Restaurant Zollersteighof ❻.** Auf der schönen Terrasse nehmen wir unter großen Sonnenschirmen Platz. Der Eiskaffee ist ein Gedicht, und erst recht die hausgemachten Kuchen nach Uroma Johannas Rezepten! Wir werden wahrhaft fürstlich verwöhnt.

Der Wanderweg leitet uns sodann in mehreren Kurven über Wiesen und Weideflächen in den nahen Wald. Hin und wieder gibt es zwischen den Bäumen schöne Blicke ins Tal und auf die Burg Hohenzollern. Selbst aus der Distanz fasziniert sie uns. Entspannt geht es ohne Steigung abwechslungsreich durch ein Mosaik aus Licht und Schatten im Wald, bald am Waldrand entlang. Hier, am **Blasenberg,** wird eine alte Tradition gepflegt: die Waldweide. Das bedeutet, dass der Wald von Schafen und Ziegen beweidet wird. Das verlangsamt die natürliche Verjüngung des Waldes – zum Vorteil der Pflanzen, die das Licht lieben. In der Zwischenzeit haben wir den **Aussichtspunkt Heiligenkopf** ❼ erreicht und setzen uns kurz auf die dortige Bank. Es ist immer wieder von Neuem anregend, ins Tal hinunterzuschauen oder den Blick über die Kontur des Irrenbergs gleiten zu lassen.

Unseren Start- und Zielort, den **Parkplatz Stich,** haben wir immer wieder auf den Wegweisern gesehen. Und wir freuen uns schon darauf, uns im Stichwirtshaus vor unserer Heimreise noch einmal richtig zu

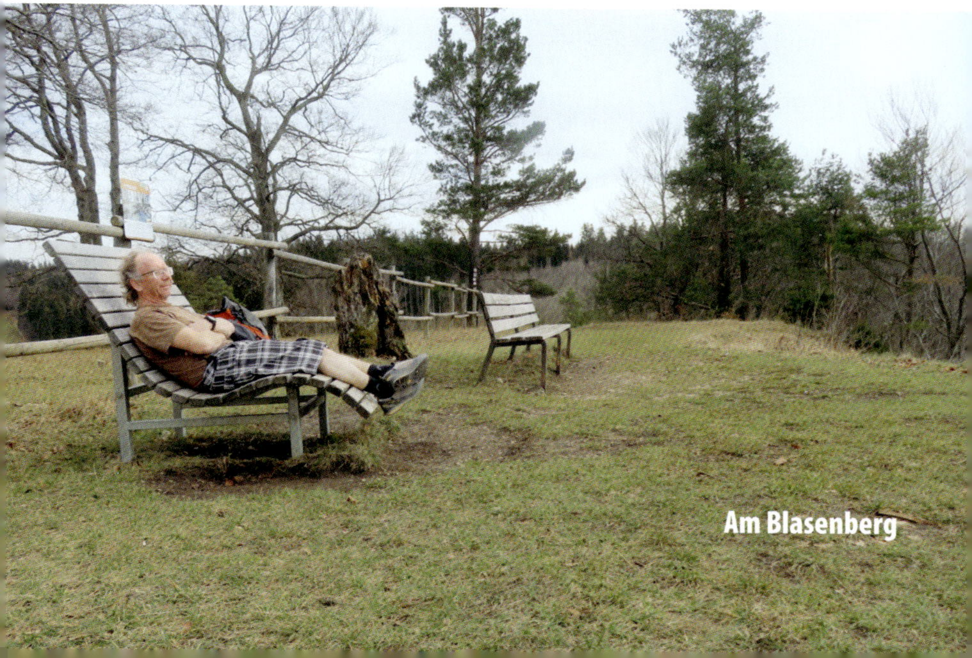

Am Blasenberg

Panoramatour 8

stärken. Der Wanderweg leitet uns das erste Stück am Trauf entlang, anschließend abwärts und über freie Flächen zurück zum Parkplatz und der **Stichwirtschaft 8** wenige Meter daneben. Im Biergarten des Familienbetriebs nehmen wir gern Platz. Die Speisekarte bietet traditionelle wie auch moderne Gerichte. Wir entscheiden uns für die preisgekrönte frische Bratwurst „Hugos Hohenzollernlanze" mit Salaten und die leckeren vegetarischen „Herrgottsbescheißerle", gefüllt mit Gemüse und frischer Käse-Quark-Mischung. Alles ist hausgemacht, das Motto des Hauses „Gemütlich – schwäbisch – lecker" wird perfekt umgesetzt. So können wir gestärkt die Heimreise antreten.

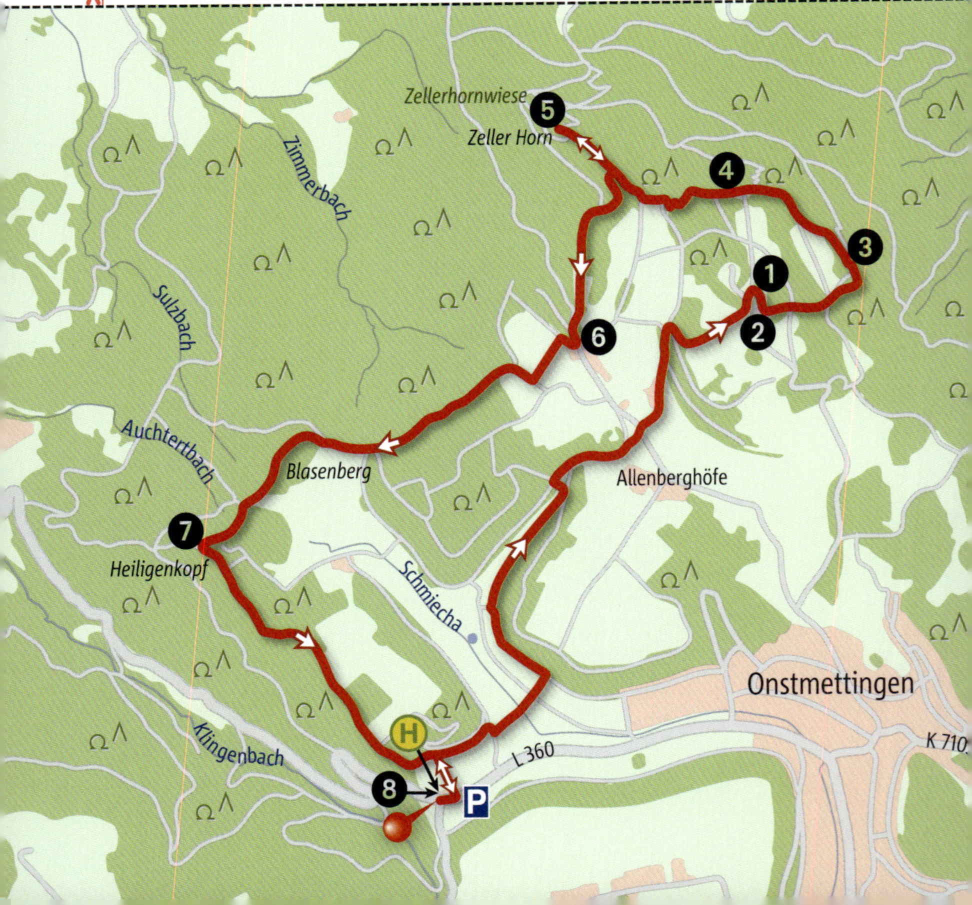

Alles auf einen Blick

WIE & WANN:
Wiesen- und Landwirtschaftswege, Pfade, Forstwege und wenig befahrene Straßen.
Beste Wanderzeit: März bis Oktober.

Entspannung ✱✱✱✱✱
Genuss ✱✱✱✱✱
Romantik ✱✱✱✱✱

HIN & WEG:
Auto: Wanderparkplatz Stich an der L 360, 72461 Albstadt-Onstmettingen (GPS: 48.28320, 8.97309)
ÖPNV: Bus 44 bis Haltestelle Onstmettingen Stich

ESSEN & ENTSPANNEN:
Nägelehaus ❷ Raichberg 1, 72461 Albstadt-Onstmettingen, Tel. (0 74 32) 2 17 15, www.naegelehaus.de
Hotel & Restaurant Zollersteighof ❻ Zollersteighof 2, 72461 Albstadt-Onstmettingen, Tel. (0 74 32) 2 18 40, www.hotel-restaurant-zollersteighof.de
Die Stichwirtschaft ❽ Stich 2, 72461 Albstadt-Onstmettingen, Tel. (0 74 32) 62 98, www.stichwirtshaus.de

ENTDECKEN & ERLEBEN:
Raichbergturm ❶
Naturdenkmal Hangender Stein ❸
Aussichtspunkt Backofenfelsen ❹
Aussichtspunkt Zeller Horn ❺
Aussichtspunkt Heiligenkopf ❼

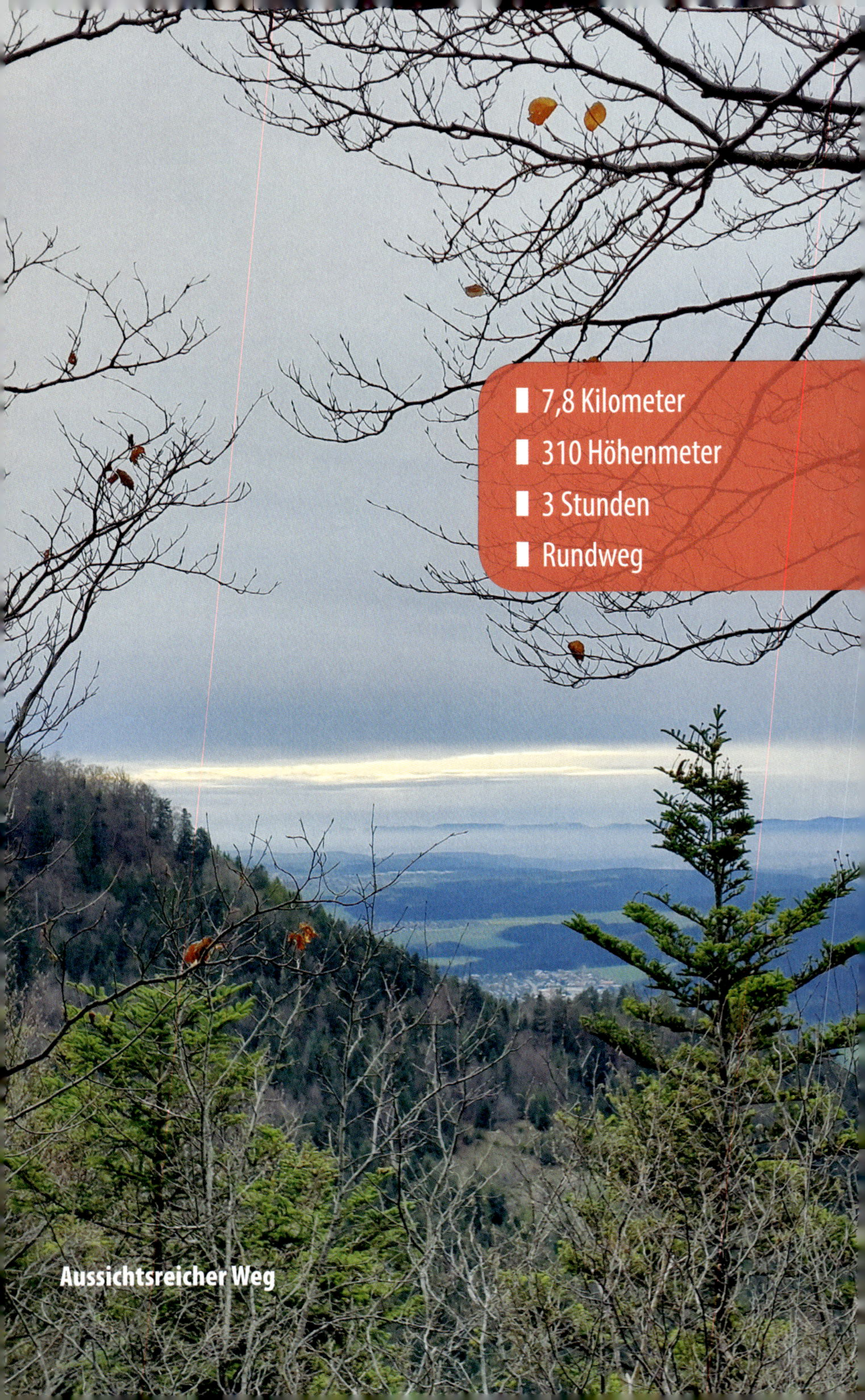
7,8 Kilometer
310 Höhenmeter
3 Stunden
Rundweg
Aussichtsreicher Weg

Heute wollen wir hoch hinaus: Wir werden den höchsten Berg der Schwäbischen Alb überschreiten! Deshalb auch unsere große Vorfreude. Eine Überschreitung ist bekanntlich die Königsdisziplin im Bergsport. Und dazu bewegen wir uns in der Region der schwäbischen Zehntausender. Der Lemberg bei

Zehntausender

Top of the Alb: der Lemberg

Gosheim misst 1015 Meter. Doch auf der Südwestalb, in der Region um Gosheim und Denkingen, befinden sich auf einer Fläche von rund 20 Quadratkilometern zehn Berge mit über 1000 Meter Höhe. Daher die Bezeichnung: Region der Zehntausender.

Vom Lembergparkplatz starten wir in Richtung **Lemberg.** Bereits nach wenigen Metern würde der Donauberglandweg nach links zum Lemberg abbiegen. Doch wir wollen gar nicht auf direktem Weg zum Gipfel. Deshalb wandern wir weiter geradeaus, leicht ansteigend, dem asphaltierten Sträßchen folgend. Der Wegweiser mit unserem Zwischenziel **Bürgle-Kapelle** ist einige Meter oberhalb unseres Weges angebracht. Die **rote Raute** und der **gelbe Kreis** auf weißem Grund begleiten uns als Wegmarkierung, während wir mittlerweile auf Schotter und nahezu ohne Steigung unterwegs sind.

Der ganze erste Teil unserer Wanderung führt uns über Forststraßen mit minimalem Auf und Ab. So wandern wir gemütlich am Waldrand entlang, schauen nach rechts über Wiesen auf Gosheim und genießen die Sonne. Jetzt, Anfang November, hier oben keine Seltenheit. Wir spüren den frischen Wind im

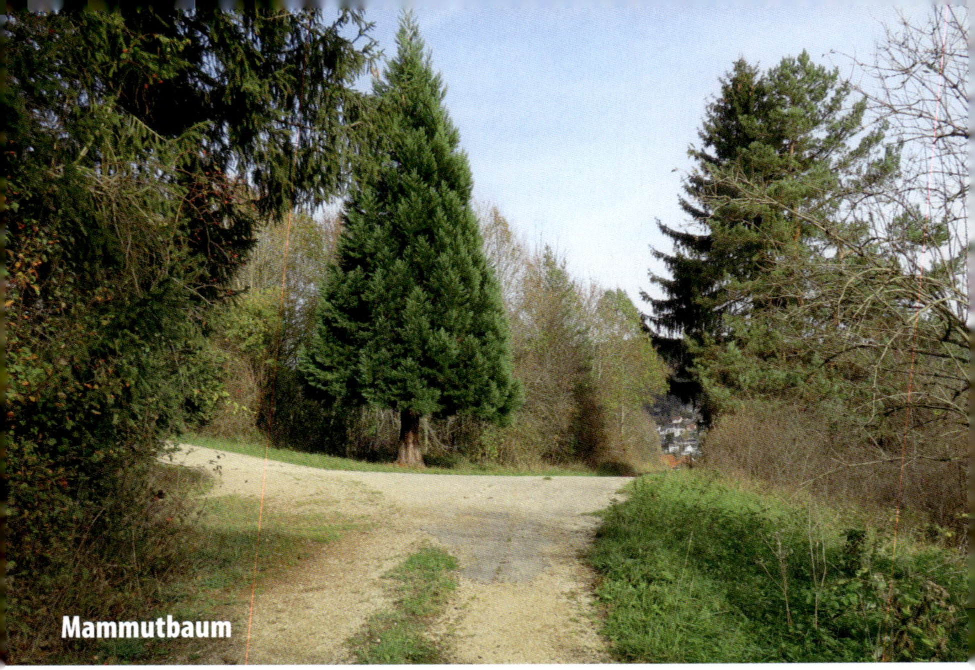
Mammutbaum

*Unsere **Europäische Lärche** verliert als einziger Baum seine Nadeln. Das helle Holz mit rötlichem Kern ist sehr haltbar und wird unter anderem für den Möbelbau verwendet. Sie war 2012 der Baum des Jahres in Deutschland.*

*Die 1887 geweihte **Bürgle-Kapelle** wurde unter Pfarrer Dreher 1901 erweitert und umgebaut. Aus klimatischen Gründen wurde dabei der Eingang von West nach Ost verlegt. Deshalb bekam der Priester den Spitznamen „Bürgledriller".*

Gesicht, und unsere Gedanken schweifen ab. Zu den Unternehmungen der letzten Monate, den Planungen für den bevorstehenden Winter. Zwischendrin denken wir auch mal an gar nichts. Entspannung pur!

Mehrere neue Vogelhäuser in den Bäumen und ein liebevoll gepflegtes Wegkreuz erregen unsere Aufmerksamkeit und wärmen das Herz. Unsere Forststraße leitet uns im Rechtsbogen um ein kleines Gewerbegebiet herum. An der Weggabelung am Ende des Rechtsbogens folgen wir unserer Forststraße nach links. Wenige Schritte später biegen wir rechts ab. Hier wird der Sagen-Wanderweg 2 nach links auf den Donauberglandweg geleitet. Wir haben aber unsere Rundtour selbst geplant und wollen die Bürgle-Kapelle von unten her erwandern, daher der Schwenk nach rechts. Nach weiteren rund 150 Metern folgen wir an der nächsten Weggabelung dem linken Weg. So wandern wir locker durch den Lärchenwald. Mittlerweile haben wir auch schon wieder die Wegmarkierung des **Sagen-Wanderwegs 2** gesehen.

Die Sonne scheint so herrlich zwischen den Bäumen hindurch und verzückt uns mit Lichtspielen im hellen und freundlichen Wald. Wir erreichen den Waldrand, rechts unter uns taucht das Dorf Wehingen auf. Eine Abzweigung mit einem markanten **Mammutbaum** trägt den Namen **Bürgle,** wie wir auf dem Wegweiser zu unserer Linken lesen. Ein Wanderpfad nimmt uns nach links bergauf mit zur

Für die Seele

Die Aussicht vom Lemberg gibt Raum für Wünsche, Träume und Ziele. Doch auch das Hier und Jetzt hält genug verborgene Edelsteine bereit. Augen auf!

Bürgle-Kapelle ①, die wir rund 200 Meter später erreichen.

Die Kapelle der Vierzehn Nothelfer besticht durch ihre Einfachheit und Klarheit. Nachdem wir sie in

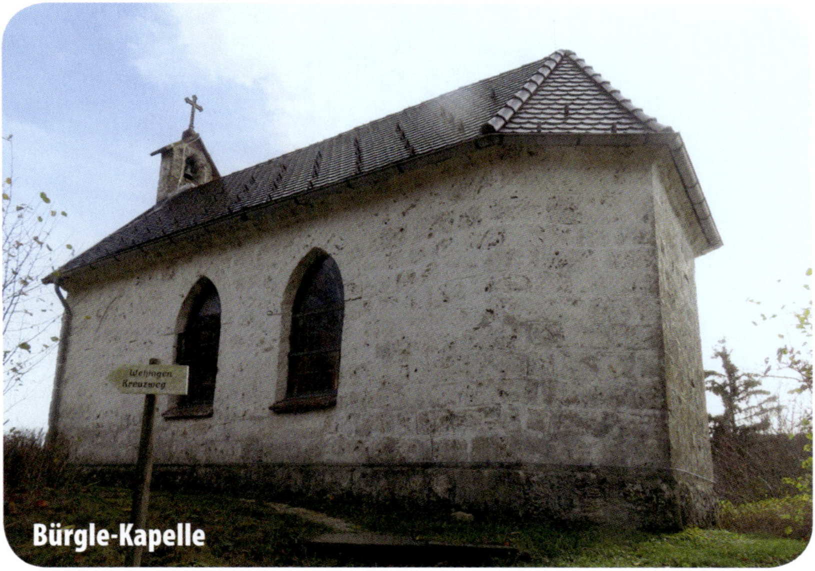

Bürgle-Kapelle

Ruhe angeschaut haben, gehen wir einmal rund um sie herum, um uns wenige Schritte unterhalb auf die Bänke vor der **Lourdesgrotte** zu setzen und zu rasten. Die Sonne wärmt uns von außen, der Tee aus der Thermoskanne von innen. Wir versuchen, die Stimmung in unserem Herzen zu konservieren. Das Besondere an dieser Lourdesgrotte ist, dass es kein Gitter gibt. Die Maria im Schatten des kleinen Felsens strahlt so eine besondere Souveränität aus.

Doch langsam wollen wir weiter. Wir setzen unsere Wanderung für die Seele in nördlicher Richtung fort und erreichen 100 Meter später den **Wanderparkplatz Bürgle.** Der Parkplatz wird überquert, danach biegen wir links in eine Forststraße in Richtung **Hochberg** ein. Nach rund 500 Metern erreichen wir eine größere Abzweigung. Hier würde der Donauberglandweg mit dem Kreis nach links leicht begab führen. Wir jedoch wandern weiter geradeaus. Das Schild **Wasserschutzgebiet** auf der linken Seite ist natürlich keine Wegmarkierung, aber eine gute Orientierung. Wenige Meter nach dem blauen Schild sehen wir kleine **Metall-**

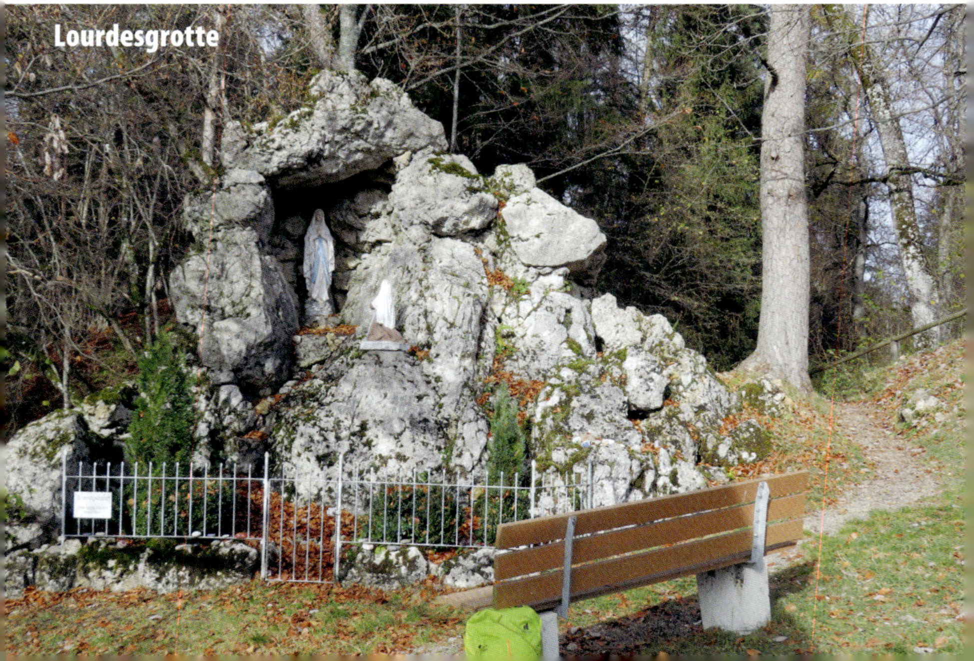
Lourdesgrotte

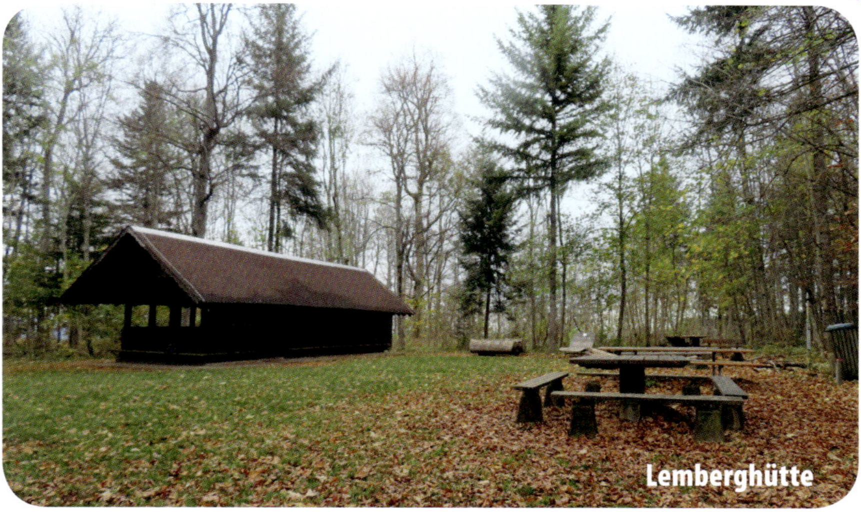

Lemberghütte

schilder mit den Nummern 5 und 6, manchmal auch das **rote Y,** an den Bäumen am Wegesrand. So wandern wir sicher und entspannt die nächsten rund 1,5 Kilometer, bis wir eine schräge Kreuzung erreichen. Hier biegen wir im spitzen Winkel rechts ab. Eine gute Forststraße führt uns in mäßiger Steigung ziemlich geradlinig bergauf.

Die letzten Meter sind etwas steiler, und unsere anfänglich so schön gepflegte Forststraße macht einen recht verwilderten Eindruck. Doch der schon deutlich sichtbare große Wegweiser am Punkt **Hochberg Mitte** auf 990 Meter Höhe zieht uns magisch an. Das grüne Schild leitet uns nach links zum nur 400 Meter entfernten **Hochberg.** Der **gelbe Ring** auf weißem Grund ist die nächste Zeit unsere Wegmarkierung. Vom Wegweiser am Punkt Hochberg Süd aus sind es nur noch wenige Meter nach rechts zum **höchsten Punkt des Hochbergs** ❷ und einer Bank für die Rast.

Sitzend lassen wir unseren Blick über das Tal unter uns schweifen. Halb links zeigt sich der ebenfalls bewaldete Lemberg. Erst auf den zweiten Blick sehen wir den Aussichtsturm auf dem höchsten Berg der Schwä-

Der **Dreibannige Grenzstein** zeigt die alten Grenzverläufe der Königreiche Württemberg und Preußen. Gleichzeitig markiert der Findling die drei „Bänne", also Gemarkungen, der Gemeinden Gosheim, Deilingen und Wilfingen.

bischen Alb. Dann geht es wenige Schritte den bekannten Weg zurück zum Wegweiser **Hochberg Süd,** danach abwärts in Richtung **Lemberg-Sattel.** Dieser Wanderpfad erinnert an einen kleinen Hohlweg, den wir achtsam nutzen. Er ist keineswegs ausgesetzt oder gefährlich, durch den stetigen Wechsel von Wurzeln und kleinen Steinen aber durchaus anspruchsvolles Wandergelände. Wie für uns geschaffen! Gleich darauf erreichen wir den **Lemberg-Sattel.** Rechts, etwas neben dem Weg, sehen wir einen kleinen, markanten, mit Moos bewachsenen Grenzstein. Die Infos auf dem Schild über den **Dreibannigen Grenzstein** bringen uns neues Wissen über den früheren Grenzverlauf und die sehr lebendige Geschichte dieser Region.

Vom Lemberg-Sattel aus nehmen wir den Schwung mit, und der Wanderpfad leitet uns in einigen Kehren auf den höchsten Punkt, das **Plateau des Lembergs,** in 1015 Meter Höhe. Eine recht große Feuerstelle mit vielen Sitzmöglichkeiten lädt zum Grillen ein, und die **Lemberghütte** ❸ ist, wenn wir Glück haben, bewirtet – das ist nur an zwei Sonntagen im Monat der Fall. Der Einladung einer geschwungenen Ruhebank können wir nicht widerstehen. Hier, am Rand der Lichtung,

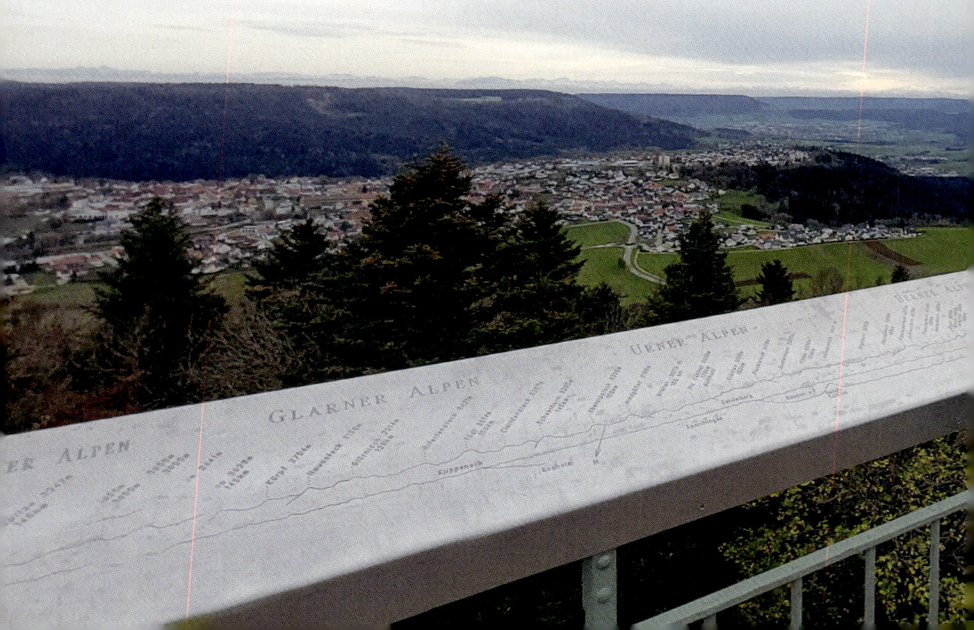

haben wir den vollen Durchblick. Oder Überblick? Egal, wir chillen ein bisschen und entscheiden uns, erst mal den **Lembergturm** ④ hochzugehen. Nach 152 Stufen erreichen wir die Aussichtsplattform auf 30 Meter Höhe. Die stabilen Holzstufen schenken Vertrauen, auch wenn dieser Aufstieg etwas speziell ist. Die Metallkonstruktionen dieser Türme haben die Eigenschaft, etwas zu schwanken, je höher man kommt.

Auf der Aussichtsplattform sind wir mit 1045 Metern am absolut höchsten Punkt der Schwäbischen Alb! Dieser Blick ist wirklich der Hammer! Im Norden sind der Plettenberg und der Schafberg zu sehen. Im Süden scheint bei guter Sicht das Alpsteinmassiv mit dem Toggenburger Platzhirsch, dem Säntis, zum Greifen nah. Wir erkennen die Allgäuer Klassiker wie den Hochvogel und den Biberkopf, dann die Zugspitze – den höchsten Gipfel Deutschlands –, den Großen Krottenkopf, dahinter die Marchspitze. Auch das weltberühmte Berner Dreigestein mit Eiger, Mönch und Jungfrau zeigt sich. Aber das alles ist erst ein kleiner Auszug aus dem hier sichtbaren Alpenpanorama. Eine sehr große und genaue Übersichtskarte aus gefrästem Aluminium hilft uns, die Felsriesen zu identifizieren.

*Auf dem höchsten Berg der Schwäbischen Alb steht der 1899 erbaute **Lembergturm**. Die filigrane Stahlkonstruktion – die einzige ihrer Art unter den 23 Aussichtstürmen der Alb – bietet für den Wind wenig Angriffsfläche.*

Blick vom Lembergturm

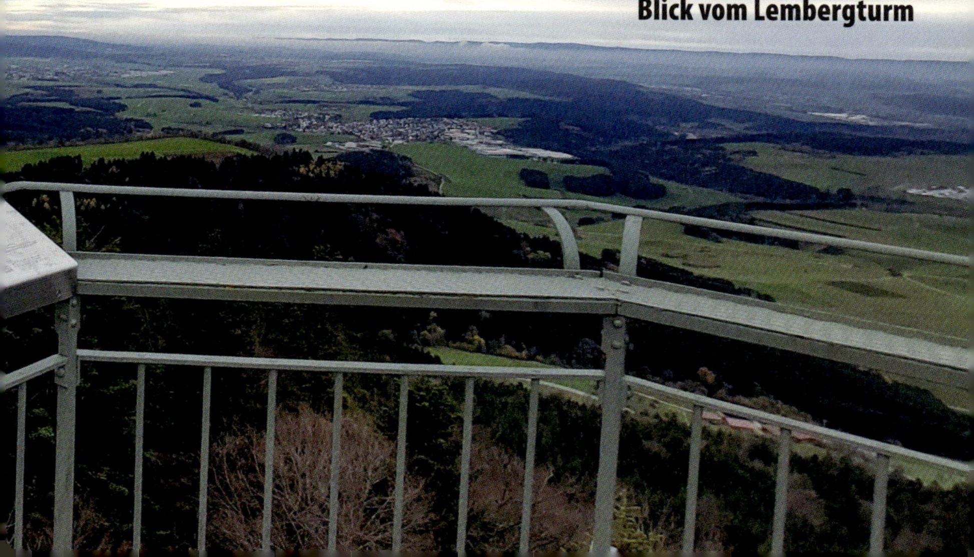

Unten führen uns einige Pfade zum **Albtrauf** und zu zwei weiteren Bänken. Eine Top-Alternative, die Aussicht zu genießen, wenn der Turm zu stark besucht ist.

Doch dann heißt es unwiderruflich: zurück zum Parkplatz! Der Weg ist selbsterklärend, am Wegweiser geht es abwärts. Anfänglich recht steil auf einem breiten Wanderweg, vorbei an einer weiteren Bank mit schöner Aussicht. Dann, gut beschildert, am ersten Rechtsknick des breiten Weges geradeaus auf einen Wanderpfad, der uns in Bögen abwärts in bekanntes Gelände und zurück zum Parkplatz bringt. Wenn sich in unserem Auto eine gut gefüllte Kühltasche befindet, lockt der **große Grillplatz 5,** den Tag mit einem besonderen Genuss ausklingen zu lassen.

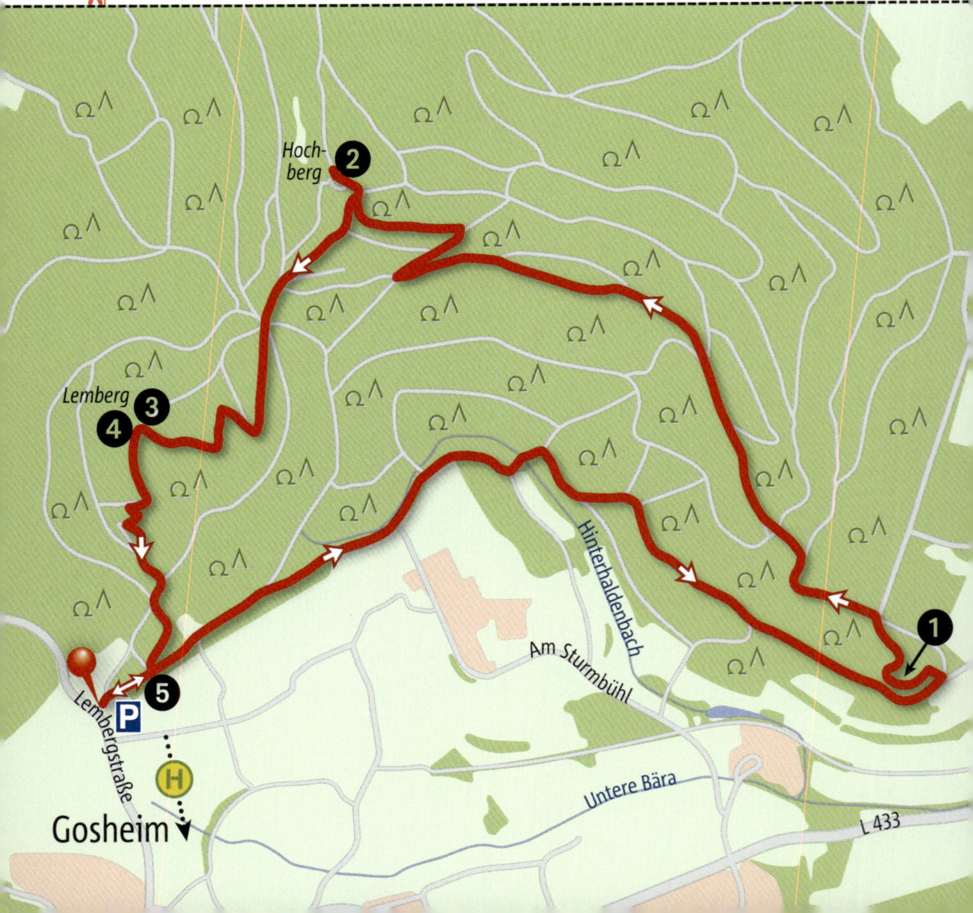

Alles auf einen Blick

WIE & WANN:
Wiesen- und Landwirtschaftswege, Pfade, Forstwege.
Beste Wanderzeit: März bis November.

Entspannung ★★★★★
Genuss ★★★★★
Romantik ★★★★☆

HIN & WEG:
Auto: Lembergparkplatz an der K 5905, Lembergstraße, 78559 Gosheim (GPS: 48.14472, 8.74825)
ÖPNV: diverse Straßenbahnen bis Haltestelle Rathaus; zu Fuß wenige Schritte der Hauptstraße, dann der Lembergstraße bis zum gut sichtbaren Lemberg folgen (ca. 1,1 Kilometer)

ESSEN & ENTSPANNEN:
Lemberghütte ❸ www.lemberg-huette.de
Großer Grillplatz ❺
Rucksackverpflegung wird empfohlen!

ENTDECKEN & ERLEBEN:
Bürgle-Kapelle ❶
Höchster Punkt Hochberg ❷
Lembergturm ❹

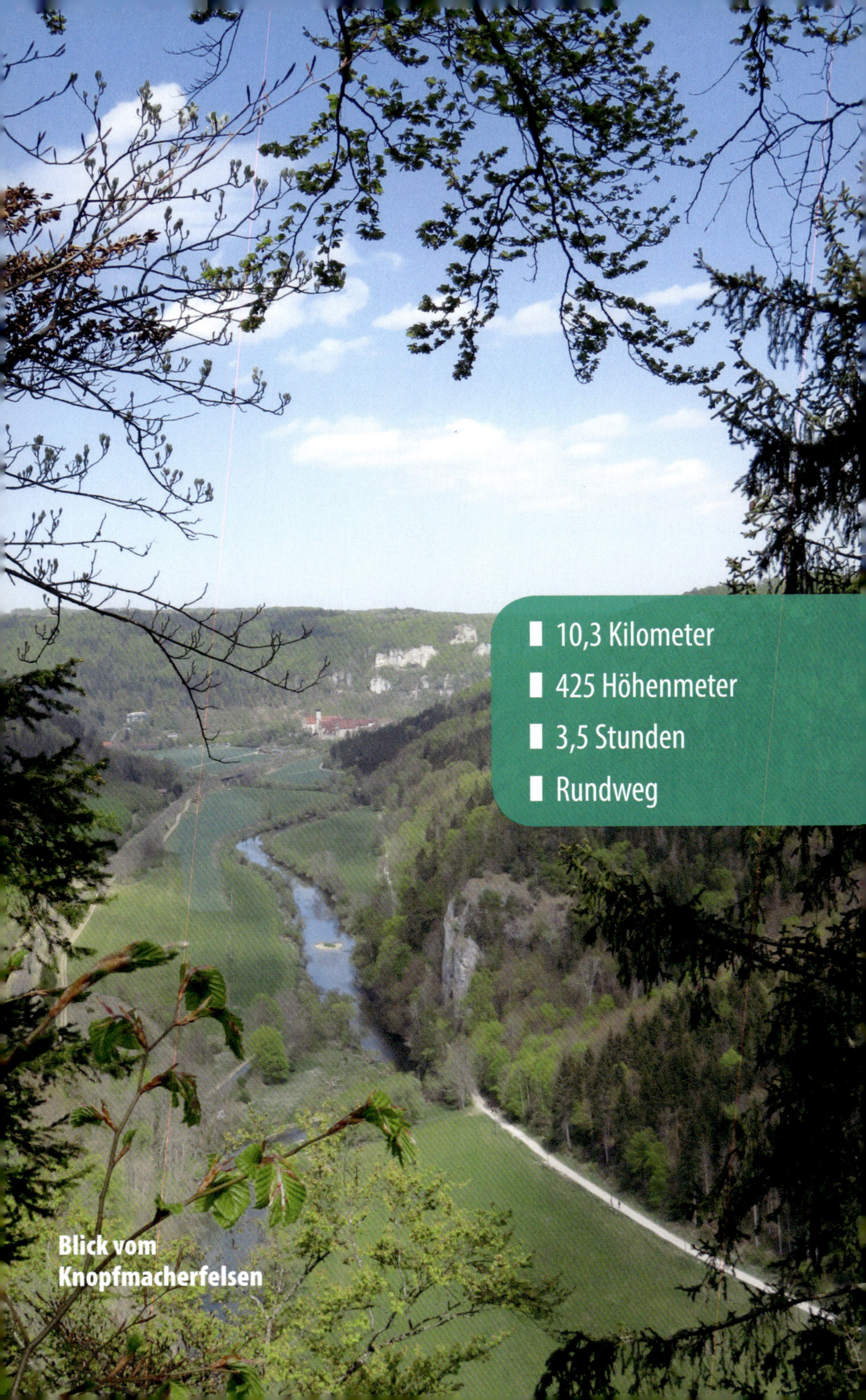

Blick vom Knopfmacherfelsen

Wir reisen nach Fridingen an der Donau, voller Vorfreude auf ein vielseitiges Verwöhnprogramm: viel Sauerstoff beim Wandern, beste Rast- und Einkehrmöglichkeiten sowie zusätzlich darüber hinaus noch mehrere traumhafte Aussichtspunkte während unserer Rundwanderung. Parken werden wir direkt am **Bahnhof.** Sollte dieser Parkplatz belegt sein, nehmen wir den ausgeschilderten **Wanderparkplatz bei der Skihütte** in Fridingen. Der Parkplatz am Bahnhof hat noch freie Plätze, es klappt mit dem Start dort. Die Landschaft begeistert uns schon jetzt. Die bewaldeten Hügel werden immer wieder von größeren, steilen Kalkfelsen unterbrochen, die an Riffe erinnern. Der

Auf Kalkriffen

Verwöhnrunde um Fridingen

Knopfmacherfelsen, unser erstes Zwischenziel, ist auf einem Wanderwegweiser bereits zu lesen.

Wir gehen auf der **Bahnhofstraße** zurück, in der Richtung unseres Anfahrtswegs, folgen dem Linksknick der Straße, überqueren das Flüsschen Bära und haben die Donau jetzt rechts neben uns. Automatisch werden wir auf den breiten Gehweg und Radweg nach rechts geleitet. Rund 150 Meter weiter überqueren wir die mittlerweile sehr breite Bahnhofstraße an einem Fußgängerüberweg und steigen auf den Treppenstufen eines Wanderwegs aufwärts. Unsere Wegmarkierung ist im Moment das Zeichen des **Donauberglandwegs:** ein **Kreis, oben grün, unten blau.** Über die Goethestraße und die Kreuzhalde wandern wir in angenehmer Steigung

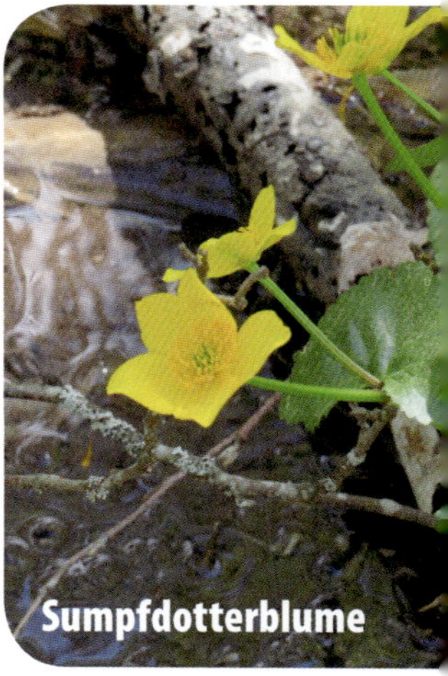

Sumpfdotterblume

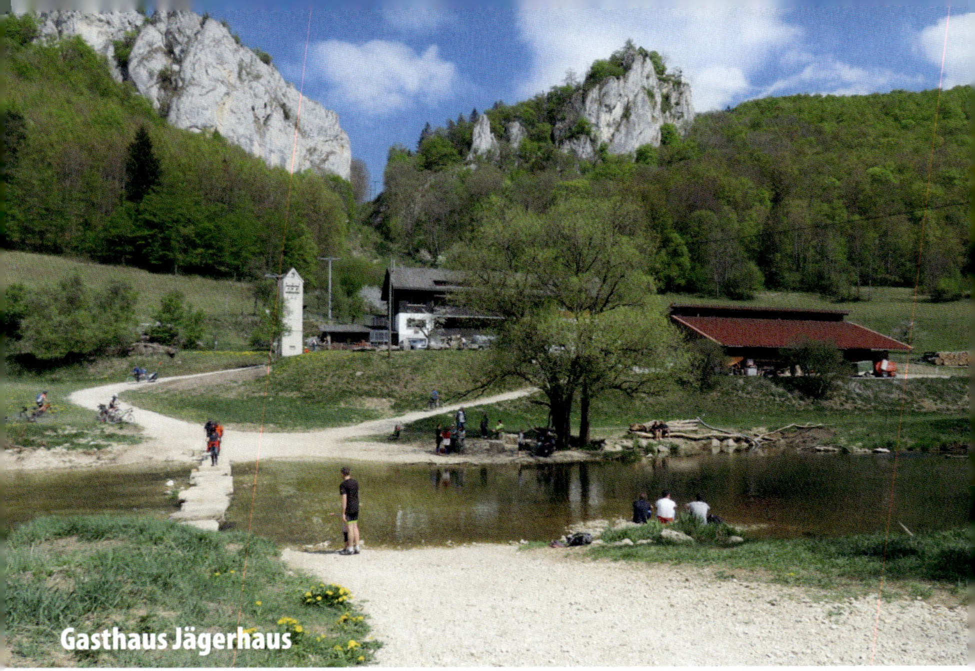

Gasthaus Jägerhaus

aus Fridingen hinaus. Vom Asphalt kommen wir auf eine Forststraße und genießen es, in ruhigem Tempo durch den lichten Wald aufwärts zu wandern. Schließlich erreichen wir den Wegweiser **Unteres Hardt.** Von hier aus sind es nur noch 100 Meter bis zur Landstraße L 277. Die Landstraße überqueren wir mit Vorsicht, halten uns auf der linken Seite des recht großen Parkplatzes und folgen dem Wegweiser zum **Aussichtspunkt Knopfmacherfelsen ❶.**

*Der **Knopfmacherfelsen** bietet traumhafte Aussichten auf das Donautal. Das Tal wie die vielen Felsenriffe aus Kalk wurden in Jahrmillionen vom Urstrom geschaffen.*

Der Felsvorsprung verdankt seinen Namen dem Knopfmacher Fidelis Martin. Die Sage berichtet von einem Unfall, bei dem dieser mit seinem Pferd vom Felsen stürzte. Heute ist der Aussichtspunkt sehr gut mit einem stabilen Geländer gesichert. So können wir bis an die Kante des Felsens treten und die Aussicht in vollen Zügen genießen. Unsere Blicke schweifen über die Donau, die tief unter uns durch das Tal mäandert. Gegenüber, auf der anderen Talseite, direkt auf einem Felsen, sehen wir die Gebäude von **Schloss Bronnen.** Wir gehen die wenigen Meter zurück und über den Parkplatz zum **Berghaus Knopfmacher ❷.** Auch wenn das Angebot reichhaltig ist, entscheiden wir uns in diesem Fall für ein Eis auf die Hand und setzen unsere Wanderung für die Seele fort in Richtung **Gasthaus Jägerhaus.** Auf einer Forststraße schlendern wir links am Berghaus Knopfmacher vorbei. Während wir bergab wandern, können wir im Frühling viele Blumen bewundern, darunter die Sumpfdotterblume.

Die erste Kreuzung überqueren wir und folgen wenige Meter danach dem markierten Pfad **Ramspel** nach links hinunter, vorbei am Jugendzeltplatz Bronnen, zur Donau. Hier können wir bei normalem Wasserstand auf großen Trittsteinen über die Donau zum **Gasthaus Jägerhaus ❸** hinübergehen. Bei hohem Wasserstand ist das leider nicht möglich! Wir haben Glück und machen es uns im Biergarten so richtig gemütlich.

Für die Seele

Wir tanken Energie, erfreuen uns am angenehm warmen Wind und lauschen dem Rauschen der Blätter in traumhafter Natur.

Der leckere hausgemachte Kuchen ist genauso zu empfehlen wie die frischen saisonalen Spezialitäten.

Nach dieser ausgiebigen Pause starten wir die erneute Überquerung der Donau. Die großen Trittsteine sind uns gut bekannt, wir folgen dem Wegweiser (Achtung: Abhängig von der Jahreszeit kann er durch Blätter verdeckt sein!) aufsteigend zum **Sperberloch ❹,** das wir 200 Meter später erreichen.

Die Höhle ist überraschend groß. Ob hier wirklich einmal Sperber genistet haben, können wir nicht erkennen. Wir wandern weiter bergauf, vorbei an stark bemoosten Felsen. Die Sonne lacht zwischen den Bäumen hindurch und wir genießen den Schatten. Hin und wieder können wir links zwischen den Bäumen Schloss

***Sperber** ernähren sich überwiegend von kleineren Vögeln. Die Weibchen erreichen fast die doppelte Größe der Männchen. Ihre schnellen Flugmanöver kann das menschliche Auge nicht immer verfolgen. Die Brutplätze bauen sie gewöhnlich in dichten Nadelhölzern.*

Bronnen erkennen. Nach den anfänglichen Bögen wandern wir immer geradeaus auf einem bewaldeten Rücken aufwärts, bis am Waldrand von rechts die Forststraße vom Gasthaus Knopfmacher einmündet. Ab hier gehen wir am Waldrand weiter und erreichen 500 Meter später über den mit einem **roten Y** beschilderten Weg nach links den **Aussichtspunkt Stiegelesfels 5.** Unter uns zeigt sich ein bewundernswertes Donautal-Panorama. Hier hat vor vielen Millionen Jahren die Urdonau die Schwäbische Alb durchbrochen.

Gemütlich wandern wir auf unserem Rundweg weiter. Mehrfach laden Bänke am Wegesrand zu einer weiteren Rast ein, und wir erreichen schon bald die **Dreifaltigkeitskapelle 6.** Auf der Südseite der Fassade befindet sich eine große Sonnenuhr. Im Inneren erinnert eine Tafel an die Entstehung des Klosters Beuron. Von hier aus wandern wir über Wiesen und zwischen Bäumen sanft bergab weiter zum **Aussichtspunkt Laibfelsen 7.** Mit etwas Glück nehmen wir ganz allein

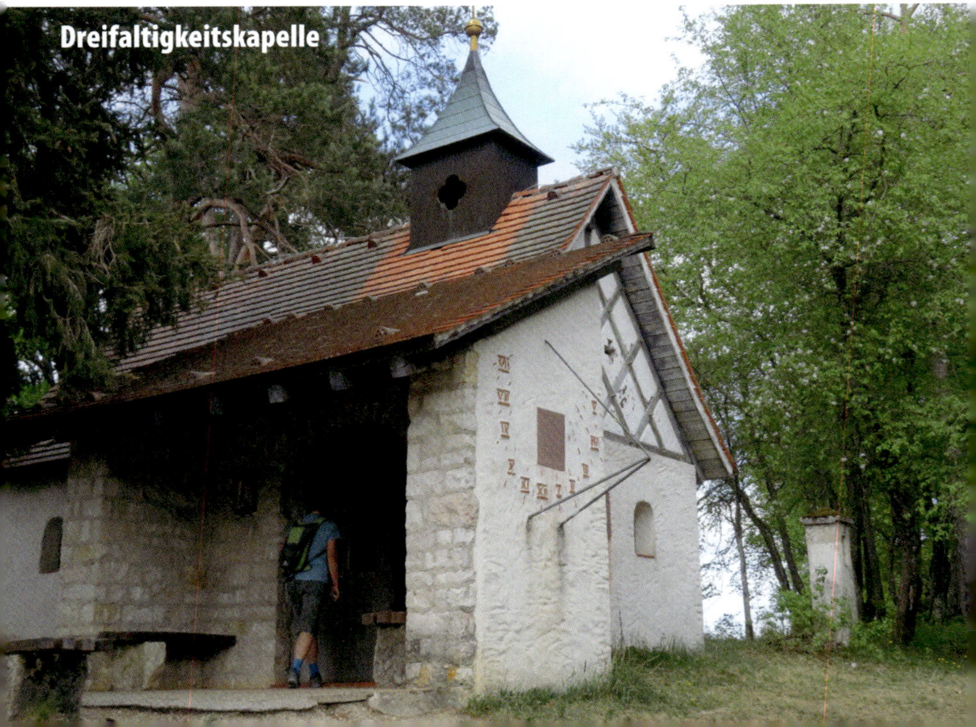
Dreifaltigkeitskapelle

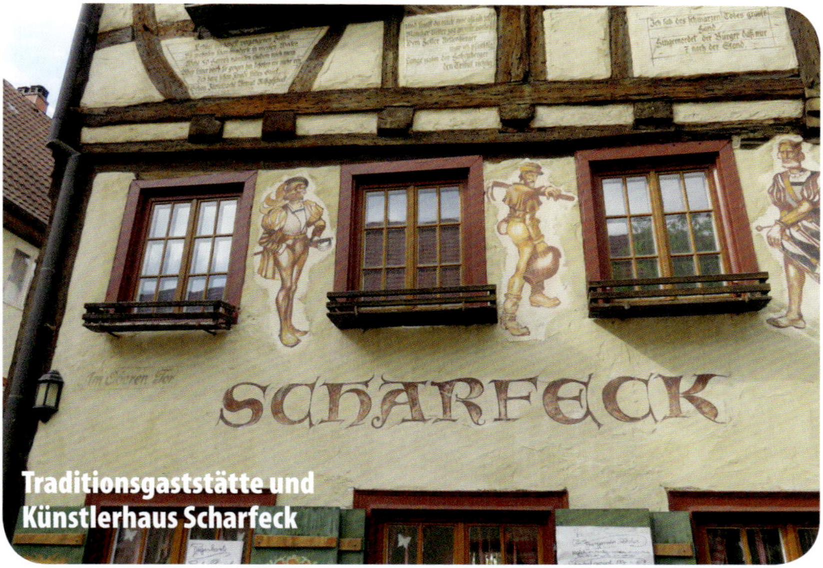

Traditionsgaststätte und Künstlerhaus Scharfeck

im warmen Gras Platz und genießen einen neuen Blickwinkel in das friedliche Donautal.

Mit einem lachenden und einem weinenden Auge verlassen wir den Laibfelsen, schlendern auf einem Waldweg abwärts, überqueren einen Skihang und den **Wanderparkplatz an der Skihütte.** Hier folgen wir zuerst der Straße **Kirchberg,** dann der Straße **Ob der Stadt** nach links zur liebevoll renovierten **Kirche St. Martinus ⑧.** Die Kirche ist aus Tuffstein gebaut, die Fassade nicht verputzt. Sie zählt zu den größten und ältesten Gebäuden in Baden-Württemberg in dieser Bauweise. Durch den Turm betreten wir die Kirche. Der Innenraum birgt kostbare Figuren aus dem 15. Jahrhundert und wertvolle Gegenstände aus dem Vorgängerbau.

Doch unsere Verwöhntour wäre ohne richtigen Ausklang noch nicht perfekt. Deshalb verlassen wir die Kirche, gehen geradeaus über den Kirchplatz in die Straße **Kirchplatz** und erreichen nach rund 80 Metern die **Traditionsgaststätte und Künstlerhaus Scharfeck ⑨.** Das schön bemalte Fachwerkhaus **Am Oberen Tor 3** ist nicht zu verfehlen. In den oberen drei Etagen befindet sich ein **Museum.** Hier sind Gemälde der Künstler Hans und Franz Xaver Bucher ausgestellt. Die außergewöhnlich farbenreichen Bilder zeigen liebevoll die Natur des oberen Donautals. In der urigen Gaststube wie im Biergarten werden traditionelle schwäbische Gerichte serviert. Egal ob wir uns für einen knackigen, großen Salat, einen Braten mit Spätzle oder für den hausgemachten Kuchen entscheiden – hier *isch's oifach schee …*

Nach dieser letzten großen Verwöhnpause wandern wir entweder zurück zum Wanderparkplatz bei der Skihütte oder nutzen den Gehweg neben der relativ langen Bahnhofstraße für den Weg zurück zum Bahnhof.

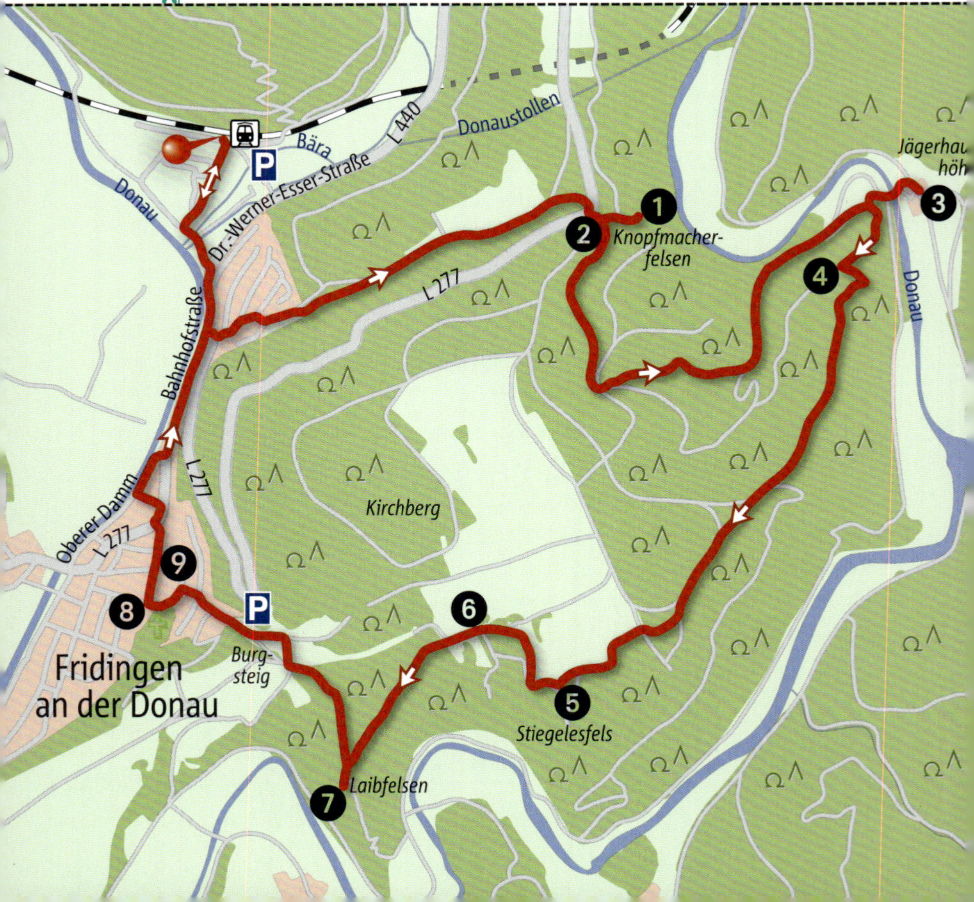

Alles auf einen Blick

WIE & WANN:
Wanderwege, Pfade, wenige Forststraßen. Beste Wanderzeit: März bis Oktober.

HIN & WEG:
Auto: Parkplatz am Bahnhof, Bahnhofstraße 123, 78567 Fridingen an der Donau (GPS: 48.031479, 8.936345) oder ausgeschilderten Wanderparkplatz bei der Skihütte, Kirchberg 9, 78567 Fridingen an der Donau (GPS: 48.019101, 8.936458)
ÖPNV: RB 55, RE 55, Straßenbahn 310, 315, 320, 330 bis Bahnhof Fridingen

ESSEN & ENTSPANNEN:
Berghaus Knopfmacher ❷ Knopfmacherfelsen 1, 78567 Fridingen an der Donau, Tel. (0 74 63) 10 57, www.berghaus-knopfmacher.de
Gasthaus Jägerhaus ❸ Bronnen 7, 78567 Fridingen an der Donau, Tel. (0 74 66) 2 54, www.jaegerhaus.de

Entspannung ✱✱✱✱✱
Genuss ✱✱✱✱✱
Romantik ✱✱✱✱

Traditionsgaststätte und Künstlerhaus Scharfeck ❾ Am Oberen Tor 3, 78567 Fridingen an der Donau, Tel. (0 74 63) 9 95 27 82, www.scharfeck.de

ENTDECKEN & ERLEBEN:
Aussichtspunkt Knopfmacherfelsen ❶
Höhle Sperberloch ❹
Aussichtspunkt Stiegelesfels ❺
Dreifaltigkeitskapelle ❻
Aussichtspunkt Laibfelsen ❼
Kirche St. Martinus ❽

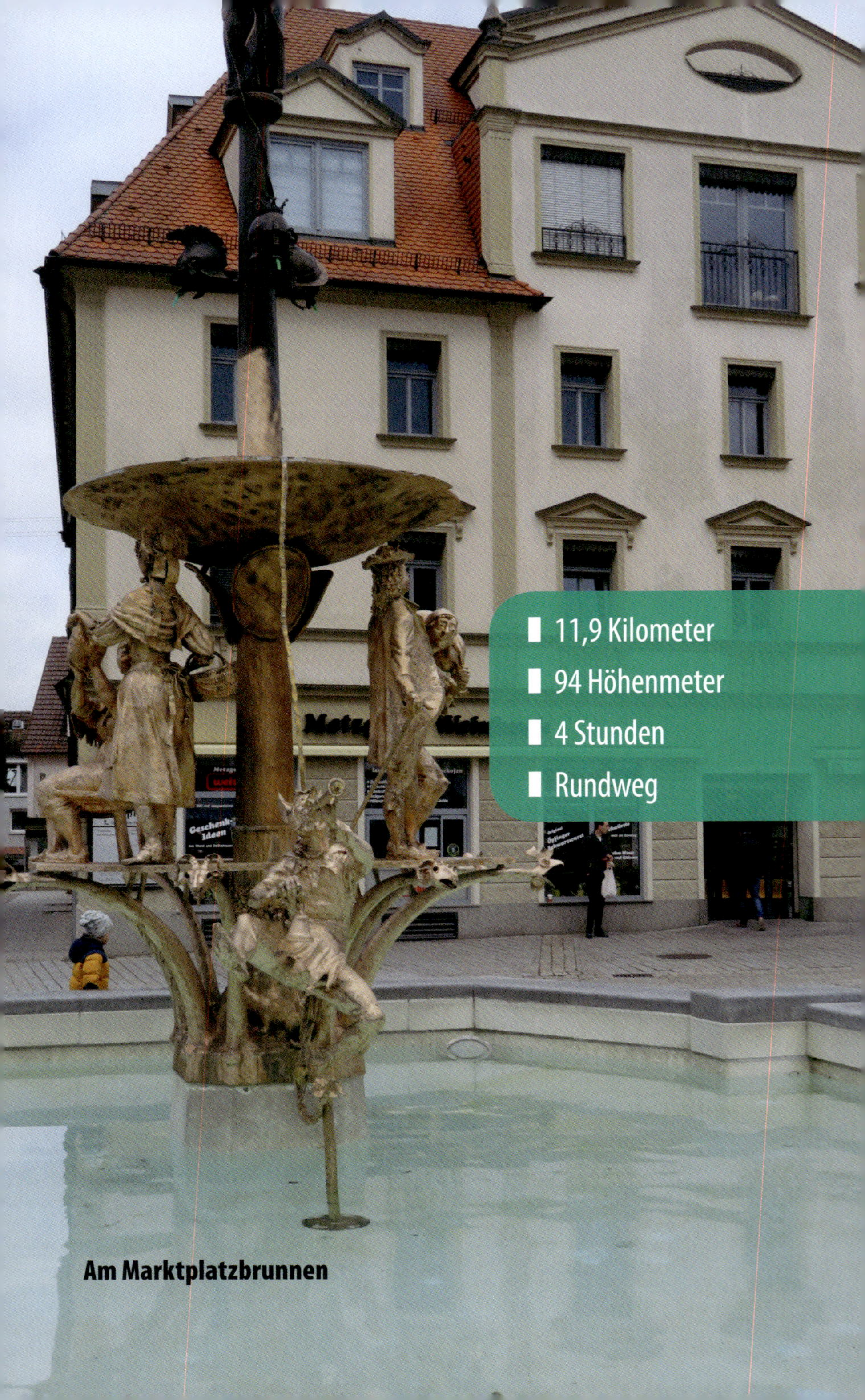

- 11,9 Kilometer
- 94 Höhenmeter
- 4 Stunden
- Rundweg

Am Marktplatzbrunnen

Trinkbare Kultur

Bierwanderung in Ehingen

An einem Frühlingstag starten wir zur „Bierwanderung“ in Ehingen an der Donau. Wir sind zu unserer Tagestour mit dem Zug angereist. Hätten wir einen Pkw benutzt, wäre wohl zwingend eine Übernachtung erforderlich gewesen … wobei die Hotels am Ort auch diese Variante als lockend erscheinen lassen. Vom Bahnhof überqueren wir die Pfisterstraße an der Fußgängerampel und folgen der **Bahnhofstraße.** Die Markierung des **Bierwanderwegs,** ein **gelber Kreis** mit einem Bierkrug und dem Text „Bierkulturstadt Ehingen“, bringt uns zum 300 Meter entfernten **Marktplatz.**

*Die **Bierkulturstadt Ehingen** ist die größte Stadt im Alb-Donau-Kreis. Außer mit ihren Brauereien und dem Bierwanderweg glänzt sie mit einer traumhaft schönen Altstadt.*

Schon haben wir einen Einblick bekommen. Es gibt hier fünf Brauereien, die 53 verschiedene Sorten Bier brauen. In **Staibs Brotbar** ❶ gönnen wir uns einen Kaffee und eine herrliche Eierlikörtorte beziehungsweise ein belegtes Brötchen. Auf dem Marktplatz befinden sich auch der Bierkulturstadt-Wegweiser und der offizielle Startpunkt der Bierwanderungen. Um den **Marktplatzbrunnen,** der mit schönen Figuren geschmückt ist, sind am Wochenende Marktstände aufgebaut. Wir beobachten das rege Treiben und schmieden unseren Plan: Wir wollen die Bierwanderung unseren Wünschen anpassen und die Erlebnis-BrauereiWirtschaft Berg direkt ansteuern.

*Der **Audio-Bierrundgang** verbindet in der Innenstadt von Ehingen 14 Sehenswürdigkeiten und vier Brauereien. Die Donautal-Bierrunde leitet uns erlebnisreich in den Ortsteil Berg zu der gleichnamigen Erlebnis-BrauereiWirtschaft.*

So schlendern wir weiter geradeaus über den Marktplatz in die **Marktstraße.** Die Wegweiser der Bierkulturstadt Ehingen mit dem gelben Kreis leiten uns an einer weiteren Fußgängerampel über die Lin-

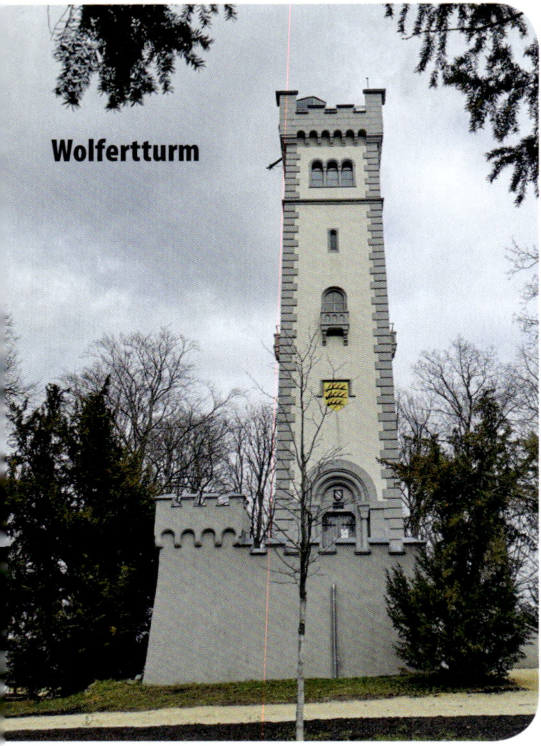

denstraße, dann durch einen kleinen Park in die Winckelhoferstraße, der wir wenige Schritte nach links folgen. Nach dem Busbahnhof gehen wir rechts auf dem Gehweg der Müllerstraße sanft bergauf. Rechter Hand taucht ein markanter Turm auf. Wir schlendern durch einen bewaldeten Park und erreichen den **Wolfertturm** ❷.

Der Turm ist in der warmen Jahreszeit jeweils am ersten Sonntag im Monat für einige Stunden geöffnet. Von der Aussichtsplattform haben wir eine tolle Sicht über Ehingen, bei gutem Wetter bis zu den Alpen. Eine Vielzahl von Bänken, ein liebevoll angelegter Teich und ein Spielplatz laden hier im **Wolfertpark** zum Entspannen ein. Wir wollen aber lieber unseren Schwung mitnehmen und gehen aus dem Park zurück zur Müllerstraße. Diese leitet uns weiter geradeaus bergab, über einen Parkplatz und vorbei am **Erlebnisfreibad** zu einem Wanderweg durch das **Ehinger Ried.** Hier wenden wir uns nach rechts, folgen einem breiten Kiesweg vorbei an einer Bierskulptur aus Pappelholz Richtung Donaubrücke Berg. Wir orientieren uns für einige Zeit an den Wanderwegmarkierungen **gelber Ring** auf weißem Grund. Diese leiten uns im Zickzack zu zwei Brücken über das Flüsschen Schmiech und in einem Bogen um einen größeren städtischen Gebäudekomplex zur Donau und nach rechts an ihr entlang.

*Der Kaiser Wilhelm gewidmete **Wolfertturm** wurde 1891 errichtet. Er ist rund 30 Meter hoch und zählt zu den frühesten Betonbauwerken Süddeutschlands.*

Der Frühling lässt die Vegetation aufblühen. Die ersten Schlehen recken ihre spitzigen Äste der wärmenden Sonne entgegen. Auf der anderen Seite der

Donau können wir bereits den Ortsteil Berg sehen, unser wichtiges Zwischenziel mit der Brauerei Berg. Die gute Beschilderung leitet uns auf dem Gehweg der Straßenbrücke über die Donau nach **Berg** hinein. Hier folgen wir auf einer gut markierten Strecke der **Brückenstraße,** die zur **Graf-Konrad-Straße** wird, und dann links bergauf dem Sträßchen **Kapellenberg** zur **BrauereiWirtschaft Berg ③.** Von dem goldenen Braukessel sind es nur noch 110 Meter nach rechts, und wir nehmen in der Traditionsgaststätte der Brauerei Platz. Das edle Brauereihandwerk wird hier in der neunten Generation gelebt! Das Motto „Zeit – viel Zeit“ gefällt uns, die Vorfreude auf das erste Bier des Tages tragen wir schon lange mit uns.

Für die Seele

Die schön gelegene Kolpingkapelle schenkt uns Aussicht und vermittelt Übersicht. Wir sind dankbar für Fröhlichkeit und Freiheit!

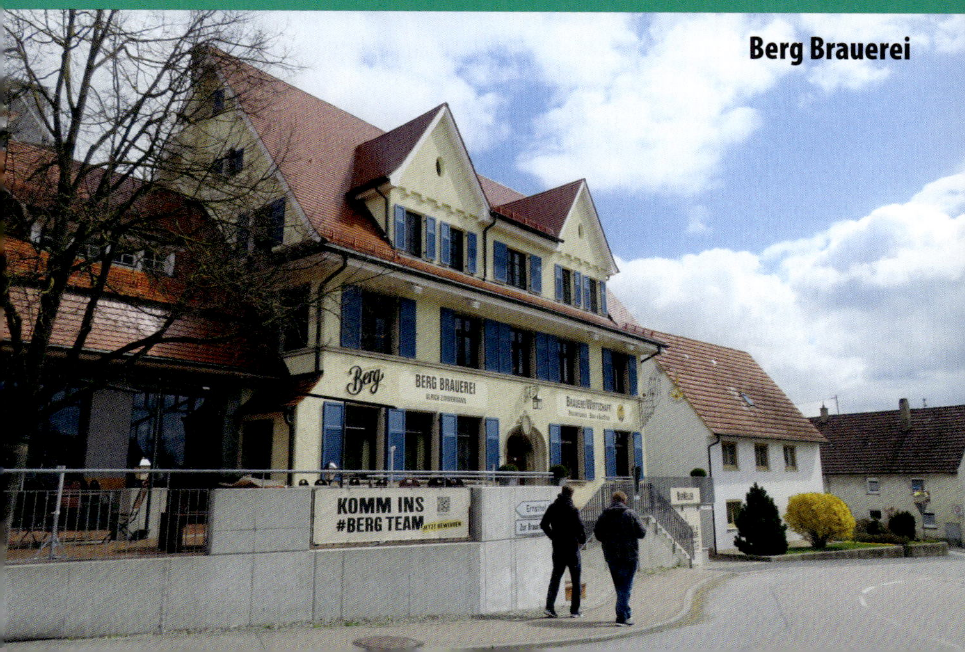

Berg Brauerei

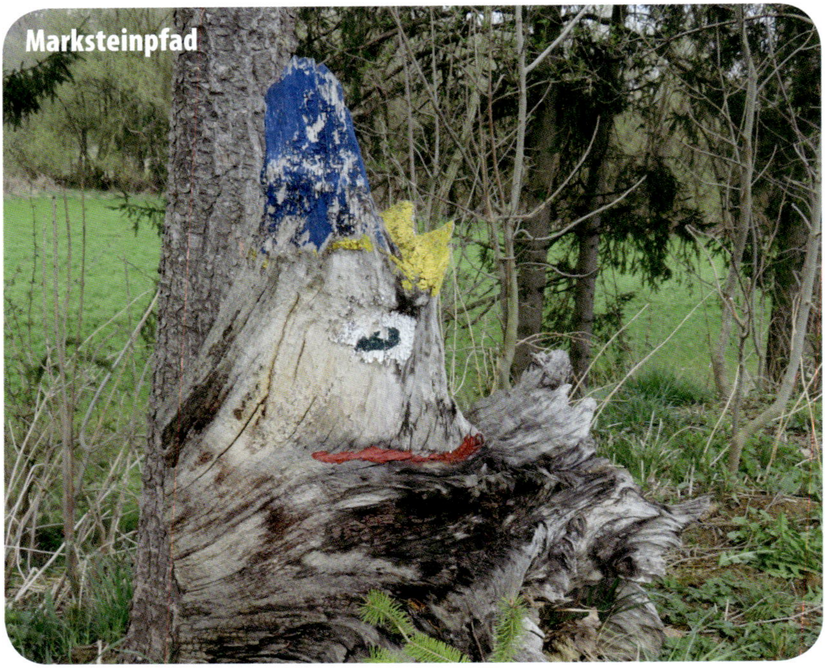
Marksteinpfad

Nun dürfen wir zum ersten Mal eines genießen! Bei der hochklassigen Auswahl mit 550 Jahren Tradition fällt die Entscheidung für eine Sorte nicht so leicht. Die Entscheidung für das richtige Essen fällt uns kaum leichter: Biertreber-Schnitzel oder Biergulasch, Schweinshaxe oder Zwiebelrostbraten? Brauer-Burger oder die vegetarische Schäfer-Burger-Variante, Käsespätzle in sämigem Bierdressing oder klassischer *Wurschtsalat*? So oder so: Jetzt sind wir mitten in der Bierwanderung angekommen.

Nach einem Wechsel der Steinkrüge und St.-Ulrichs-Bierbrand als Dessert bereiten wir uns auf die weitere Tour vor. Wir gehen in den Shop und kaufen etwas Verpflegung für unterwegs ein. Das wird in der einschlägigen Literatur so empfohlen. Der begehbare Kühlschrank im Untergeschoss des Shops lässt, wie erwartet, keine Wünsche offen. Ein paar kleine „Schäfleshimmel" im Rucksack sollten für die längere Strecke ohne Biergarten ausreichen.

Mit gutem Schwung gehen wir zurück zu dem Kupferkessel der Brauerei und biegen dort nach rechts für wenige Meter in den **Kapellenberg** ab. Ein kurzes Stück Wanderweg bringt uns von dort zur **Schützenstraße,** der wir nach links folgen. Gleich darauf überqueren wir die Brauhausstraße und befinden uns in der Straße **Auf der Darre,** die uns durch ein schönes Wohngebiet zurück zur Donau bringt. Unser Wanderweg, teilweise asphaltiert, verläuft etwas oberhalb des Flusses. Ein größeres Unternehmen aus Ehingen hat hier einen **Naturerfahrungspfad** 4 ausgewiesen. Auf verschiedenen Schautafeln wird interessant und anschaulich die Landschaftsgeschichte, aber auch die Firmengeschichte des Sponsors erzählt. Unser Weg entfernt sich ein wenig von der Donau, und wir haben zur Linken plötzlich lauter neue Begleiter: Farbige **Marksteine** in verschiedenen Größen sind an die Bäume gelehnt. Meistens schauen uns freundliche Gesichter

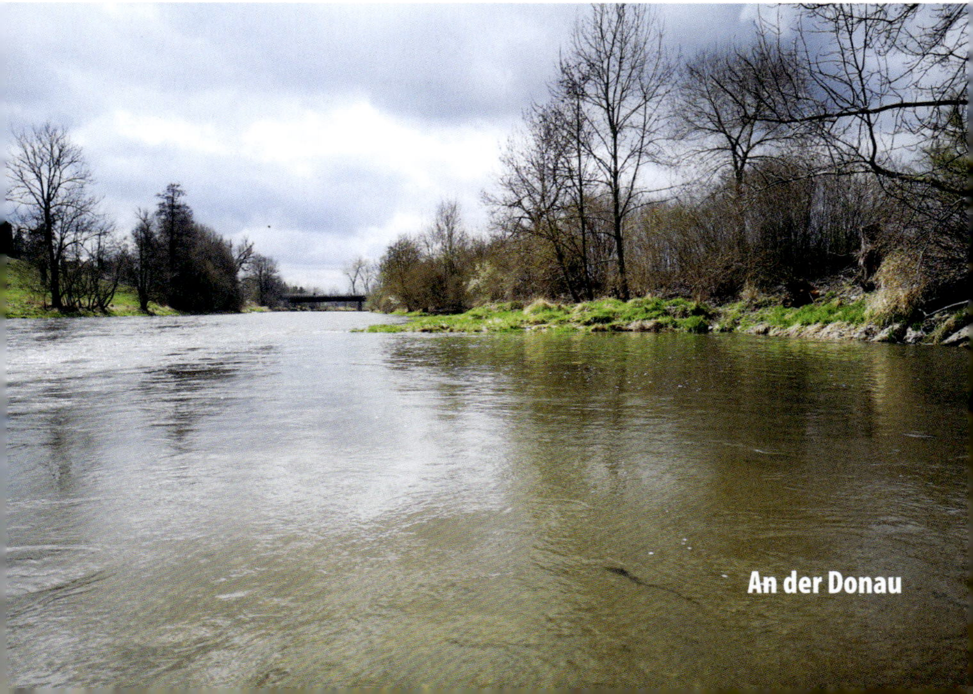

An der Donau

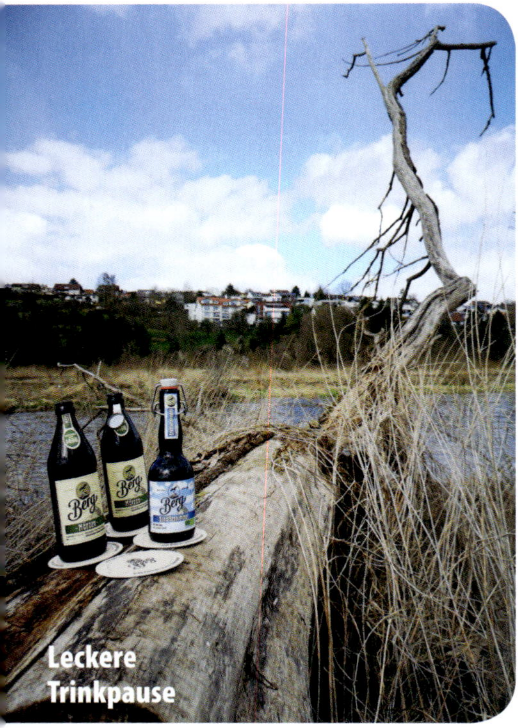

Leckere Trinkpause

an, eine Sonne und ein Gartenzwerg sind auch zu erkennen. An dem großen Schild **Landwirtschaft im Wandel** biegen wir in spitzem Winkel nach links ab. Der Feldweg wird zu einem breiten Wiesen-Wanderweg, und wir sind für kurze Zeit wieder direkt an der Donau. Unser **gelber Kreis** auf weißem Grund leitet uns zwischen den Wiesen und Feldern in Richtung Nasgenstadt, einem weiteren Ortsteil von Ehingen.

Kurz vor **Nasgenstadt** sehen wir drei Schritte neben unserer Wanderroute eine Biertischgarnitur mit historischen Bildern und dem Emblem der Tour. Wir wollen nicht unhöflich sein und nehmen Platz – und schon können wir aus unserem Rucksack ein frisches Schäfleshimmel genießen. Nach dieser kleinen Pause wandern wir erfrischt weiter. Eine Forststraße nimmt uns mit zur Donau, die wir auf dem Gehweg der Autobrücke überqueren. Direkt nach der Brücke leiten uns die Wegweiser nach links über einige Treppenstufen wieder hinunter zum Fluss, dann in einem Rechtsbogen über die **Annagasse** zur **Kapellenstraße,** der wir nach links bis zur nächsten Abzweigung folgen. Hier verlassen wir bewusst den offiziellen Bierwanderweg nach rechts und folgen der **Alten Steige** halb rechts aufwärts. Die Kolpingkapelle ist unser nächstes Zwischenziel, unsere Wegmarkierung ab jetzt das **blaue Dreieck** des Schwäbischen Albvereins. Dekorative Holzstapel sind vor gepflegten Häusern aufgeschichtet, Nasgenstadt scheint eine gute Wohngegend zu sein. Nach 700 Metern biegen wir links in die Kapellenstraße ein, um sie vor einem

Linksbogen, gut markiert, auf einem asphaltierten Wanderweg nach rechts wieder zu verlassen. Wie erhofft, wandern wir jetzt über der Donau und schauen auf einen Teil unserer Tour zurück.

Um das perfekt zu genießen, nehmen wir auf einer der zahlreichen Bänke Platz. Kurze Pausen verschönern jede Wanderung! Aber natürlich lockt die **Kolpingkapelle ⑤**, die wir wenige Minuten später erreichen. Auch hier gibt es eine schöne Sitzgelegenheit mit toller Aussicht.

Es ist schon superinteressant, was Namensgeber Adolph Kolping ins Leben gerufen hat. Als Schuhmacher auf der Walz erlebte er am eigenen Leib die Härte und Nöte der Handwerker des 19. Jahrhunderts. 1852 eröffnete das erste Gesellenhaus in Köln. Noch zu Lebzeiten konnte er sich über zahlreiche Gesellenvereine in ganz Europa und in Nordamerika freuen.

Der gelernte Schuhmacher Adolph Kolping studierte später Theologie und wurde Priester. Er gründete Gesellenvereine, aus dem das heutige, weltweit agierende ***Kolpingwerk*** *entstand. 1991 wurde er seliggesprochen.*

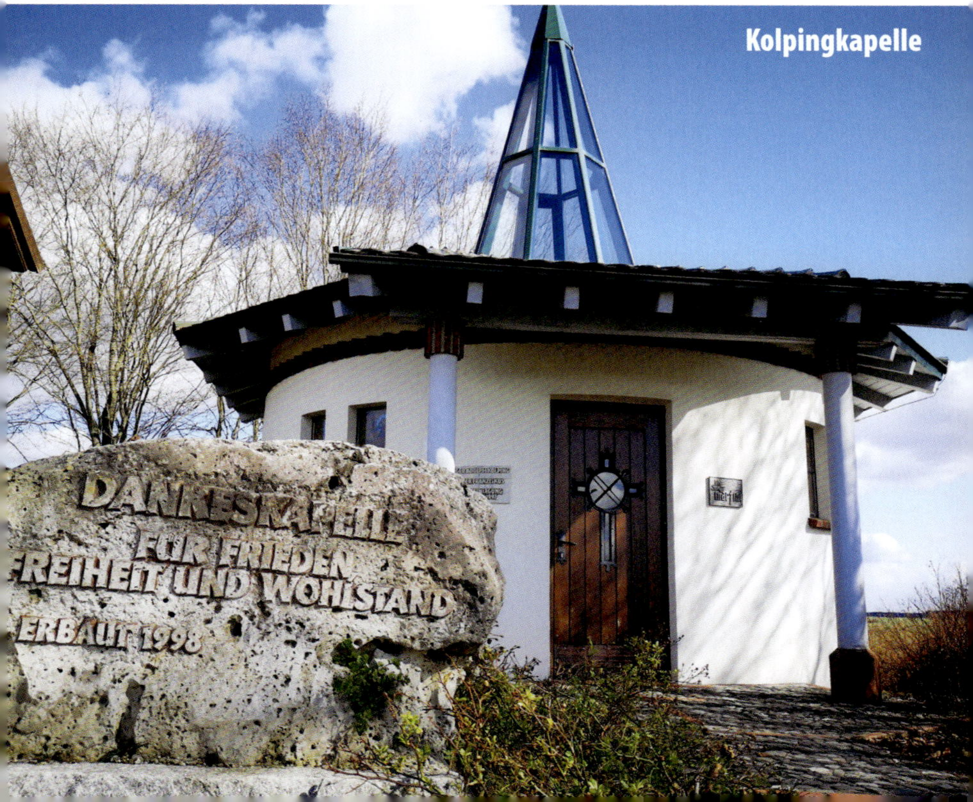

Kolpingkapelle

Verwöhntour 11

Unser Wanderweg verläuft vorbei am **Sportplatz Jubel-Arena** immer auf gleicher Höhe zurück zur Parkanlage des Wolfertturms. Ab dort folgen wir der uns bekannten **Müllerstraße** abwärts und gelangen vorbei am Busbahnhof zurück zum Marktplatz. Die Bahnhofstraße bringt uns praktisch direkt in den **Biergarten am Groggensee ⑥.** Hier verwöhnen wir unseren Gaumen noch einmal mit einem herrlich frischen Gerstensaft. Ein fester Zwischenboden darf dabei nicht fehlen: ein *Obazda* mit Brezel, der Veggie-Mix oder der traditionelle *Wurschtsalat* mit Zwiebeln. So fühlen wir uns rundum satt und zufrieden, als wir wieder in den Zug steigen.

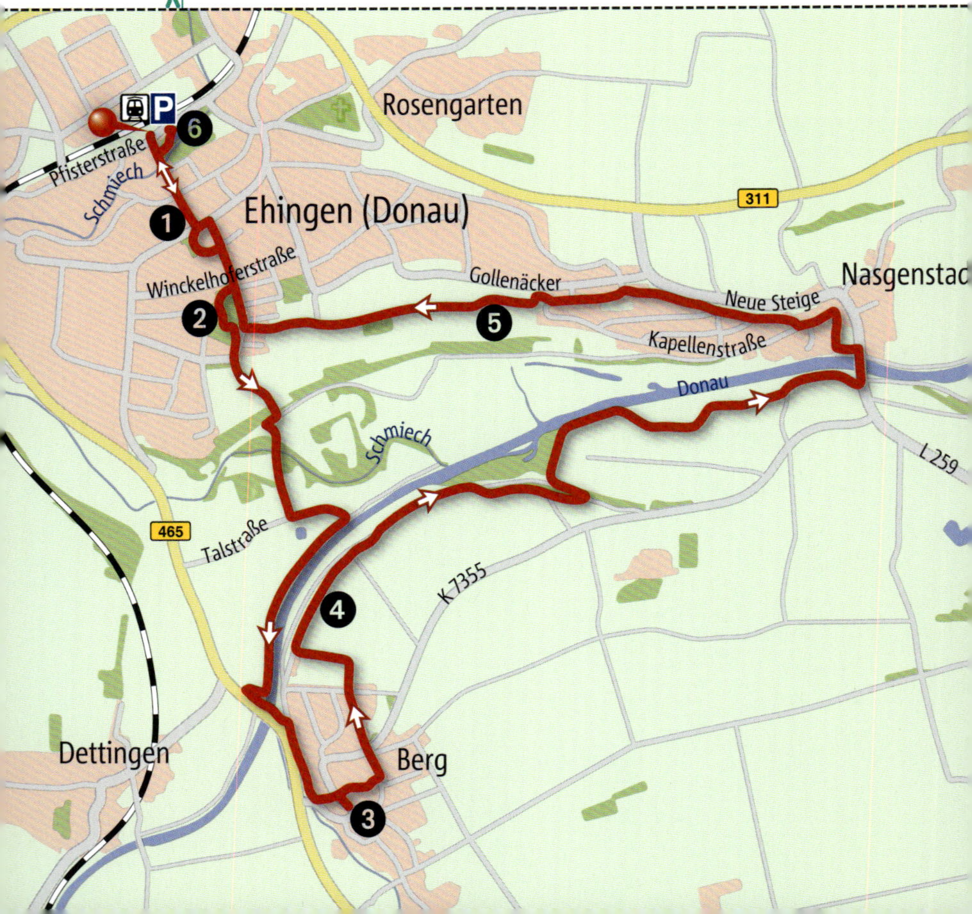

Alles auf einen Blick

WIE & WANN:
Wiesen- und Landwirtschaftswege, Pfade, Forstwege und wenig befahrene Straßen. Beste Wanderzeit: März bis Oktober.

HIN & WEG:
Auto: Parkplatz Bahnhof, Pfisterstraße, 89584 Ehingen (Donau) (GPS: 48.285412, 9.72521)
ÖPNV: RB 55, RB 56, RE 55 bis Bahnhof Ehingen (Donau)

ESSEN & ENTSPANNEN:
Staibs Brotbar ❶ Marktplatz 5, 89584 Ehingen (Donau), Tel. (0 73 91) 82 47, www.baeckerei-staib.de
BrauereiWirtschaft Berg ❸ Graf-Konrad-Straße 21, 89584 Ehingen-Berg, Tel. (0 73 91) 77 17 33, www.bergbier.de

Entspannung ✸✸✸✸✸
Genuss ✸✸✸✸✸
Romantik ✸✸✸✸

Biergarten am Groggensee ❻ Tränkberg 9, 89584 Ehingen (Donau), Tel. (01 72) 7 17 61 15, www.biergarten-ehingen.de

ENTDECKEN & ERLEBEN:
Wolfertturm ❷ Uhlandstraße 6, 89584 Ehingen (Donau), Tel. (0 73 91) 7 58 83 43 (Peter Seibold), www.ehingen.de/freizeit-touristik
Naturerfahrungspfad ❹
Kolpingkapelle ❺

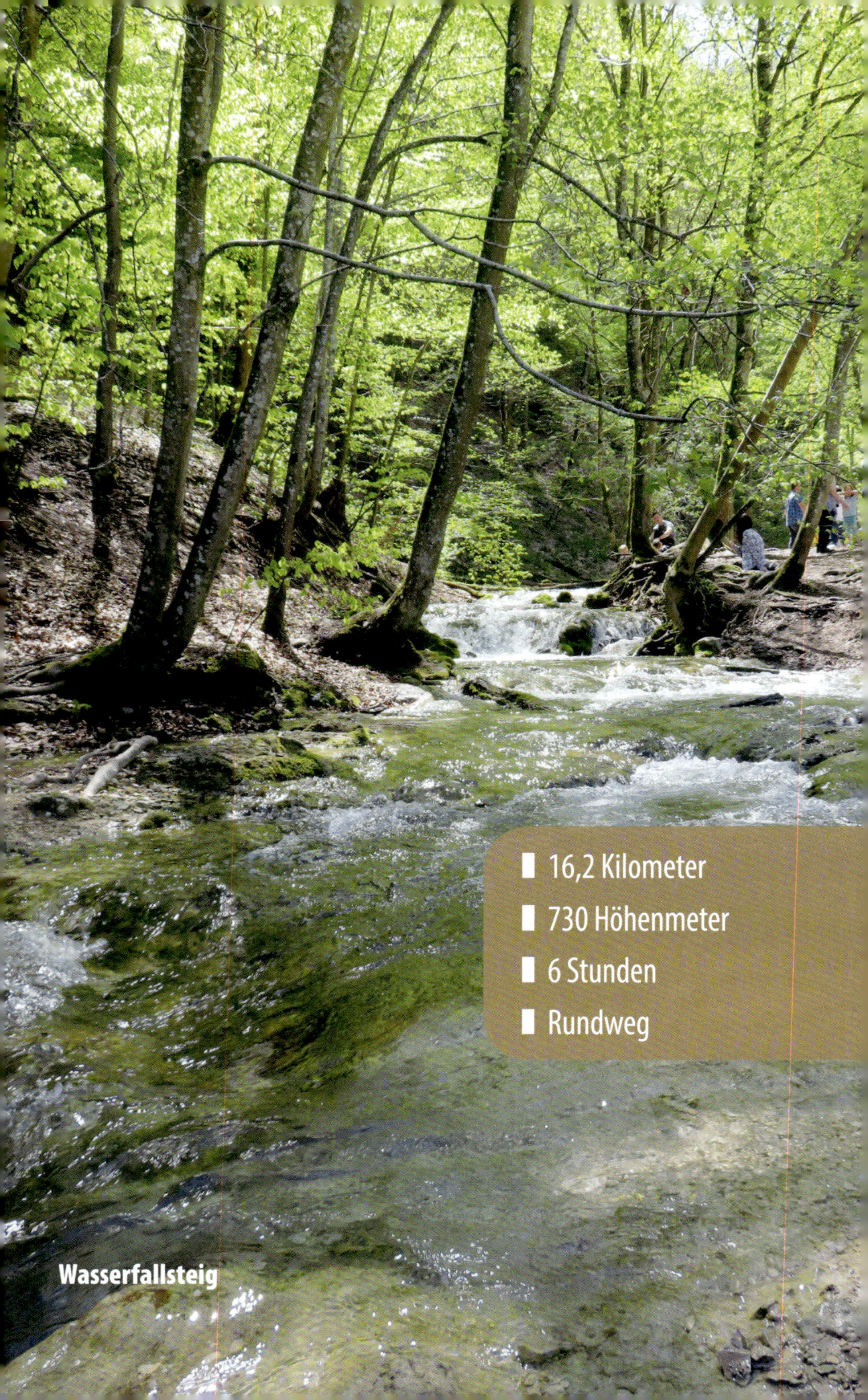
16,2 Kilometer
730 Höhenmeter
6 Stunden
Rundweg
Wasserfallsteig

Einen perfekteren Startplatz kann man sich fast nicht vorstellen. Der kostenfreie Parkplatz liegt direkt am **Bahnhof von Bad Urach,** und morgens bekommen wir mit dem Auto problemlos einen Platz. Wir gehen zu den Wegweisern rechts der Einfahrt des Parkplatzes und biegen nach links auf einen Wanderweg ein. Der führt in mehreren Bögen aufwärts in Richtung Hinterer Hanner Felsen. Das ist der erste tolle Aussichtspunkt unserer Entschleunigungstour. Vorbei an einem blauen Schild mit Poesie am Weg erreichen wir eine etwas verschobene Kreuzung. Wir folgen dem Wanderweg aufwärts. Auf dem gelben Wegweiser lesen wir **Hanner Felsen 1,2 Kilometer.** Unsere Wegmarkierung wird im Lauf der Tour mehrmals wechseln. Aktuell folgen wir dem **gelben Ring** auf weißem Grund. Diese Markierung leitet uns in einigen weiteren Bögen aufwärts, zum **Parkplatz des Höhenfreibades** von Bad Urach. Dort angekommen, erblicken wir rechts über den Baumkronen in einiger Entfernung die Burgruine Hohenurach. Ihre Größe ist von hier aus nicht abzuschätzen. Sie scheint jedoch ein sehr lohnendes Ziel zu sein.

Die Alb rauscht!

Variantenreich um Bad Urach

Wir schlendern nach links über den Parkplatz und stellen fest, dass unser Wanderweg rund 350 Meter auf einer asphaltierten Straße verläuft. Nach einer Haarnadelkurve beschreibt unsere Straße einen Linksbogen. An der folgenden Gabelung gehen wir wenige Schritte auf dem linken Forstweg, sehen unsere Weg-

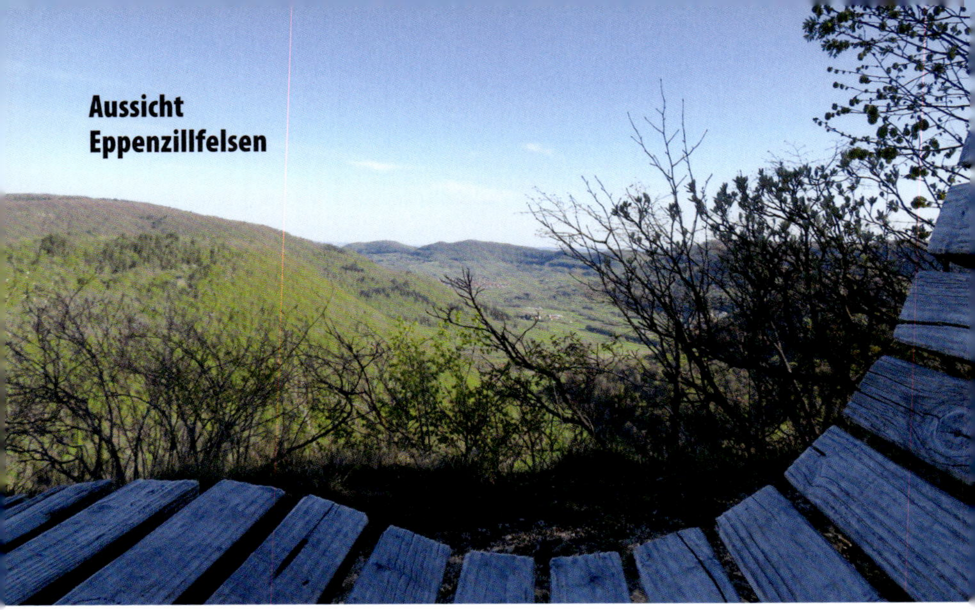

markierung, jetzt eine **rote Raute** auf weißem Grund, und folgen einem Pfad nach links. **Nördlicher Hannerfels** und **Hochfläche** lesen wir auf dem Schild darüber. Wir schreiten wacker bergauf, achten stets auf die roten Wegmarkierungen. An der ersten Wald-Abzweigung gehen wir in spitzem Winkel nach rechts.

Die Sonne scheint durch die Bäume und spendet uns viel Energie. Es ist einfach herrlich, so früh am Morgen hier unterwegs zu sein. Wir überqueren eine Forststraße, bleiben unserem Pfad bergauf treu und erreichen nach weiteren 500 Metern die Hochfläche. Hier gehen wir wenige Schritte nach links und erreichen den **Aussichtspunkt Hinterer Hanner Felsen ❶.** Und richtig, er ist der nördlichste der drei Hanner Felsen. Unser erster längerer Aufstieg liegt hinter uns, gerne setzen wir uns auf die Bank und blicken über Bad Urach unter uns. Uns gegenüber, fast auf gleicher Höhe, sehen wir erneut die Ruine Hohenurach. Die wärmende Sonne drängt die Frische des Morgens in den Hintergrund.

Freudig setzen wir unsere Wanderung für die Seele fort. Wenige Schritte zurück zur bekannten Abzweigung, dann auf dem tollen Wanderweg geradeaus weiter. Nun orientieren wir uns für einige Zeit an dem **roten Y.** Dieses leitet uns ohne nennenswerte Steigung über ein kurzes Stück auf einer Forststraße, gefühlt immer geradeaus, zum nächsten **Aussichtspunkt,** dem **Eppenzillfelsen ②.** Da unsere letzte Rast schon wieder rund 2 Kilometer her ist, nehmen wir kurz auf der einladenden Holzliege Platz.

Weiter geht es Richtung Rutschenfelsen. Unser schöner Wanderweg erinnert an einen Wurzelweg. Dieser leitet uns am Rand der Hochfläche in eine Senke. Hier könnten wir rechts abkürzen und direkt zum Bad Uracher Wasserfall gelangen. Allerdings wünschen wir uns so viel Entschleunigung wie möglich. Aus diesem Grund bleiben wir unserem Wurzelweg und dem roten Y treu, marschieren freudig aus der Senke wieder auf die Hochfläche hinauf und an deren Rand entlang. Hier vereint sich unser Weg mit dem **Albsteig HW1.** Die Wegweiser zur **Rohrauer Hütte** erwecken ebenfalls unsere berechtigte Neugier. Das **grüne N** steht für Naturfreundehaus.

Kurz vor dem Rutschenfelsen gäbe es erneut die Möglichkeit, abzukürzen und direkt zum Bad Uracher Wasserfall abzusteigen. Wir wandern aber weiter, jetzt

Für die Seele

Am Gütersteiner Wasserfall vergessen wir Zeit und Raum. Wir beobachten, wie sich auf dicken Moospolstern Kalktuff bildet.

auf dem **HW1,** mit dem **roten Dreieck** markiert, und erreichen den **Aussichtspunkt Rutschenfelsen ③.** Genau genommen sind das mehrere Aussichtspunkte hintereinander. Die Blicke schweifen zurück auf einen Teil unseres Wegs. Natürlich haben wir gesehen, dass rechts neben uns ein Hang abfiel. Dass wir aber so nah am Albtrauf, dem Steilabbruch dieses Mittelgebirges, entlanggewandert sind, ist uns gar nicht aufgefallen. Weil wir inzwischen Lust auf eine frisch gezapfte Erfrischung haben, folgen wir dem roten Dreieck und dem grünen N an blühenden Wiesen vorbei und erreichen nach rund 850 Metern das **Naturfreundehaus Rohrauer Hütte** ④. Der Slogan „Ehrliche Küche in wunderschöner Natur" trifft den berühmten Nagel voll auf den Kopf. Kleine Speisen, auch zum Mitnehmen, ein Vollsortiment von Kaltgetränken, frische Kuchen der Saison und Kaffee in vielen Variationen: Den Verwöhn-Effekt gibt es auch mit Selbstbedienung! Wie gut, dass wir zweimal die Möglichkeit abzukürzen ignoriert haben.

Während unserer ausgiebigen Pause wächst die Vorfreude auf den Gütersteiner Wasserfall. Ein guter Grund, um weiterzuwandern. Bestens beschildert leitet uns eine Forststraße über die Hochfläche zum **Fohlenhof St. Johann.** Dieser gehört zum Landgestüt Marbach und ist somit Teil des ältesten staatlichen Gestüts

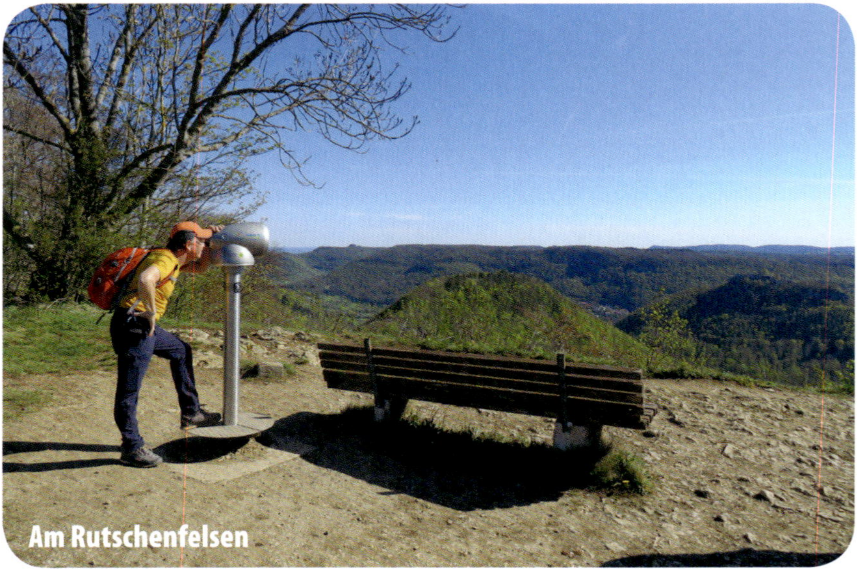

Am Rutschenfelsen

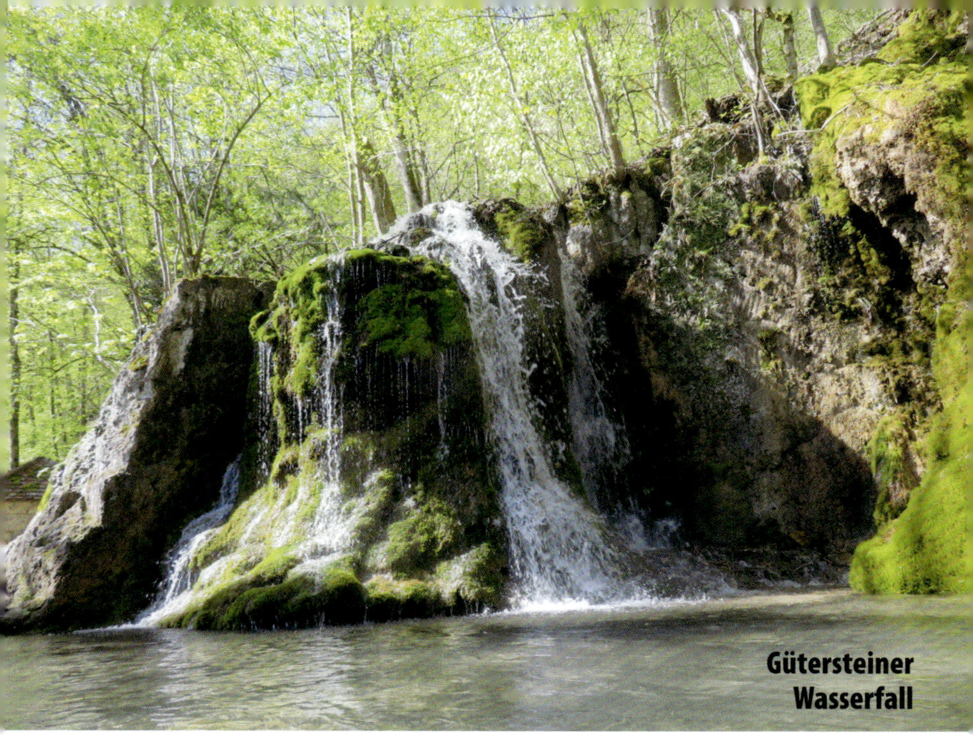

Gütersteiner Wasserfall

Deutschlands. Wir werden mitten durch das sehr gepflegte Gestüt geleitet, von hier ab geht es auf einem guten Weg abwärts zum Gütersteiner Wasserfall. Im Frühjahr wandern wir in diesem Waldstück an großen Horsten von Blumen mit weißen Blüten vorbei. Das könnte das Einjährige oder auch das Ausdauernde Silberblatt sein. Die Blätter hier verströmen keinen Duft. Deshalb tippen wir auf das Einjährige Silberblatt. Nun, uns wäre das Ausdauernde Silberblatt auch recht gewesen. Ausdauer kann man immer gebrauchen.

Lächelnd gehen wir weiter abwärts und sind uns sicher: Unsere Freundin Pippi Langstrumpf würde die Blümchen umtaufen und jede Menge „mentale Ausdauer" im Rucksack mitnehmen. So kommen wir an einen Wegweiser, der uns nach rechts schickt, hören bald schon ein Rauschen und sehen 100 Meter später den oberen Teil des **Gütersteiner Wasserfalls** ⑤. Das Wasser stürzt über Kalktuff-Kaskaden, die dick mit Moos bewachsen sind, nach unten. Wir wandern auf und manchmal neben dem überfluteten Weg, vorbei

*Das **Einjährige Silberblatt** ist überraschenderweise eine 2-jährige Pflanze, manchmal mit weißen, meistens mit purpur-violetten Blüten. Als Trockenblume ist es eine beliebte Zierpflanze.*

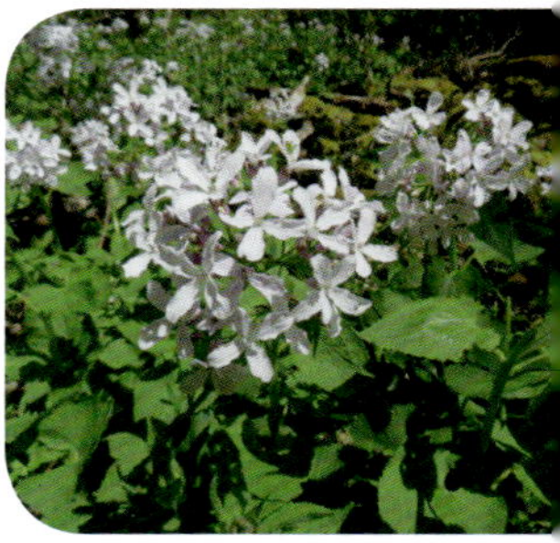

an einer kleinen Kapelle, und werden über Treppenstufen neben einem künstlich angelegten Wasserlauf abwärts zu einem Becken geführt, das den romantischen Wasserfall zweiteilt.

Hier setzen wir uns auf eine der Bänke und bewundern das Naturschauspiel. Eine Tafel erklärt uns die Anfänge der Alb-Wasserversorgung durch ein 1715 erbautes Wasserhebewerk. Der kleine Teich wurde vor langer Zeit künstlich angelegt. Im Lauf der Jahre hat sich hier Kalktuff gebildet. Wir gehen den Wanderweg neben dem Wasserfall ganz nach unten und staunen über die filigranen, dick mit Moos überzogenen Gesteinsformationen. Unten angelangt, drehen wir um und steigen den gleichen Weg neben dem Wasserfall wieder nach oben. Beeindruckt steuern wir nun dessen großen Bruder, den Bad Uracher Wasserfall, an.

Ein silbernes Metallschild mit dem **roten Y** schickt uns auf einen Wanderweg nach links. Schon in 2,5 Kilometern sollen wir am Ziel sein. Wenige Schritte später erreichen wir eine Forststraße. Dieser Wegweiser

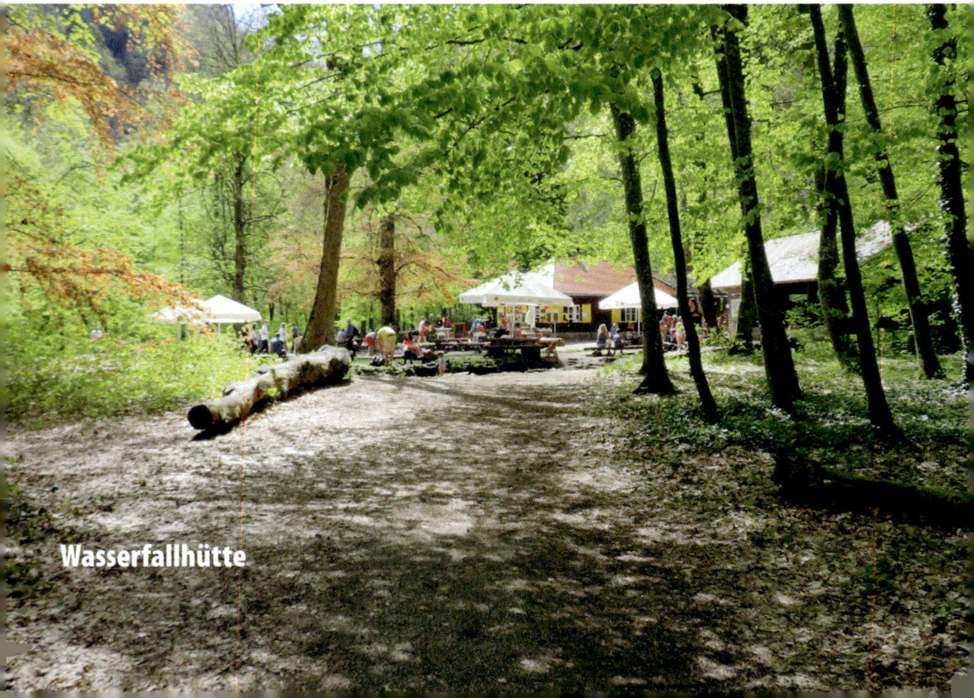

Wasserfallhütte

schickt uns ebenfalls nach links. Nur sind es plötzlich 4,3 Kilometer. Wir folgen der Forststraße abwärts und stoßen nach 200 Metern auf des Rätsels Lösung. An dieser Abzweigung zeigt ein Wegweiser mit dem gelben Ring als Wegmarkierung weiter bergab. Das wäre der längere Weg, der außen um den Runden Berg herumführt (diese Variante ist bei Nässe empfehlenswert). Wir hingegen nehmen die Forststraße, die halb rechts bergauf führt und nur mit dem kleinen **roten Y** markiert ist – das ist sehr unscheinbar über einem recht großen Schild **Landschaftsschutzgebiet** montiert. So kommen wir auf fast direktem Weg über den Berg.

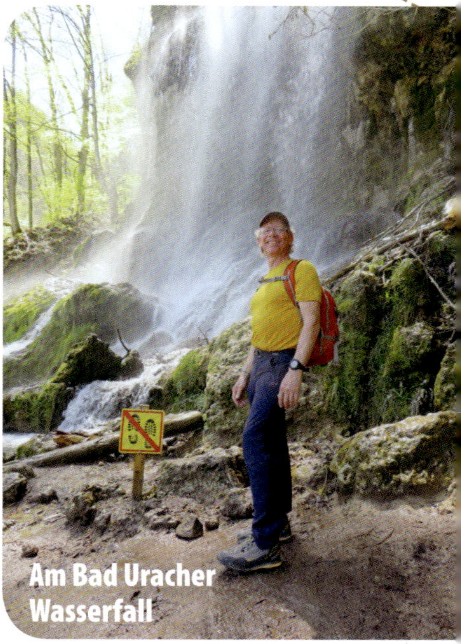

Am Bad Uracher Wasserfall

Später leitet uns der Wegweiser **Wasserfallhütte** nach links, zum **Bad Uracher Wasserfall** sind es nur noch 1,5 Kilometer. Wenn man diesem Wanderweg geradeaus bis zum Ende folgt, sind wir auf dem höchsten Punkt des Runden Bergs. Das wäre aber ein Abstecher von unserem Hauptweg. Der führt, entsprechend markiert, an einer kleinen **offenen Hütte** nach rechts und anfänglich über Stufen abwärts. Ein Pfad, teilweise recht schmal und steil, weist uns durch abwechslungsreiche, unberührte Natur. Steine sind dick mit Moos überzogen, und auf einem Kalkfelsen wächst ein kleines Bäumchen. Wir fühlen uns wie in einer anderen Welt.

Hin und wieder lichtet sich der Wald, und wir können auf den Schlossberg mit der Ruine Hohenurach schauen. Warum dieser Weg „Durch die Hölle" heißt, finden wir unverständlich, für uns ist dieser tolle Abschnitt der Wanderung viel zu schnell vorüber. Wir erreichen den **Wasserfallsteig,** 200 Meter von der Hochwiese und dem Bad Uracher Wasserfall entfernt. Zur bewirtschafteten **Wasserfallhütte** ❻ gelangen wir in 3 Minuten. Hier gibt es einfache schwäbische Gerichte,

*Der **Bad Uracher Wasserfall** hat eine Gesamthöhe von 87 Metern. Durch den Abbau von Kalktuffstein wurde die Felswand versteilt. Jeden Tag fallen rund 5 Kilogramm Kalksinter aus dem karbonhaltigen Wasser aus.*

klassische Kaltgetränke und natürlich Kaffee und leckeren Kuchen. Auf der sehr großen Hochwiese findet sich eine Vielzahl von Sitzmöglichkeiten. Für die Kinder ist ein schöner Wasserspielplatz vorhanden. Natürlich ist dieser Ort sehr gut besucht.

Nach unserer Rast gehen wir zu dem stabilen Geländer und schauen auf den **Bad Uracher Wasserfall** ⑦. Hier stürzt das Wasser des Brühlbaches rund 37 Meter frei, wie aus einer großen Gießkanne, den Albtrauf hinab. Dann rauscht es weitere 50 Meter über das Kalktuffgestein, das sich im Lauf der Zeit gebildet hat.

Wir gelangen über den **Wasserfallsteig** hinunter ins **Maisental.** Der Weg ist öfter mal vom Wasser überflutet. Mutige ziehen ihre Schuhe aus und nutzen das zu einer kleinen Kneippkur. Das starke Rauschen wird uns noch lange in Erinnerung bleiben. Wir folgen der Beschilderung Richtung **Bahnhof Wasserfall.**

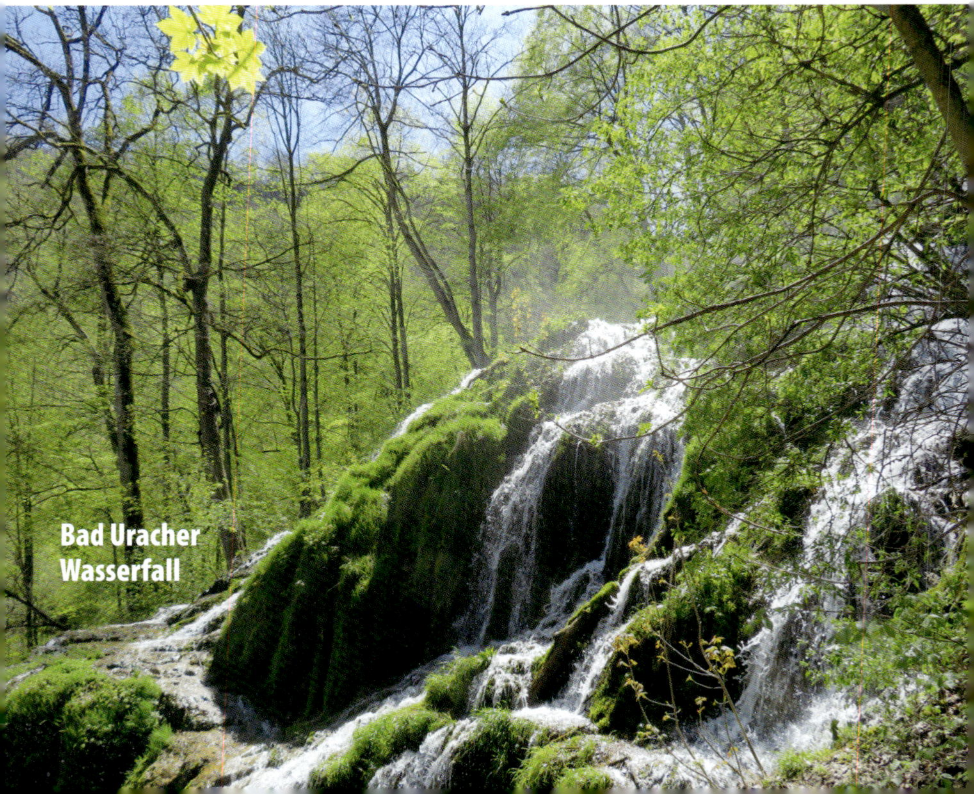

Bad Uracher Wasserfall

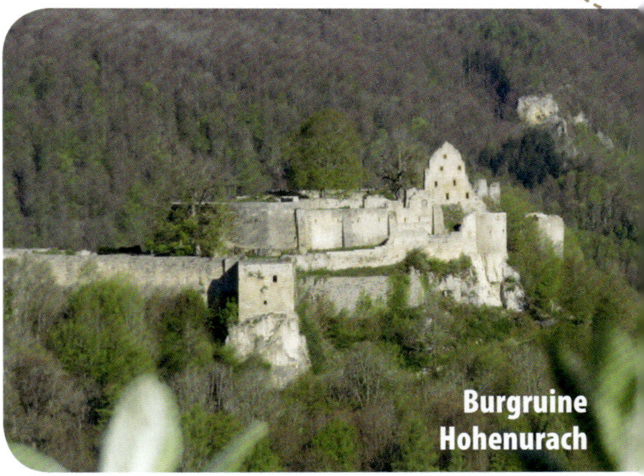

Der Weg ist gut ausgebaut, sehr breit und verläuft die meiste Zeit den Brühlbach entlang. Wer jetzt schon Müdigkeit verspürt, sollte ihn weitergehen bis zum Bahnhof Wasserfall und von dort aus nach Hause beziehungsweise zum Parkplatz oder in die Stadt fahren. Uns aber nützt offenbar die mentale Unterstützung durch das Ausdauernde Silberblatt, daher biegen wir an der ersten Möglichkeit rechts ab, der **blauen Raute** folgend. Der Wanderweg führt uns aufwärts durch den Wald, über eine gut ausgeschilderte Kreuzung weiter geradeaus bergauf. Die Steigung zieht sich ein wenig, wird etwas stärker, bis wir die **Ruine Hohenurach** **8** erreicht haben.

Sie ist wirklich sehr groß. Ein kleiner Tunnel verbindet die Vorburg mit der oberen Burgruine. Von hier aus können wir, mit Stolz, einen großen Teil unserer heutigen Wanderroute überblicken. Möglichkeiten zum Rasten und Verweilen gibt es ebenfalls. Zahlreiche Motive wie die hohe Mauer oder der verzierte Brunnen motivieren uns, vor dem Abstieg noch ein paar Erinnerungsfotos zu machen.

__Hohenurach__ ist das Wahrzeichen von Bad Urach. Erbaut im 11. Jahrhundert, wurde die Burg im 16. Jahrhundert zur Landesfestung ausgebaut und 1761 aufgegeben.

Der erste Teil des Abstiegs erfolgt auf dem Aufstiegsweg. Dann nehmen wir den Abzweig nach links Richtung **Bahnhof Ermstalklinik.** Der Pfad ist sehr schmal und teilweise recht steil und sollte nur bei trockenem Wetter begangen werden. Die für die Knie schonendere Alternative ist, zu der gut ausgeschilderten Kreuzung zu gehen. An dieser Kreuzung wandern wir nach links, ebenfalls nach der Beschilderung **Bahnhof Ermstalklinik.** Es geht weiter bergab, und an

Die **Albthermen Bad Urach** bekommen ihr Mineral-Thermalwasser aus einer Tiefe von 770 Metern. Heilbaden und Wellness ist in sechs verschiedenen Becken möglich. Die Temperaturen liegen zwischen 32 und 38 Grad Celsius.

der nächsten Kreuzung ist auch schon unser Ziel, der **Bahnhof Bad Urach,** auf den Wegweisern zu lesen. Wir werden sauber am Bahnhof Ermstalklinik vorbeigeleitet und folgen dem Wanderweg vor der **Jugendherberge** nach rechts, um wenige Schritte später links einzubiegen. So gelangen wir oberhalb der Herberge wieder in den Wald. Eine Straße wird überquert, dann kommen wir in bekanntes Terrain. Die verschobene Kreuzung von heute Morgen erkennen wir sofort wieder, und die letzten Bögen, vorbei an der Poesie am Weg, nutzen wir zum Auslaufen.

Nun haben wir die Wahl, ob wir den Tag in einem Biergarten in der Innenstadt oder in den berühmten **Albthermen Bad Urach** ⑨ ausklingen lassen.

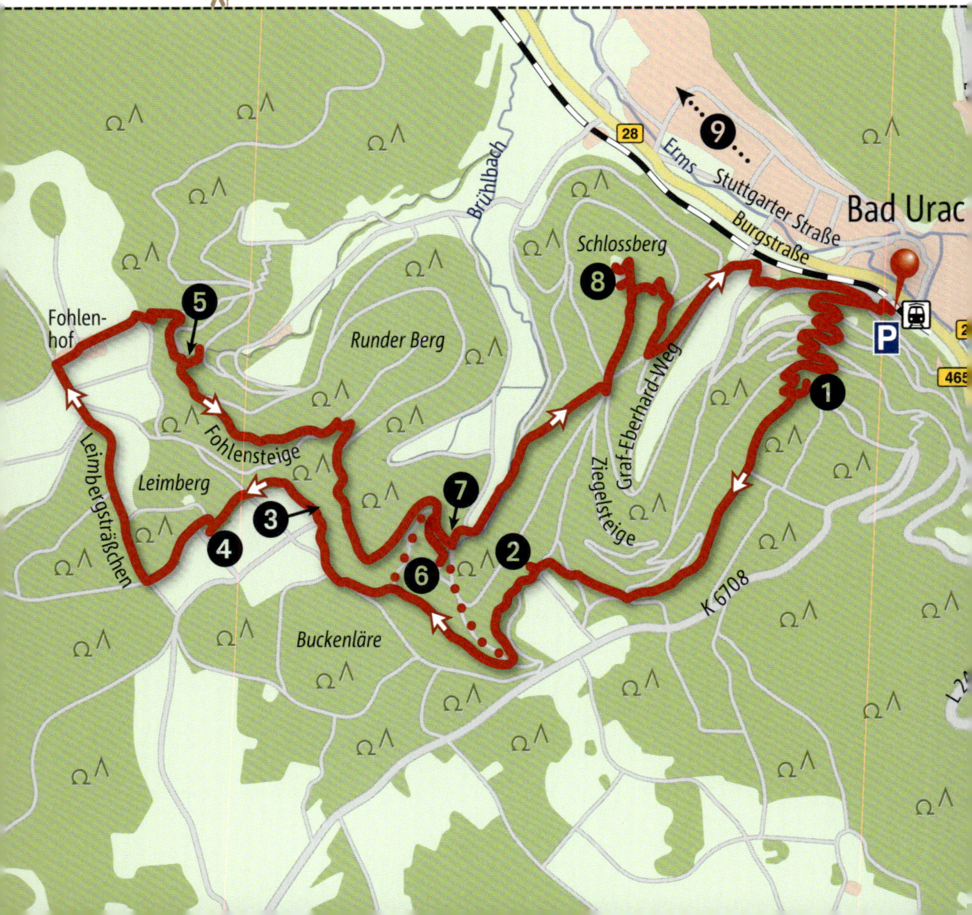

Alles auf einen Blick

WIE & WANN:
Wanderwege, Pfade und Forstwege. Beste Wanderzeit: April bis Oktober, im Idealfall nicht sonntags.

HIN & WEG:
Auto: Kostenfreier Parkplatz direkt am Bahnhof, 72574 Bad Urach (GPS: 48.492224, 9.39467)
ÖPNV: RB 63 bis Bahnhof Bad Urach

ESSEN & ENTSPANNEN:
Naturfreundehaus Rohrauer Hütte ❹ 72813 St. Johann, Tel. (0 71 22) 97 63, www.rohrauer-huette.de
Wasserfallhütte ❻ www.tourismus-bw.de (nach „Wasserfall-Kiosk" suchen)

ENTDECKEN & ERLEBEN:
Aussichtspunkt Hinterer Hanner Felsen ❶
Aussichtspunkt Eppenzillfelsen ❷
Aussichtspunkt Rutschenfelsen ❸
Gütersteiner Wasserfall ❺
Bad Uracher Wasserfall ❼
Ruine Hohenurach ❽

Entspannung ★★★★☆
Genuss ★★★★★
Romantik ★★★★☆

Albthermen Bad Urach ❾ Bei den Thermen 2, 72574 Bad Urach, Tel. (0 71 25) 9 43 60, www.badurach-tourismus.de (nach „Albthermen" suchen)

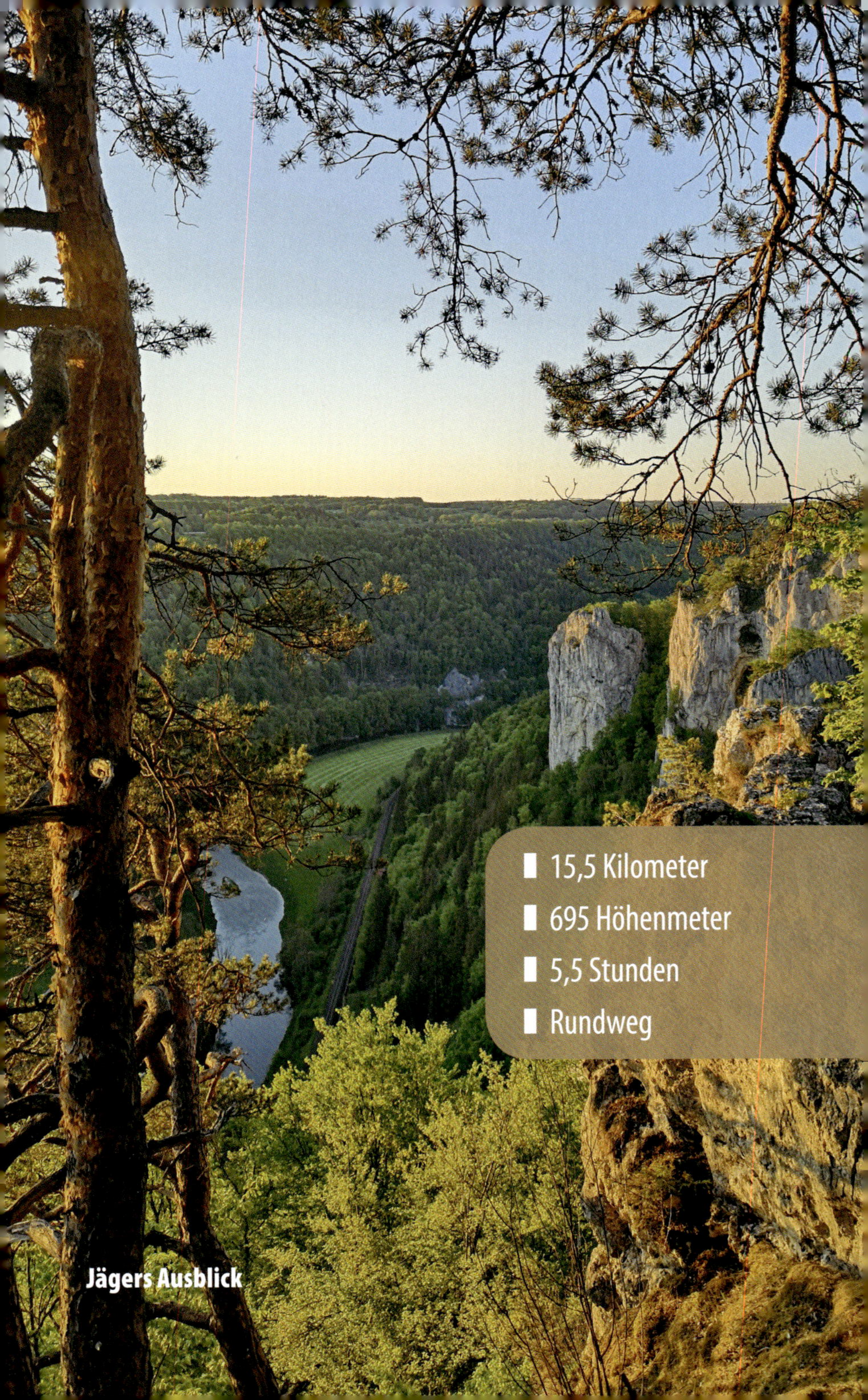

- 15,5 Kilometer
- 695 Höhenmeter
- 5,5 Stunden
- Rundweg

Jägers Ausblick

Unsere sauber geputzten Wanderschuhe tragen uns vom Parkplatz direkt neben dem Bahnhof Beuron rechts in die **Fürstin-Katharina-Straße.** An deren Ende geht es erneut rechts in den Anselm-Schott-Weg, der uns an den Ortsrand von Beuron bringt. Geradeaus folgen wir einem Wanderweg abwärts, und schon stehen wir auf dem **Hermann-Steg ①,** der uns sicher über die Donau geleitet. Er ist gleichzeitig ein fantastischer Aussichtspunkt auf die beeindruckenden Kalkfelsen, die wie Riffe aus dem tief eingeschnittenen Tal herausragen.

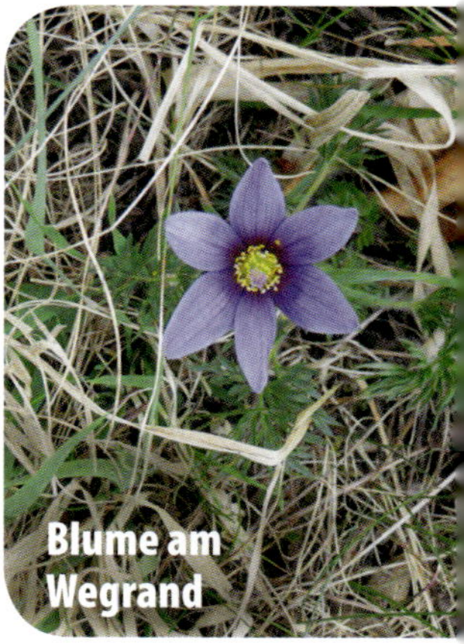

Blume am Wegrand

Der asphaltierte Wanderweg bringt uns weg von der Donau und wird zum Gehweg neben der Landstraße L 277. Nach einem großen Linksbogen überqueren wir mit Umsicht die Straße. **Wanderheim Rauher Stein** lesen wir ganz oben auf einem gelben Wegweiser. Eine Forststraße nimmt uns mit bergauf durch das Hirschental, und wir kommen langsam auf Betriebstemperatur. Hin und wieder blinzeln uns Veilchen zwischen den Steinen am Wegesrand entgegen. Die Steigung der Forststraße flacht etwas ab, als

Kloster & Burg

Pfade um Beuron im Donautal

wir nach rechts auf den Wanderpfad Richtung **Rauher Stein** abbiegen. Obwohl der Wanderpfad wieder etwas steiler ist als das letzte Stück der Forststraße, ist er viel angenehmer zu gehen! So erreichen wir 400 Meter später das **Wanderheim Rauher Stein ②.** Hier, auf 820 Meter Höhe, locken die gute schwäbische Küche, eine italienische Eiskarte und vorzügliche heimische Getränke. Wir entscheiden uns für ein Eis auf die Hand und schlendern dann nach rechts zum nahe gelegenen **Aussichtspunkt Rauher Stein ❸.** Dort setzen wir uns auf eine der Bänke und genießen doppelt: zum einen das köstliche Eis und zum anderen die traumhafte Aussicht.

*Der 1997/98 angelegte **Felsengarten Irndorf** zeigt eindrücklich die vielseitige Vegetation im Lebensraum Fels. Die Schönheit der Pflanzen wird präsentiert, die Schutzbedürftigkeit der Felsenpflanzen auf Tafeln verständlich erklärt.*

Unter uns mäandert die Donau um den Berg Käpfle herum. Das harte Gestein des Berges zwang den Fluss zu diesem Umweg. Am Fluss grüne Wiesen, die Eisenbahnlinie und eine Landstraße, flankiert von den Riffen, die vor Jahrmillionen von der Urdonau geschaffen wurden. Wir könnten den ganzen Tag hier sitzen bleiben – aber uns rufen noch weitere Schönheiten! Deshalb gehen wir wenige Meter zurück und folgen dem Wegweiser in Richtung **Eichfelsen.** Über Wiesen und waldige Abschnitte wandern wir durch eine abwechslungsreiche Bilderbuchnatur, die zu jeder Jahreszeit begeistert. Vögel zwitschern in den Baumkronen, große und kleine Blumen blühen um die Wette – und wir sind mittendrin. Eine Lichtung im Wald gibt Blicke auf die gegenüberliegende Talseite und die imposante Burg Wildenstein frei. Dort ist später eine ausgiebige Rast geplant. Doch davor gibt es noch viel zu sehen. Der **Felsengarten Irndorf ❹** liegt plötzlich vor uns. Liebevoll werden auf diesem Felskopf wahre Lebenskünstler unter den Pflanzen kultiviert.

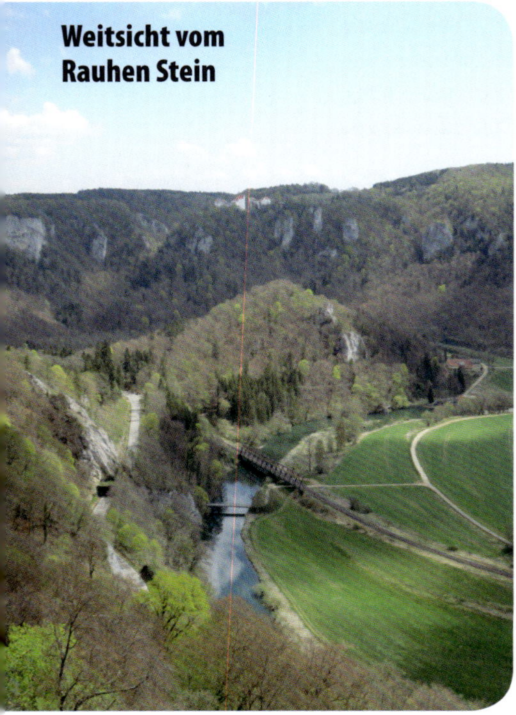

Weitsicht vom Rauhen Stein

Wir bleiben auf dem Wanderweg und erreichen nach weiteren 200 Metern den **Aussichtspunkt Eichfelsen ❺** hoch über dem Do-

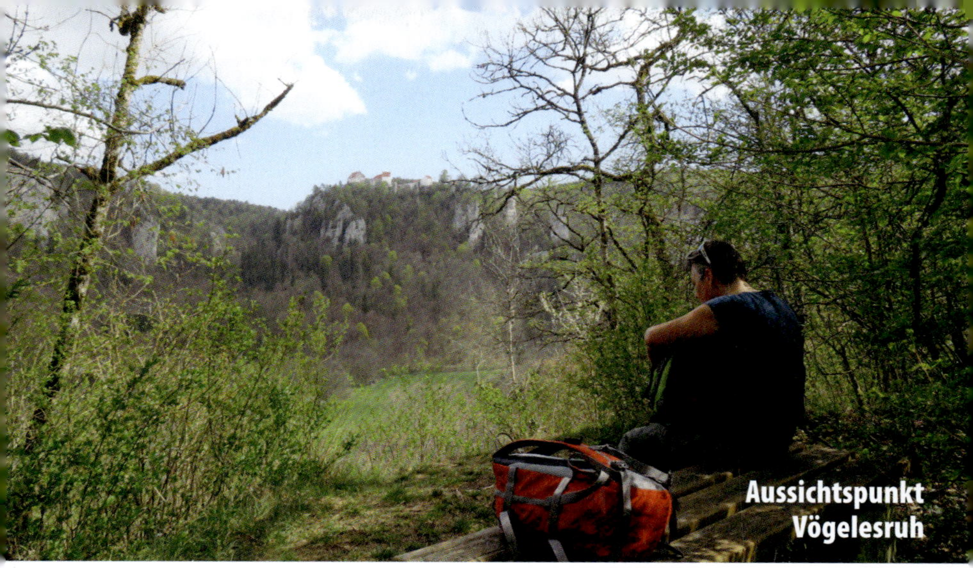

Aussichtspunkt Vögelesruh

nautal. Zuerst bewundern wir die Aussicht ganz vorn am Geländer. Beeindruckend, wie steil die Felswände hier sind und wie hoch wir über dem Fluss stehen. Er fließt ruhig dahin, bald werden wir ihn überqueren. Wenige Meter gehen wir zurück zum Felsengarten, um dann einem Wanderweg abwärts Richtung **Donausteg** und **Burg Wildenstein** zu folgen. Zügig schreiten wir bergab und erreichen überraschend schnell den

Für die Seele

Im Felsengarten Irndorf stellen wir in Gedanken einen wunderschönen bunten Blumenstrauß zusammen.

schmalen Abzweig nach links zum **Aussichtspunkt Vögelesruh ❻.** Die paar Meter auf recht schmalem Wanderweg sind sehr lohnend. Wir nehmen erneut auf einer Bank Platz, schauen genussvoll zum Eichfelsen hinauf und ins friedliche Donautal hinein. Uns gegenüber zeigt sich wieder die Burg Wildenstein.

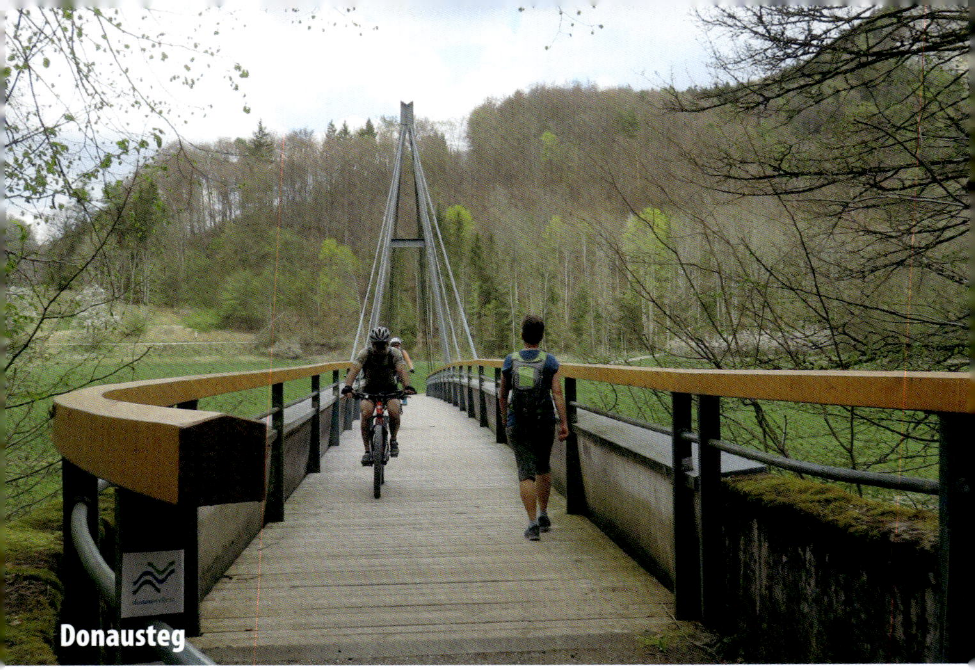

Donausteg

Die wenigen Meter zurück zur Forststraße sind schnell gegangen. Wir wandern links weiter und erreichen die Landstraße L 277, die wir vorsichtig überqueren. Der 400 Meter entfernte **Donausteg** ist, wie die gesamte Tour, sehr gut ausgeschildert. Wir passieren erneut den Fluss. Nach einem kurzen Stück über freie Fläche gelangen wir wieder in schattigen Wald. Auf den Wegweisern ist **Burg Wildenstein** angeschrieben, unser Forstweg wird wieder zu einem superschönen Wanderweg. Es geht sanft bergauf an stark bemoosten Felsen vorbei – ein Idyll! Nachdem wir einige imposante Felsformationen passiert haben, nimmt die Steigung ein wenig zu. Der Weg bringt uns zuerst unter die Burganlage. Wir umrunden sie zur Hälfte und gehen dann über zwei Brücken in die **Burg Wildenstein** 7 hinein. In der **Burgschenke** fühlen wir uns auf Anhieb wohl. Große Sonnenschirme spenden Schatten, wir gönnen uns zuerst eine leckere Bockwurst mit Kartoffelsalat, im Anschluss einen traumhaften Himbeerkuchen mit heißem Kaffee.

*Die vermutlich im 13. Jahrhundert erbaute **Burg Wildenstein** liegt auf 811 Meter Meereshöhe, hoch über dem Donautal. Ihre Glanzzeit fällt ins 16. Jahrhundert. Bereits seit 1922 steht hier eine Jugendherberge, 1972 wurde die Burg generalsaniert.*

Danach folgen wir geradeaus einem asphaltierten Weg zum Parkplatz, bleiben rechts und folgen der

Forststraße Richtung **Aussichtspunkt Alpenblick** und **Kohlenmeiler 8**. Den Meiler erreichen wir bereits nach 500 Metern. Die zahlreichen Buchen um uns herum zeigen uns heute noch, warum hier einst Köhler aktiv waren.

Unsere Wanderroute verläuft stets in westlicher Richtung. An jeder Abzweigung ist eine Wegmarkierung oder ein Hinweisschild, wir dürfen nur am **Aussichtspunkt Jägers Ausblick 9** nicht vorbeigehen. Dieser liegt wenige Meter rechts der Forststraße. Von hier aus haben wir einen wunderschönen Ausblick auf die Donau unter uns und einen Teil unserer Wanderung. Und wir finden eine gemütliche Bank vor.

Dann starten wir in die letzte Etappe unserer Tour: wenige Schritte zurück zur Forststraße, hier rechts – und nach einer weiteren Abzweigung und 1 Kilometer Weg sind wir am **Aussichtspunkt Alpenblick 10**. Die Alpen sind allerdings nur bei äußerst klarer Sicht

*Im Donau- wie im benachbarten Bäratal wurde im 18. und 19. Jahrhundert in Hunderten **Kohlenmeilern** Holzkohle hergestellt, vorwiegend aus Buchenholz. Aus 1 Kubikmeter Buche gewann man circa 50 bis 75 Kilogramm Holzkohle. Der Vorgang dauerte 5 bis 10 Tage.*

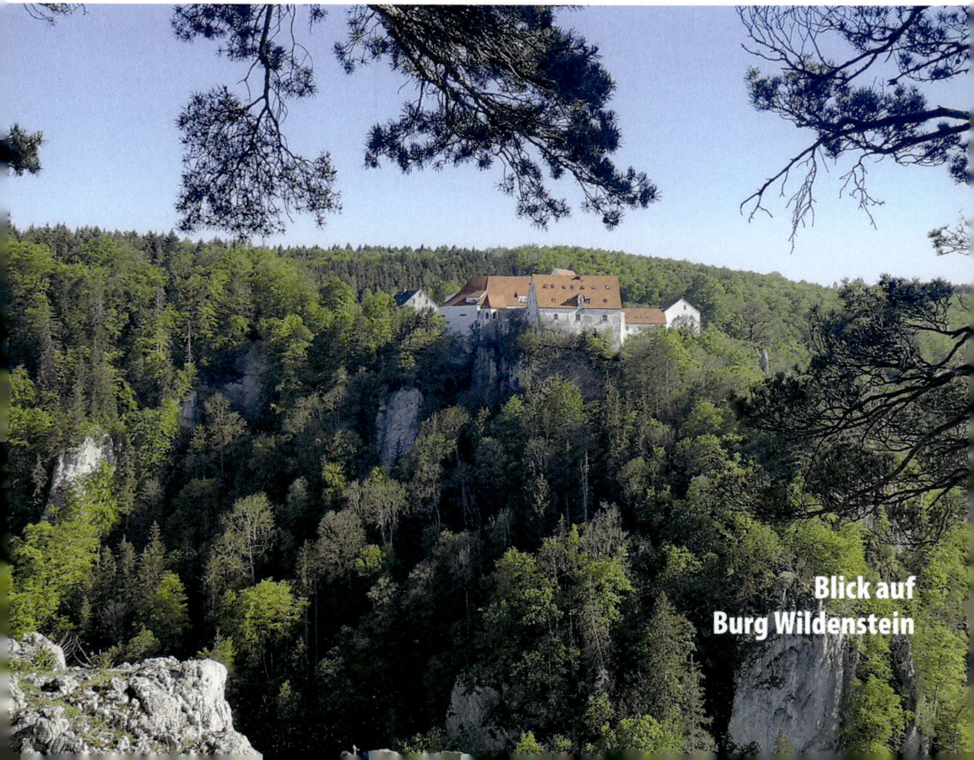

Blick auf Burg Wildenstein

zu erkennen, wie sie nur an wenigen Tagen im Jahr herrscht. Schloss Bronnen, das im 18. Jahrhundert zu einem Jagdschloss umgebaut wurde, ist dagegen fast immer zu sehen. Unser Wanderweg leitet uns bergab, teilweise in Kehren und über Holzstufen, bis kurz vor Beuron. Ab hier nutzen wir den Gehweg neben der **Buchheimer Straße,** überqueren die Eisenbahnlinie und biegen dann direkt hinter der Brücke rechts in den Fußweg **Augustinerweg** ein. Dieser leitet uns bergab direkt zur Wolterstraße, der wir nach rechts bis zum Bahnhof folgen. Ein Besuch im **Haus der Natur** ⑪ am Bahnhof oder im sehr bekannten **Kloster Beuron** ⑫ (rund 500 Meter vom Bahnhof entfernt) rundet den Tag ab, bevor wir die Heimreise antreten.

Das im 11. Jahrhundert gegründete ***Kloster Beuron*** *wird von Mönchen ohne (= Brüder) und mit Priesterweihe (= Patres) bewohnt. Ein Glanzpunkt der barocken Kloster- und Wallfahrtskirche sind die wertvollen Gemälde.*

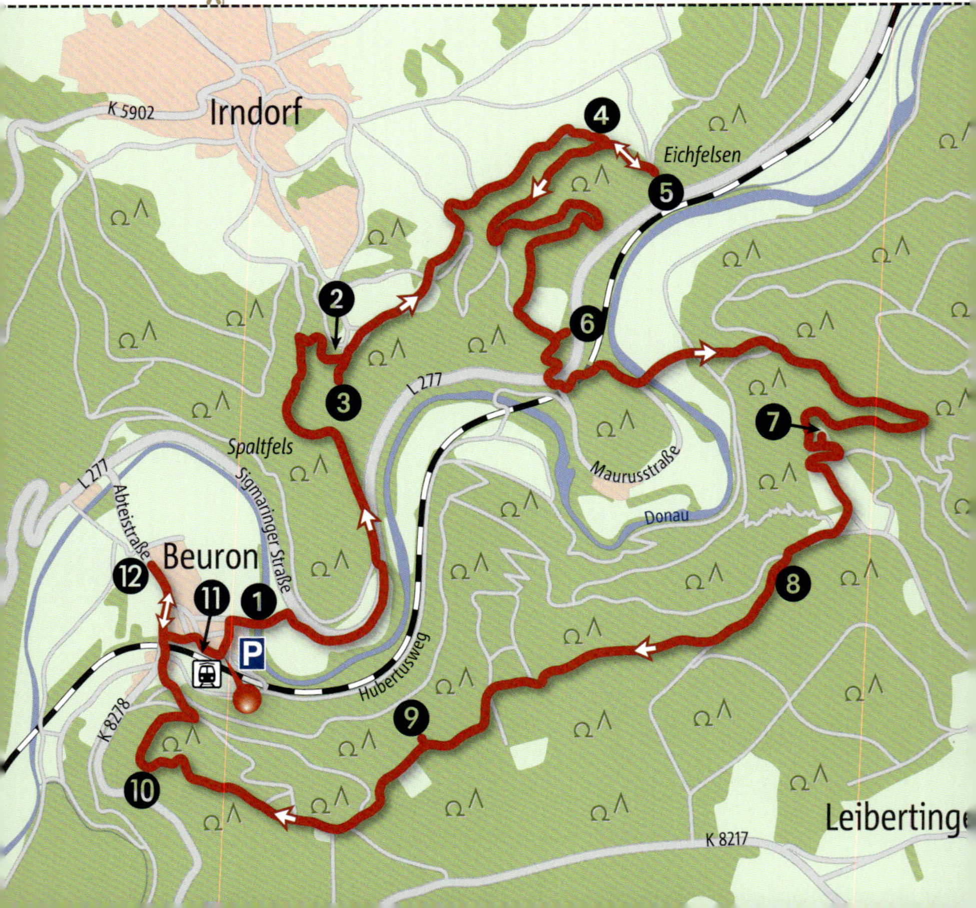

Alles auf einen Blick

WIE & WANN:
Wiesen- und Landwirtschaftswege, Pfade und Forstwege.
Beste Wanderzeit: März bis Oktober.

HIN & WEG:
Auto: Parkplatz neben Bahnhof, 88631 Beuron (GPS: 48.048870, 8.972541)
ÖPNV: RE 55 bis Bahnhof Beuron

ESSEN & ENTSPANNEN:
Wanderheim Rauher Stein ❷ Rauher Stein 1, 78597 Irndorf, Tel. (0 74 66) 2 76, www.rauher-stein.de
Burgschenke Wildenstein ❼ 88637 Leibertingen, Tel. (0 74 66) 4 11, www.jugendherberge.de/jugendherbergen/leibertingen-wildenstein

ENTDECKEN & ERLEBEN:
Hermann-Steg ❶
Aussichtspunkt Rauher Stein ❸
Felsengarten Irndorf ❹
Aussichtspunkt Eichfelsen ❺
Aussichtspunkt Vögelesruh ❻
Burg Wildenstein ❼

Entspannung ✸✸✸✸
Genuss ✸✸✸✸
Romantik ✸✸✸✸

Kohlenmeiler ❽
Aussichtspunkt Jägers Ausblick ❾
Aussichtspunkt Alpenblick ❿
Haus der Natur ⓫ Wolterstraße 16, 88631 Beuron, Tel. (0 74 66) 92 80-0, www.naturpark-obere-donau.de
Kloster Beuron ⓬ Abteistraße 2, 88631 Beuron, Tel. (0 74 66) 17-0, www.erzabtei-beuron.de

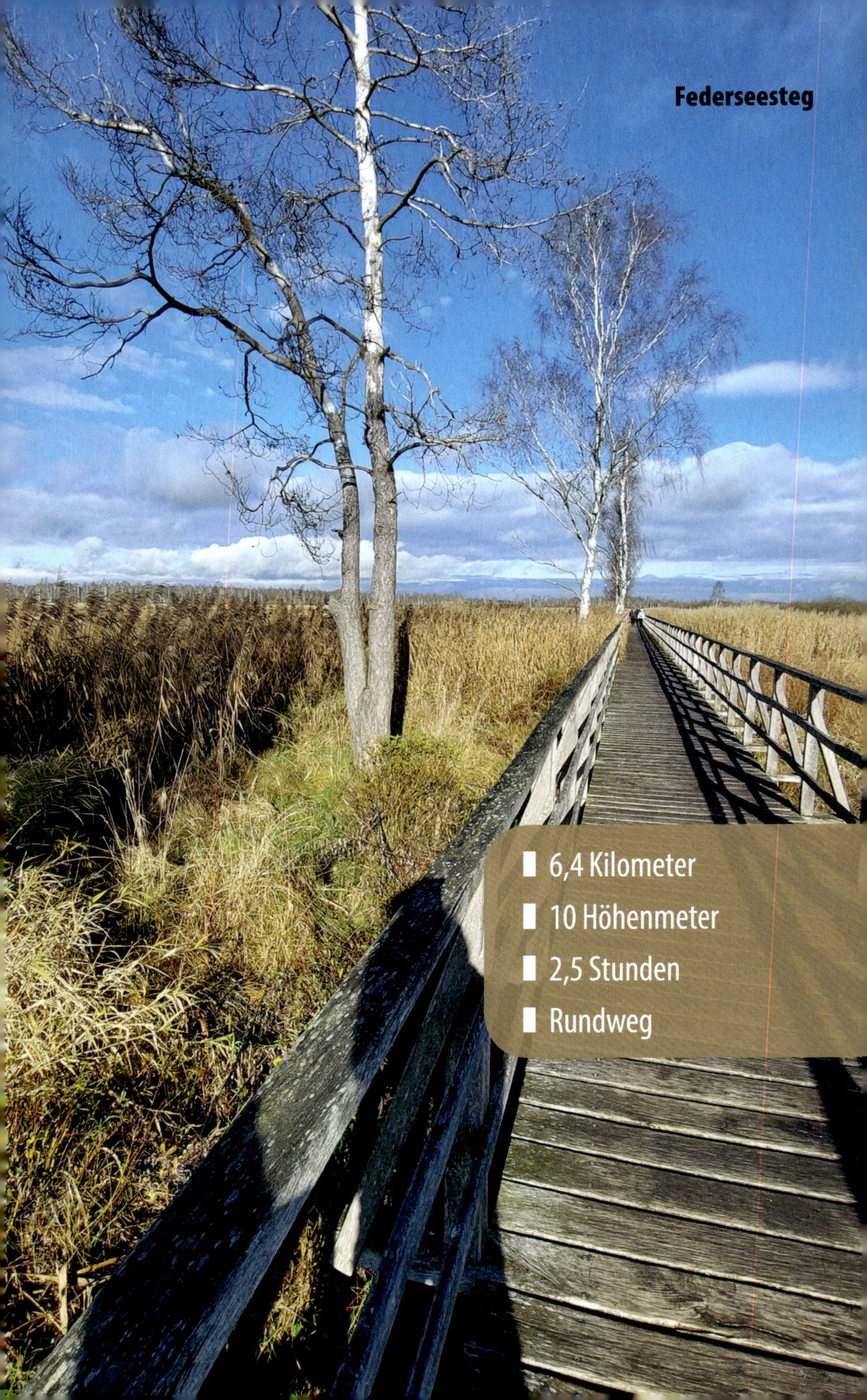

- 6,4 Kilometer
- 10 Höhenmeter
- 2,5 Stunden
- Rundweg

Nach der gemütlichen Anreise stellen wir unser Auto auf dem Parkplatz in Bad Buchau in der **Oggelshauser Straße** ab. Obwohl die reine Gehzeit der Wanderung kurz ist, haben wir uns für den Ausflug den ganzen Tag Zeit genommen, denn wie wir erfahren haben, gibt es viel zu beobachten, außerdem wartet ein spannendes Museum auf uns.

Wir überqueren die Straße am Zebrastreifen und folgen ihr auf dem Gehweg nach links in Richtung **Stadtmitte.** Nach rund 130 Metern erreichen wir den **Marktplatz**. Wir entschließen uns spontan, im **Bürgercafé ①**, rechts an der Ecke, auf einen Cappuccino einzukehren. Das Motto „Ein Herz für den Moorochs und die Senioren" ist irgendwie überzeugend! Unsere Vermutung, dass es sich beim Moorochs um die Narrenzunft handelt, bestätigt sich. Zusätzlich dient das Café als Beratungsstelle für Senioren.

*Das heutige Ortsgebiet von **Bad Buchau** war einst eine Insel im Federsee. Die erste Siedlung hier existierte bereits in der Jungsteinzeit. Heute ist der „Ort der kurzen Wege" ein beliebtes Moor- und Thermalheilbad.*

Frisch gestärkt schlendern wir über den Marktplatz, können aber nicht der Versuchung widerstehen, uns wenige Schritte weiter im **Eiscafé Vittorio ②** noch ein Eis auf die Hand geben zu lassen. Über die

Im Schilfmeer

Bad Buchau & Federsee

Bachgasse verlassen wir den Marktplatz nach rechts. Der große Marktstein mit der Aufschrift „Stadt Bad Buchau" am Rand des Sträßchens entpuppt sich als Start- beziehungsweise Endpunkt eines künstlich angelegten Bachlaufs. Vor dem großen Gebäude des Kurzentrums gehen wir über breite Treppenstufen

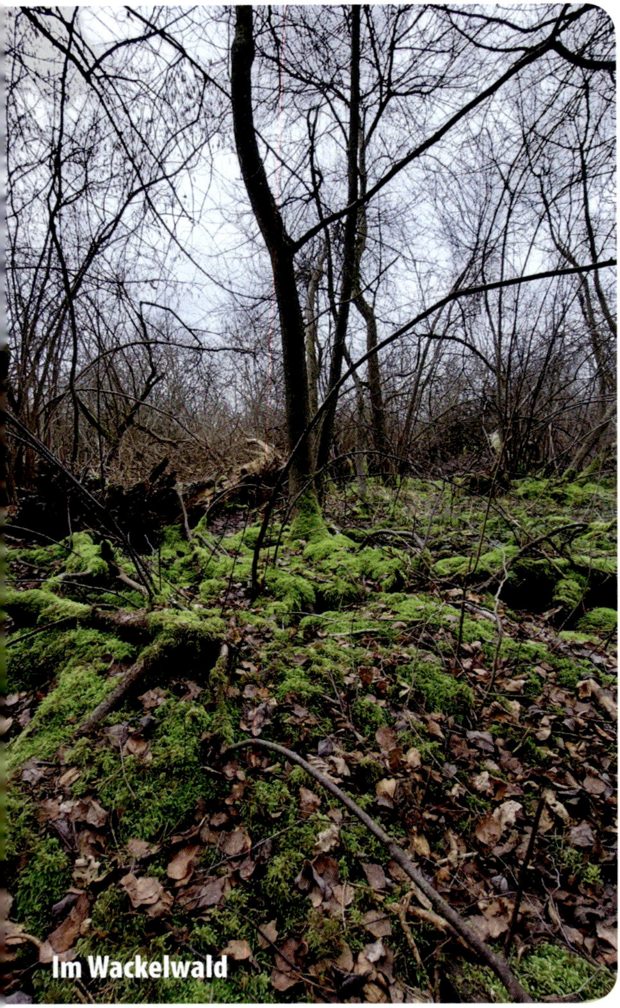

Im Wackelwald

abwärts und erreichen den großzügigen **Kurpark.** Uns fallen zuerst die zwei Teiche ins Auge. Anschließend ein großer, beschrifteter Metallrahmen, der als Bilderrahmen fungiert. Sofern sich keine Menschen dort platzieren, spielen die Bronzefiguren auf der welligen, gepflasterten Fläche dahinter die Hauptrolle. Wir schlendern halb um den ersten, größeren Teich herum und folgen einem Kiesweg, der uns über zwei Holzbrücken an einem Bach zum nächsten Teich führt. Der kleine Steg hier vermittelt uns schon eine Vorfreude auf den großen, sehr bekannten Federseesteg.

Doch vorher wartet auf uns noch ein anderer Programmpunkt. Wir folgen dem Kiesweg weiter an den Rand des Kurparks, wählen an der Gabelung dahinter den breiten Weg nach links und erreichen wenig später den gut sichtbaren **Wackelwald ❸.** Früher wurde dieser Teil des Moores über den Winter mit dem Wasser des Bachs geflutet. Das Eis wurde in Schollen herausgelöst und im Brauereikeller zur Kühlung des Bieres verwendet. Nachdem diese Art der Eisgewinnung ausgedient hatte, wurde der frühere Eisweiher aufgeforstet.

Aus einem reinen Fichtenwäldchen entstand im Lauf der Zeit ein resistenter Mischwald.

Wir biegen nach links auf den 600 Meter langen **Wackelwaldpfad** ein. Acht Stationen geben uns Einblick in die Tier- und Pflanzenwelt. Wir spüren schon beim normalen Gehen, dass der Boden sich einerseits fest, gleichzeitig weich anfühlt. Die Dicke der tragenden Torfschicht wird mit 20 bis 30 Zentimeter angegeben. Selbstverständlich wollen wir jetzt auch ausprobieren, ob wir die Bäume zum Wackeln bringen. Zuerst gehen wir mit deutlich mehr Schwung und spüren gleich das Federn des Untergrundes viel stärker. Die nächste Stufe ist dann Hüpfen. Bereits nach den ersten zwei, drei kleinen Sprüngen haben wir den Wald so richtig in Schwingung gebracht. Das ist jetzt genug. Übermut tut selten gut.

*Im **Wackelwald** besteht der Boden aus einer recht dünnen tragenden Schicht aus ineinander verschlungenen Wurzeln. Darunter befinden sich weiche Sedimente, wie im gesamten Moorgebiet am Federsee. Deshalb schwingt der Boden beim Gehen.*

An die Bewegung des Untergrunds haben wir uns mittlerweile gewöhnt. In diesem Bannwald werden nur Bäume gefällt, die uns Besucher gefährden könnten. So liegen neben dem Weg auch größere Stämme, teilweise dick mit hellgrünem Moos bewachsen. Sie

Für die Seele

Der Genuss der schönen Momente ist eine Herzensangelegenheit. Am Federsee gibt es nur Gewinner. Die bunten Vögel, die traumhafte Natur und uns!

sind ein wichtiger Lebensraum für Pflanzen und Tiere. Sehr interessant finden wir die Information, dass verlassene Spechthöhlen manchmal Wohnungen für Fledermäuse oder Meisen werden. So erreichen wir den **Aussichtsturm,** die fünfte Station auf dem Lehrpfad. Wir gehen auf die Plattform und können mit

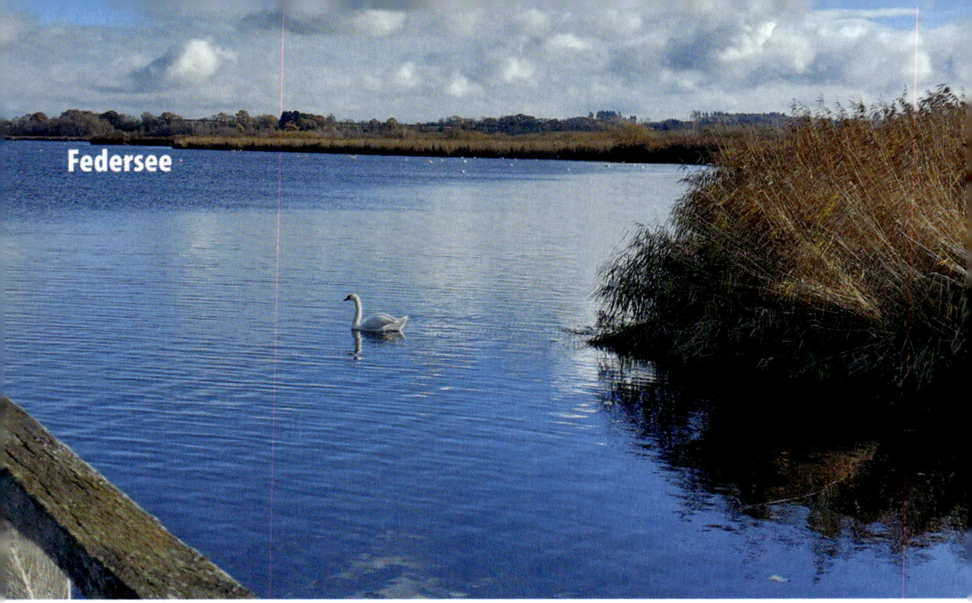

Der erste **Federseesteg** wurde 1911 errichtet. Heute ermöglicht der 1,5 Kilometer lange Steg als einziger Zugang zum Federsee seinen Besuchern unabhängig von der Jahreszeit den Blick auf traumhafte Landschaften und farbenfrohe Vögel.

etwas Glück ein junges Reh beim Fressen beobachten. Die Jagd ist hier am Federsee schon lange verboten. Deshalb sind die Tiere nicht so scheu.

An der nächsten Station laden geschwungene Liegen zum Stillsein und Zuhören ein. Einige Meter nach dieser Station verlassen wir den Wackelwald über eine Holzbrücke nach links, wandern vorbei am **Amphibienteich** und erreichen über freies Gelände wieder den Ortsrand von Bad Buchau und den ausgeschilderten **Federseesteg** ❹.

Dieser Holzsteg führt uns zuerst über traditionell bewirtschaftete Feuchtwiesen, vorbei an einzelnen Bäumen, in eine eigene Welt hinein. Uns packen Wissensdurst und die Lust, die Geheimnisse der Flora und Fauna zu erkunden. Jeder Schritt bringt uns näher zu der Aussichtsplattform am Ende des Stegs, doch auch zum hohen Schilf. Das Röhricht überragt uns deutlich, es kann bis zu 4 Meter hoch werden. Ein leichter Wind bringt es in Bewegung, sein leises Rauschen klingt ähnlich wie die zarte Brandung des Meeres bei geringem Wellengang. In diesem Schilfmeer baut zum Beispiel die seltene Rohrweihe ihre Nester. Während ihrer Balz im Frühling zeigt sie ihr fantastisches Flugkönnen mit wilden Flugmanövern über dem Schilf.

Der **Federsee** liegt auf der Hauptwasserscheide Europas. Das bedeutet, dass der zweitgrößte See in Baden-Württemberg sowohl die Donau wie auch den Rhein mit Wasser versorgt. Zahlreiche Bänke bieten immer wieder die Möglichkeit, sich zu setzen und zu beobachten. So erreichen wir die Plattform am Ende des Stegs und können das erste Mal so richtig über den im Durchschnitt 1 Meter tiefen Federsee blicken. Die grünliche Farbe des Wassers kommt von den Algen. Sie sind reich an Nährstoffen, was Fischen und Krebsen zugutekommt.

Völlig entschleunigt schlendern wir zurück, besuchen auf dem Rückweg noch den **Aussichtsturm** und erfreuen uns erneut an der Vielfalt der Vogelarten. Auf dem Rückweg zum Anfang des Stegs wird uns auch die Dimension des größten Moores Süddeutschlands bewusst. So erreichen wir den **August-Gröber-Platz** vor dem Steg und haben die Möglichkeit, das **Federseemuseum** ❺ zu besuchen. Dort werden sensationell gut die letzten 15.000 Jahre dargestellt. Einzigartige Funde im Moor dokumentieren das Leben in der Jungsteinzeit wie auch der Bronzezeit in der Region. Die Pfahl-

*Der **Federsee** entstand in der letzten Eiszeit und wird vom Federseemoor umschlossen. Durch Verlandung sind von seinen ursprünglichen 30 Quadratkilometern rund 1,4 übrig. Das NABU-Team Federsee bietet interessante Führungen an. (www.nabu-federsee.de)*

Aussichtsplattform

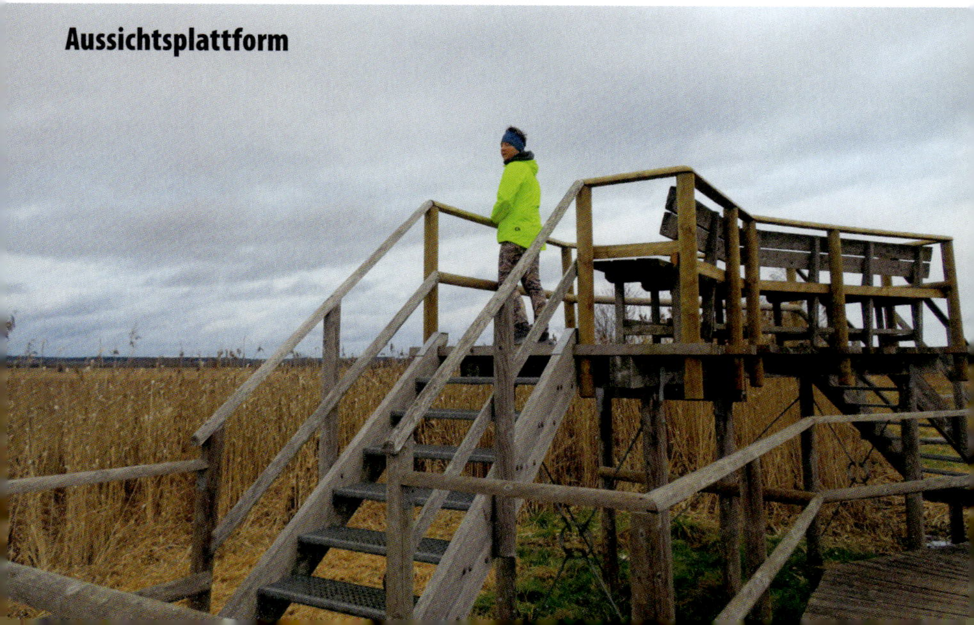

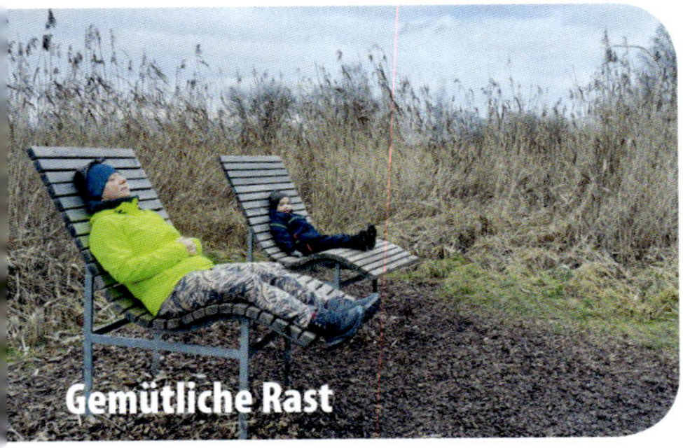
Gemütliche Rast

bauten – ein UNESCO-Weltkulturerbe –, die Flotte der Einbäume, die ersten Räder, all das und vieles mehr ist in diesem Museum zu entdecken. Anschließend folgen wir dem Kiesweg hinter dem Museum nach links zu unserem Parkplatz. Gemütlich wandern wir am Außengelände des Museums vorbei, anschließend ein kurzes Stück durch das Federseeried. So erreichen wir unser Auto beziehungsweise die Bushaltestelle und können entscheiden, ob wir direkt den Heimweg antreten oder den Tag in der **Adelindis-Therme 6** in Bad Buchau ausklingen lassen.

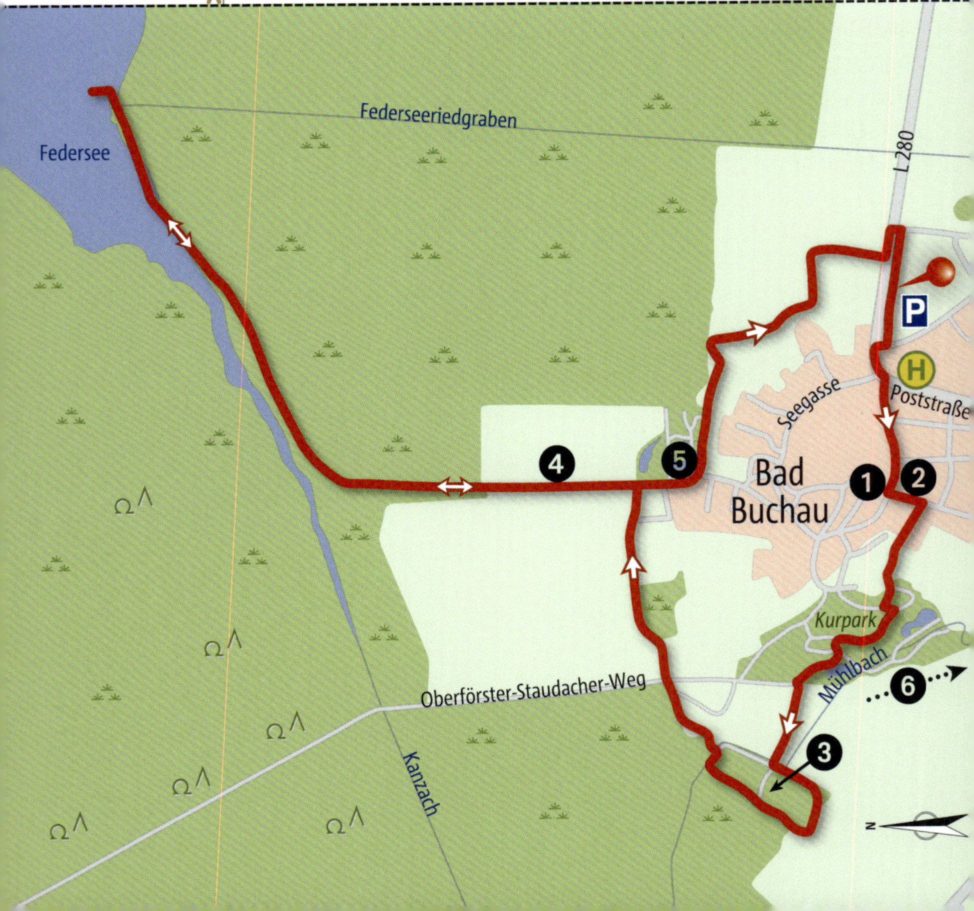

Alles auf einen Blick

WIE & WANN:
Gehwege, Wanderwege und der Federseesteg (Holzsteg). Beste Wanderzeit: ganzjährig, außer bei Schnee oder Eisglätte. (Achtung! Der Federseesteg ist aus Holz und bei Nässe rutschig!)

HIN & WEG:
Auto: Kostenfreier Parkplatz Bittelwiesen (P 4), Oggelshauser Straße am Ortsausgang von 88422 Bad Buchau (GPS: 48.066278, 9.615167)
ÖPNV: Bus 11 bis Haltestelle Poststraße

ESSEN & ENTSPANNEN:
Bürgercafé ❶ Marktplatz 1, 88422 Bad Buchau, Tel. (01 71) 2 73 46 07, www.bfb-f.de
Eiscafé Vittorio ❷ Marktplatz 5, 88422 Bad-Buchau, Tel. (0 75 82) 28 83

ENTDECKEN & ERLEBEN:
Wackelwald ❸
Federseesteg ❹
Federseemuseum ❺ August-Gröber-Platz, 88422 Bad Buchau, Tel. (0 75 82) 83 50, www.federseemuseum.de
Adelindis-Therme ❻ Thermenweg 2, 88422 Bad Buchau, Tel. (0 75 82) 8 00-13 95, www.adelindistherme.de

Entspannung ✸✸✸✸✸
Genuss ✸✸✸✸
Romantik ✸✸✸✸

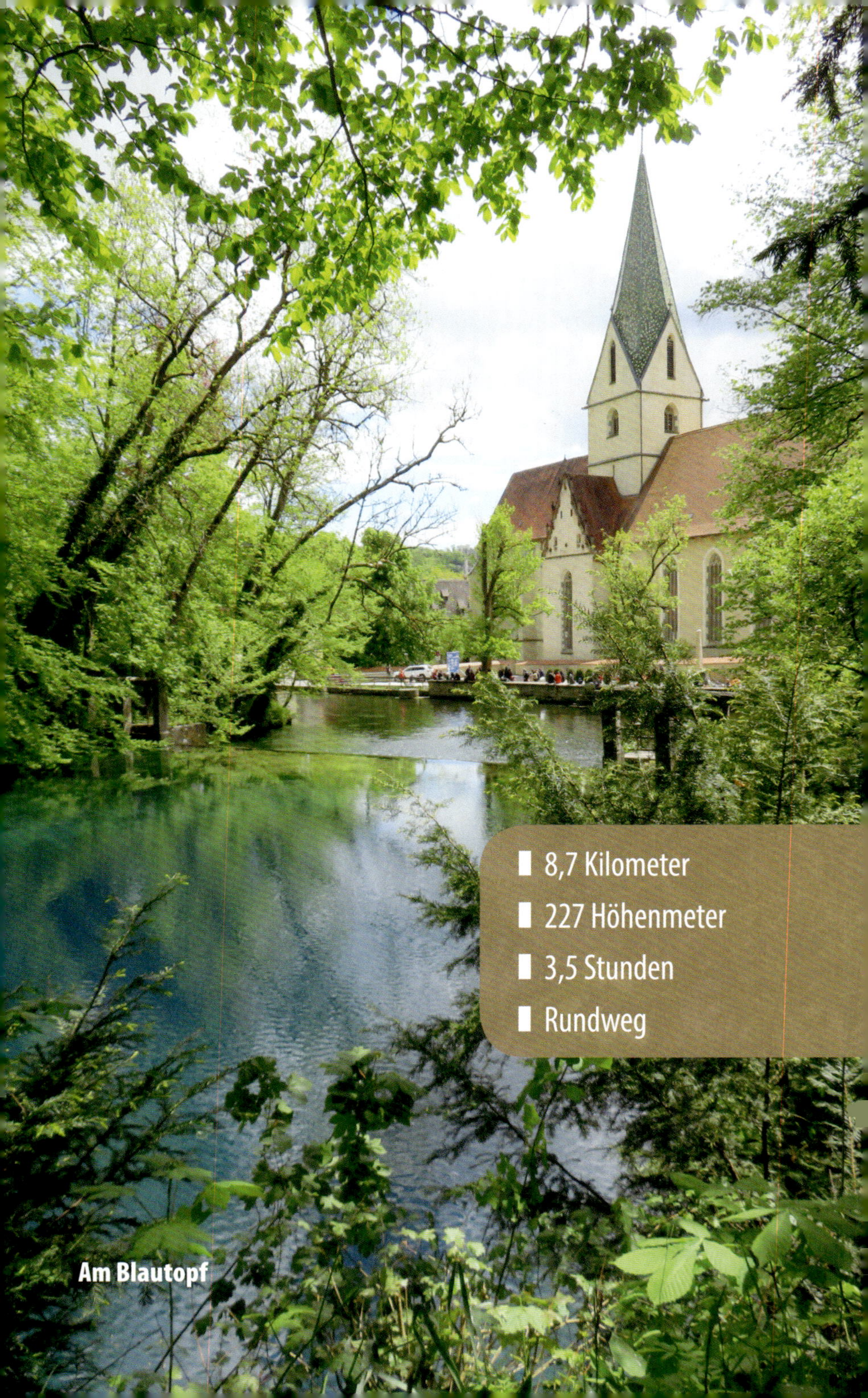

- 8,7 Kilometer
- 227 Höhenmeter
- 3,5 Stunden
- Rundweg

Am Blautopf

Wir verlassen den Bahnhof beziehungsweise den Parkplatz an der Bahnhofstraße nach rechts in Richtung **Rusenschloss.** Nach wenigen Metern nutzen wir die Fußgängerampel und überqueren in einer Kurve die B 28. Ein **rotes Y** leitet uns auf einen Fußweg, der uns mit einem Rechts-links-Knick an einem kleinen Bach entlang zum Flüsschen Blau bringt. Über uns spannt sich eine Eisenbahnbrücke, darunter liegt der 1904 erbaute **Rusensteg,** und auf dem bewaldeten Hügel vor uns sehen wir die imposante Ruine des Rusenschlosses. Beim Überqueren der jungen Blau begegnen uns ganze Entenfamilien und elegante Schwäne, die sich friedlich auf dem Wasser treiben lassen. Kurz gehen wir auf einer Forststraße aufwärts, dann tauchen wir auf einem bestens markierten Weg in den Wald ein. In angenehmer Steigung wandern wir, nun dem **gelben Kreis** auf weißem Grund folgend, durch schattigen Buchenwald.

Ein älteres Holzschild weist auf eine **kleine Grotte** ❶ links von uns hin. Unsere Neugier ist geweckt und wir gehen hinein. Nach zwei Stufen können wir den Kalkfelsen von innen anschauen. Eine große Öffnung ermöglicht uns die Aussicht ins Tal. Zurück auf dem Wanderweg, gehen wir die letzten Meter bergauf weiter und erreichen das **Rusenschloss** ❷. Über den südlichen Torturm betreten wir das Gelände. Die Ruine steht mittlerweile unter Denkmalschutz und wird aufwendig saniert.

Das imposante, im 11. Jahrhundert erbaute ***Rusenschloss****, auch Schloss Hohengerhausen genannt, erlebte mehrere Besitzerwechsel und Umbauten. Baufällig geworden, wurde es 1768 zum Abbruch verkauft. Der württembergische Staat erwarb 1820 die Reste.*

Tiefes Blau

Um den Blautopf bei Blaubeuren

Der tragende Fels unter der Burg wurde mit Stahlnetzen gesichert, viele Bereiche des Mauerwerks durch Verfüllen der Fugen oder Austausch der Steine instand gesetzt. Über den Zwinger erreichen wir die Gebäude der **Kernburg.** Der Ausblick von hier oben ist wahrlich fürstlich! Das liebliche Blautal und Blaubeuren mit seiner sehenswerten Altstadt liegen uns zu Füßen. Die kräftigen Mauern vermitteln uns einen Eindruck der guten alten Zeit; auch wenn es die vermutlich nur für die Ritter und Edelleute gab. Nun schlendern wir durch den oberen Teil der Ruine. Der mit dem gelben Kreis markierte Wanderweg zweigt vor der nördlichen Tormauer nach links ab. Wir verlassen die Gemäuer aber durch das Tor in der nördlichen Mauer. Trittsichere Wanderer können noch den **Aussichtspunkt Knoblauchfels** besuchen. Das ist aber nur bei trockenem Weg zu empfehlen. Der Wegweiser schickt uns auf einem breiten Weg einige Schritte geradeaus, danach folgen wir einem Pfad nach links und erreichen nach rund 100 Metern den höchsten Punkt des ungesicherten **Knoblauchfelsens ❸.** Von hier

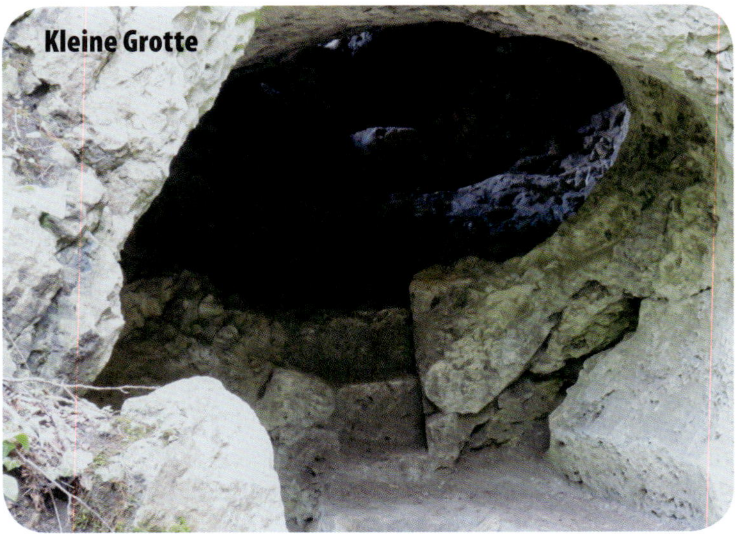
Kleine Grotte

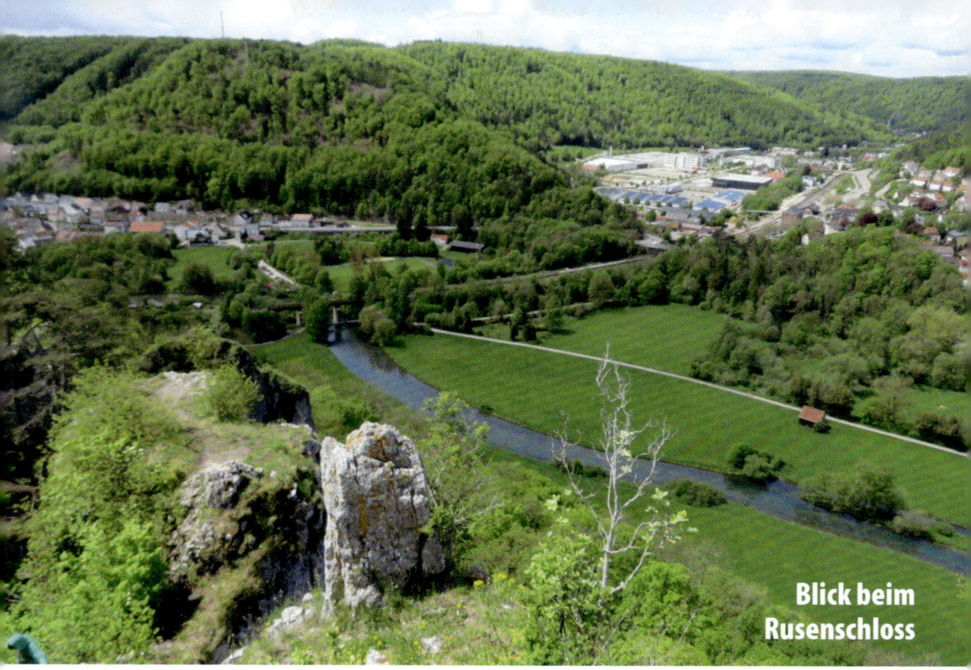

aus sehen wir aus einem neuen Blickwinkel auf das Schloss und das Blautal.

Anschließend gehen wir zurück in Richtung Rusenschloss, um ungefähr 20 Meter vor dem Torbogen der nördlichen Mauer rechts auf einen Wanderpfad einzu-

Für die Seele

Der blaue Himmel und das tiefblaue Wasser begleiten uns in Blaubeuren. Diese positiven Zutaten sind unser Entspannungs- und Erholungsanker!

biegen (wenn wir von der Burg kommen und den Knoblauchfelsen nicht besuchen wollen, geht es hier natürlich links). Er nimmt uns wenige Schritte später mit um eine Rechtskurve, dann relativ geradlinig in sanftem Gefälle unterhalb des Knoblauchfelsens abwärts. Dieser Wanderpfad ist mit einem **türkisen Streifen** und der

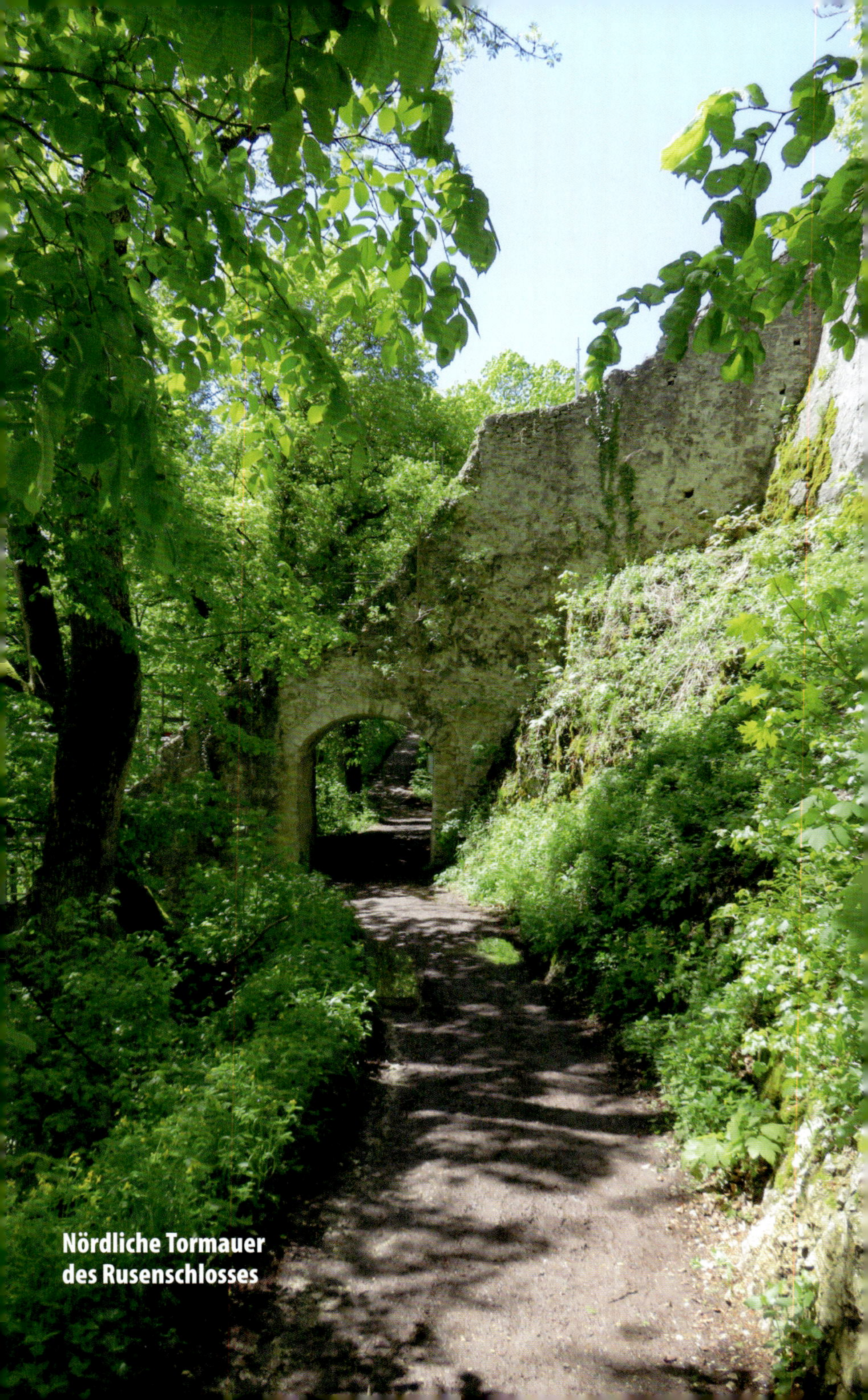

Nördliche Tormauer des Rusenschlosses

weißen Kontur eines **Mammuts** markiert. Anfänglich ist nur der farbige Streifen an den Bäumen zu sehen, später werden die Konturen des Mammuts deutlicher. Die Wärme des Frühlings, die Leuchtkraft der hellgrünen Buchenblätter im Sonnenlicht … das ist Waldbaden im besten Sinne!

An der ersten Kreuzung im Wald gehen wir geradeaus (markiert) weiter und erreichen an der zweiten Kreuzung die **Alte Sonderbucher Steige.** Auf der Bank an der Kreuzung nehmen wir kurz Platz und schauen durch die grünen Blätter auf den blauen Himmel. Ab hier folgen wir einer Forststraße abwärts, vorbei an einer schön bewachsenen Trockenmauer, und erreichen über die **Blaubergstraße** Blaubeuren. Vorbei an schön renovierten Fachwerkhäusern folgen wir dem Mühlweg und sind 200 Meter später am **Blautopf** ④ angekommen.

*Der 22 Meter tiefe **Blautopf** ist eine Karstquelle. Der Regen versickert auf Albhochfläche im löchrigen Kalkgestein. Durch Höhlensysteme kommt das Wasser wieder zum Vorschein. Taucher haben große Höhlenhallen wie den Mörikedom erforscht.*

Er ist die zweitgrößte Quelle Deutschlands, nach dem Aachtopf bei Aach. Durchschnittlich kommen 2300 Liter Wasser pro Sekunde ans Tageslicht, nach

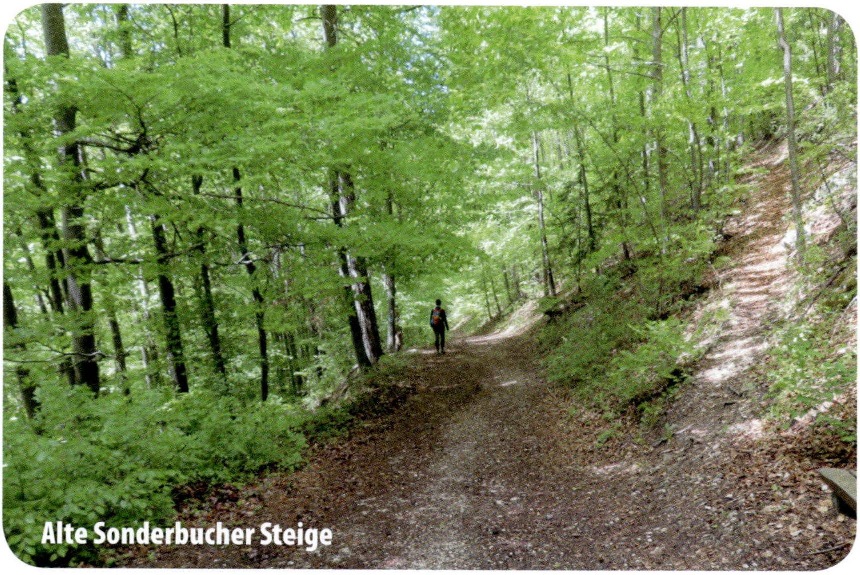

Alte Sonderbucher Steige

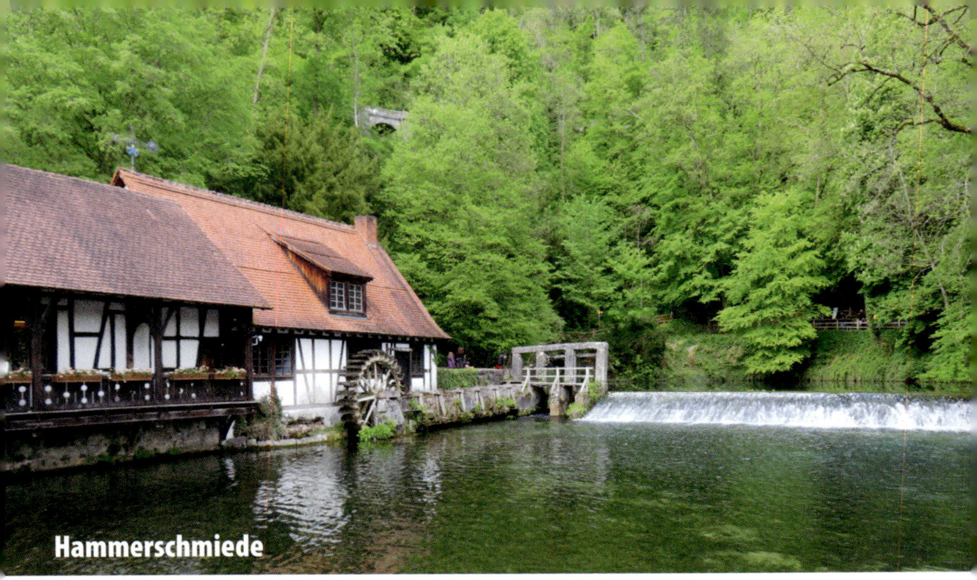

Hammerschmiede

*Die **Hammerschmiede am Blautopf** war bis 1956 voll funktionsfähig. Der klassische Beruf des Schmieds wandelte sich mit Beginn der Industrialisierung: Große Betriebe für Waffen und Werkzeuge entstanden. Mitte der 60er-Jahre wurde das Museum eröffnet.*

starkem Regen oder während der Schneeschmelze sind es bis zu 32.670. Wegen der enthaltenen Kalkpartikel und der Lichtstreuung (der sogenannten Rayleigh-Streuung) wirkt das Wasser immer tiefblau. An der **historischen Hammerschmiede** ❺ – der Besuch des Museums ist sehr lohnend – beginnt der Rundweg um den Blautopf.

Wir folgen dem Wanderpfad und werden reich belohnt. Die Farbe des Wassers wechselt von türkis zu einem wunderschönen tiefblauen Farbton. Die Wolken spiegeln sich auf der Wasseroberfläche, die Hammerschmiede und der Turm des Klosters sind ebenfalls ein Blickfang. Nach 400 Metern haben wir die Quelle umrundet und stehen vor dem **Café am Blautopf** ❻. Obwohl auch die Kuchen und Snacks lecker aussehen, entscheiden wir uns für ein Eis auf die Hand. Mit unserer frischen Beute schlendern wir am **Kloster** vorbei entlang der Blautopfstraße in Richtung Altstadt. Wir erreichen sie nach links über die Klosterstraße und gehen erneut nach links in die **Mauergasse.** Bei der Gabelung der Mauergasse wählen wir den rechten Abzweig, der uns direkt zur **Aachgasse** leitet.

Uns wird klar, warum man diesen Teil der Altstadt **Klein Venedig** ❼ nennt. Die Häuser sind teilweise nur über kurze Stege zu erreichen. Völlig zu Recht rühmt sich Blaubeuren einer der schönsten und am besten erhaltenen Altstädte. Am **Kirchplatz** angekommen, biegen wir rechts ab und beginnen die Stadtkirche St. Peter und Paul zu umrunden. Das **Restaurant Adler** 8 gegenüber der Kirche wirkt sehr einladend. Wir nehmen im Schatten der Sonnenschirme Platz. Der Zwiebelrostbraten, die schwäbischen Maultaschen wie auch die verschiedenen Adler-Burger sind sehr zu empfehlen.

Gestärkt setzen wir die Umrundung der Kirche fort und verlassen den Kirchplatz an der Einmündung der Aachgasse über einen Fußweg zwischen den Häusern hindurch. Wir überqueren die Straße **Auf dem Graben** und folgen dem Weg geradeaus weiter über das Gelände der Grundschule und der Stadthalle. So kommen wir zur Eduard-von-Lang Straße, die uns zum Dodelweg bringt. Diesen verlassen wir kurz darauf nach rechts in das Sträßchen **Bleiche.** Weitere 50 Meter später folgen wir der Bleiche nach links und erreichen über eine Brücke den **Mühlweg,** in den wir nach rechts einbiegen. Der Asphaltweg wird zum breiten Kiesweg und führt uns noch ein kurzes Stück an der Blau entlang. Gefühlt immer geradeaus, stets auf Kieswegen, nimmt uns der **Untere Tugendpfad** mit durch das liebliche Blautal. Links von uns breitet sich Wald aus, rechts saftige

*Das Benediktinerkloster war die Keimzelle von **Blaubeuren**. Glücklicherweise gab es nie große Zerstörungen, sodass die Fachwerkhäuser aus dem 15. und 16. Jahrhundert bis heute erhalten blieben. Einzigartig in Deutschland ist das Badhaus der Mönche.*

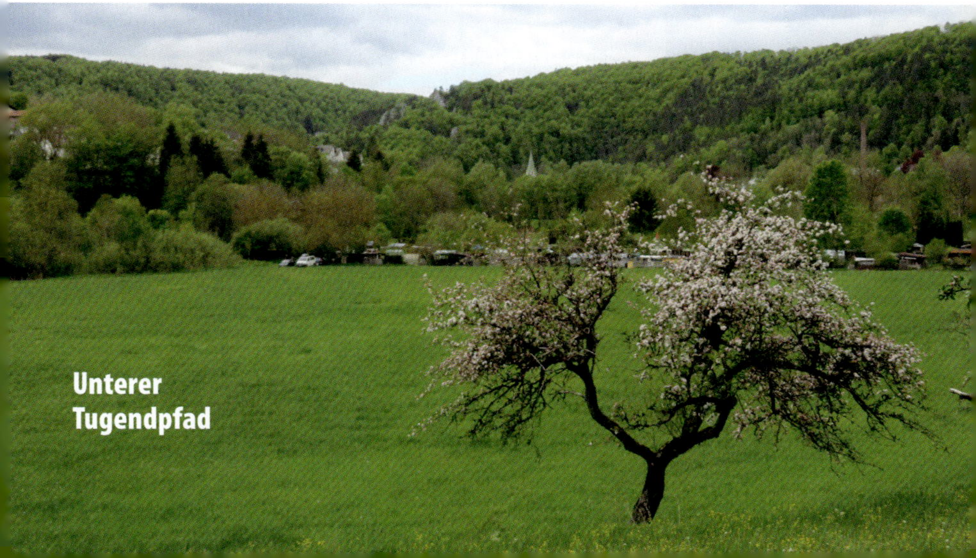

Unterer Tugendpfad

Entschleunigungstour 15

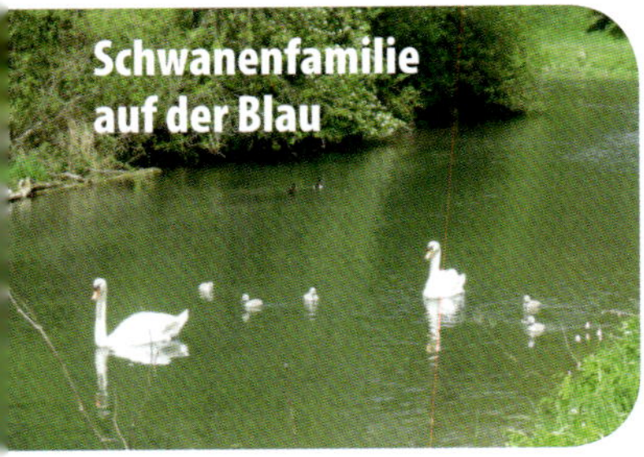

Wiesen, und bald darauf taucht auch die Blau wieder auf.

Hier nehmen wir auf einer Bank Platz und stellen fest: Das ist Entschleunigung. Der Begriff „Gedächtnisanker" ist uns bekannt. Wir bauen uns jetzt einen Entspannungsanker! Die wohlige Wärme der Sonne, die Ruhe … Mit ein bisschen Glück beobachten wir Mutter und Vater Schwan, die mit ihren Jungen auf der Blau unterwegs sind. Wir erreichen den **Rusensteg,** der uns erneut über die Blau bringt, und gehen auf dem uns bekannten Weg gemütlich zum Bahnhof zurück. Dem Rusenschloss winken wir zum Abschied kurz zu – wir kommen sicher wieder!

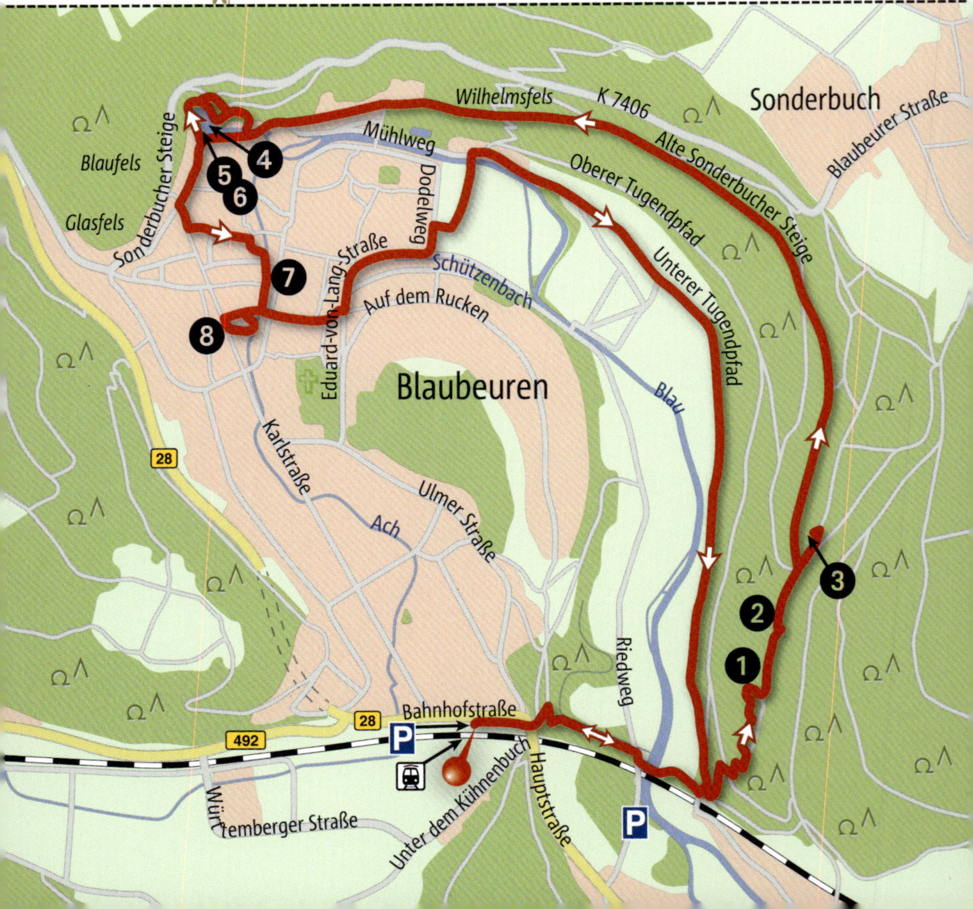

Alles auf einen Blick

WIE & WANN:

Wanderwege, Pfade, Forstwege. Beste Wanderzeit: März bis Oktober

HIN & WEG:

Auto: P & R am Bahnhof (P 1), Bahnhofstraße, 89143 Blaubeuren (GPS: 48.404028, 9.792412) oder Wanderparkplatz (P 2), Riedweg, 89143 Blaubeuren-Gerhausen (GPS: 48.40128, 9.79711), zu Fuß über Riedweg zum Rusensteg
ÖPNV: RB 55, RB 56, RE 55 bis Bahnhof Blaubeuren

ESSEN & ENTSPANNEN:

Café am Blautopf ❻ Blautopfstraße 9, 89143 Blaubeuren, Tel. (0 73 44) 92 10 27, www.blautopf.de/rund-um-den-blautopf/cafe-am-blautopf
Restaurant Adler ❽ Karlstraße 8, 89143 Blaubeuren, Tel. (0 73 44) 1 79 95 71

ENTDECKEN & ERLEBEN:

Kleine Grotte ❶
Ruine Rusenschloss ❷
Aussichtspunkt Knoblauchfels ❸ **Blautopf ❹**
Historische Hammerschmiede ❺ Blautopfstraße 9, 89143 Blaubeuren, Tel. (0 73 44) 92 10 27, https://blautopf.de/rund-um-den-blautopf/hammerschmiede
Klein Venedig ❼

Entspannung ★★★★★
Genuss ★★★★★
Romantik ★★★★☆

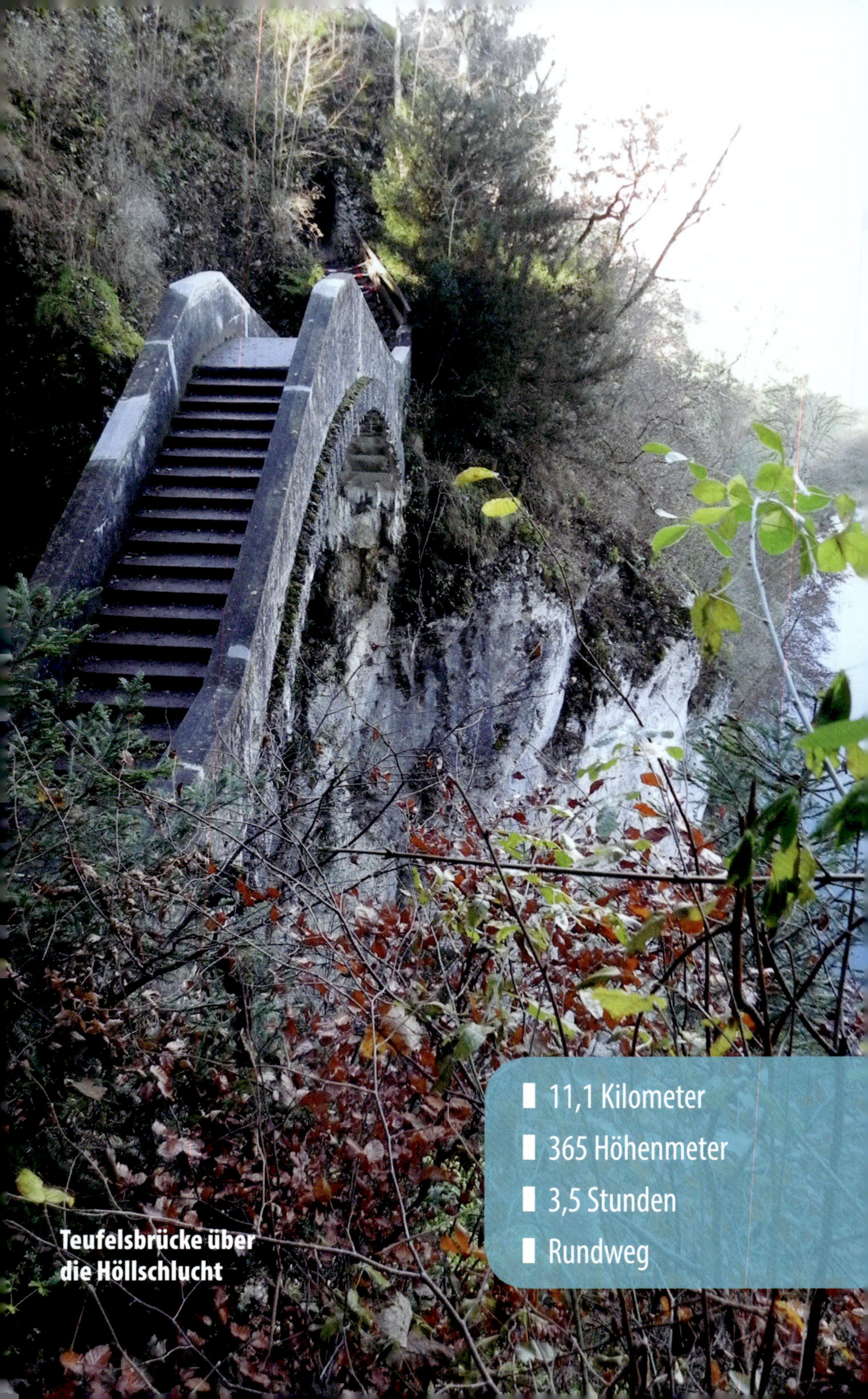

Teufelsbrücke über die Höllschlucht

Fluss & Legenden

Fürstlicher Park Inzigkofen

Tiefenentspannt starten wir am alten Bahnhof Inzigkofen. Wir folgen, mit dem Rücken zum Bahnhofsgebäude, wenige Meter dem Weg neben der Straße nach rechts und gehen am Wegweiser rechts über die Brücke in Richtung **Inzigkofer Grotten.** Kurz wandern wir neben der Landstraße und erreichen schnell einen kleinen Parkplatz auf der rechten Seite der Straße. Diesen überqueren wir und folgen einem Feldweg und den kleinen Wegweisern **Kloster-Felsenweg.** Hier beginnt bereits der **Fürstliche Park Inzigkofen.**

Rechts neben uns fließt sehr ruhig die Donau, zu unserer Linken sind durch die Bäume steile Jura-Felswände zu erkennen. Der Wanderweg nimmt uns mit nach links, leicht bergauf, und wir erreichen über Holztritte die **Inzigkofer Grotten ①.** Sie entstanden vor circa 150 Millionen Jahren durch Auswaschungen. Heute sind sie durch einen Treppenweg aus Holz verbunden. Die imposante Nebelhöhle war früher mit Holzmöbeln ausgestattet und diente Erbprinz Karl Anton und seiner Familie als sommerliches Jagdlager.

Die Holzstufen bringen uns weiter aufwärts, und wir stehen plötzlich auf dem **Aussichtspunkt Känzele ②.** Unter uns liegt die Donau, die sich verspielt durch das Wiesental der Degernau windet. Hier rasten wir gerne! Doch der Wegweiser zur **Teufelsbrücke** lässt uns sehr motiviert wieder aufbrechen. Wir schlendern über eine Wiese, überqueren eine Straße, folgen einem guten Wanderweg nach rechts und gelangen über Holztreppen und schmale Wanderpfade zum **Felsentor.** Durch

*Fürstin Amalie Zephyrine von Hohenzollern-Sigmaringen ließ 1811 bis 1829 den **Fürstlichen Park Inzigkofen** im englischen Stil anlegen. Im wildromantischen, 26 Hektar großen Park liegen die bekannten Grotten, die Teufelsbrücke und der Amalienfelsen.*

*Die spektakuläre **Teufelsbrücke**, eine geschwungene Steinbrücke, führt über die rund 20 Meter breite Höllschlucht. Sie ersetzte 1895 die frühere Himmelsleiter aus Holz. Als Vorbild diente die Teufelsbrücke beim Gotthard-Pass in der Schweiz.*

diese künstlich angelegte Höhle gehen wir hindurch und stehen vor der **Teufelsbrücke** ③. Nach einer Sage wollte der Baumeister die Brücke nicht bauen. Er fluchte und sprach: „Soll doch der Teufel die Brücke bauen, ich mache es nicht.“ Der Teufel erschien, bot seine Hilfe an und wollte als Lohn die erste Seele, die die Brücke betrete. Nachdem alles fertiggestellt war, wandte der Baumeister eine List an und schickte einen herumstreunenden Hund als Erstes über die Brücke.

Anschließend wandern wir kurz bergauf und dann über Stufen hinunter zu der 2019 erbauten **Hängebrücke** ④ über die Donau. Das Überqueren des Flusses ist nicht zwingend notwendig. Unser Wunsch ist aber, die Teufelsbrücke vom anderen Ufer aus zu fotografieren. So betreten wir das schöne Bauwerk, das erstaunlich wenig schaukelt. Und je weiter wir über die Donau „schweben“, umso größer wird die Freude in uns. Nach der Brücke folgen wir einem Pfad rund 150 Meter nach links am Ufer entlang und

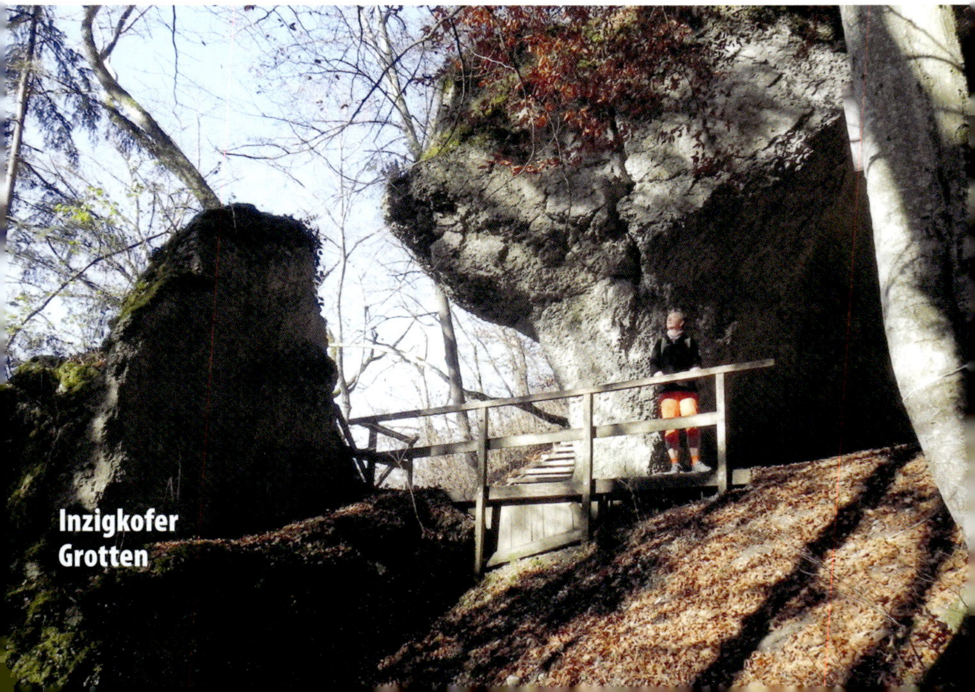

Inzigkofer Grotten

können die beeindruckende Kulisse der Teufelsbrücke wie auch der Höllschlucht im Ganzen bewundern. Während wir zurück zur Brücke wandern, schauen wir uns die mit Moos und Efeu überwucherten Felsen an.

Zurück über die Hängebrücke, folgen wir einem Pfad nach links in Richtung **Amalienfelsen.** Zuerst entlang dem Ufer der Donau, am folgenden Abzweig in einem großen Bogen leicht ansteigend durch eine Lindenallee. Nach 300 Metern ist der **Aussichtspunkt Amalienfelsen** ⑤ erreicht. Der Legende nach soll sich hier die Fürstin Amalie mit ihrem Schimmel aus Liebeskummer in die Fluten der Donau gestürzt haben. Wir halten respektvoll Abstand von der Kante des knapp 29 Meter hohen Felsens mit der Inschrift „Andenken an Amalie Zephyrine“, während wir den Ausblick von hier oben genießen. Die Donau mit der Hängebrücke und der rechte Teil des Parks liegen uns zu Füßen.

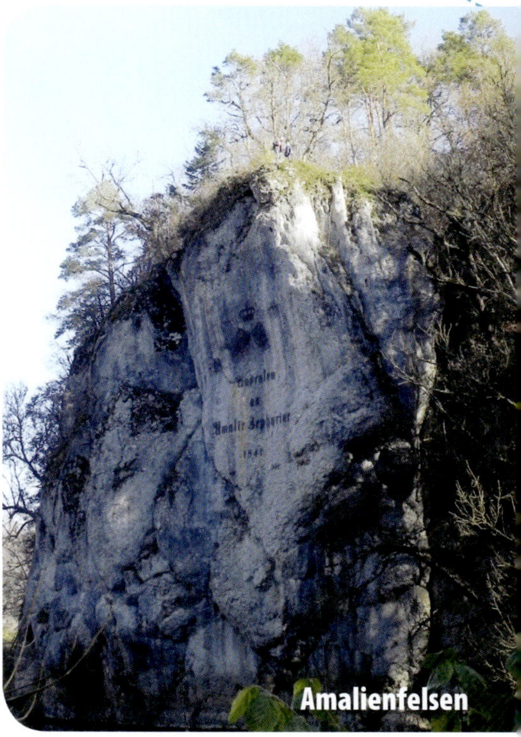

Amalienfelsen

Dann geht es zurück durch die schöne Lindenallee. An dem uns bekannten Abzweig wenden wir uns nun

Für die Seele

Unsere Blicke schweifen über die Donau und treffen die Ruine Neugutenstein. Die Bauweise der ehemaligen Felsnadelburg fasziniert noch heute.

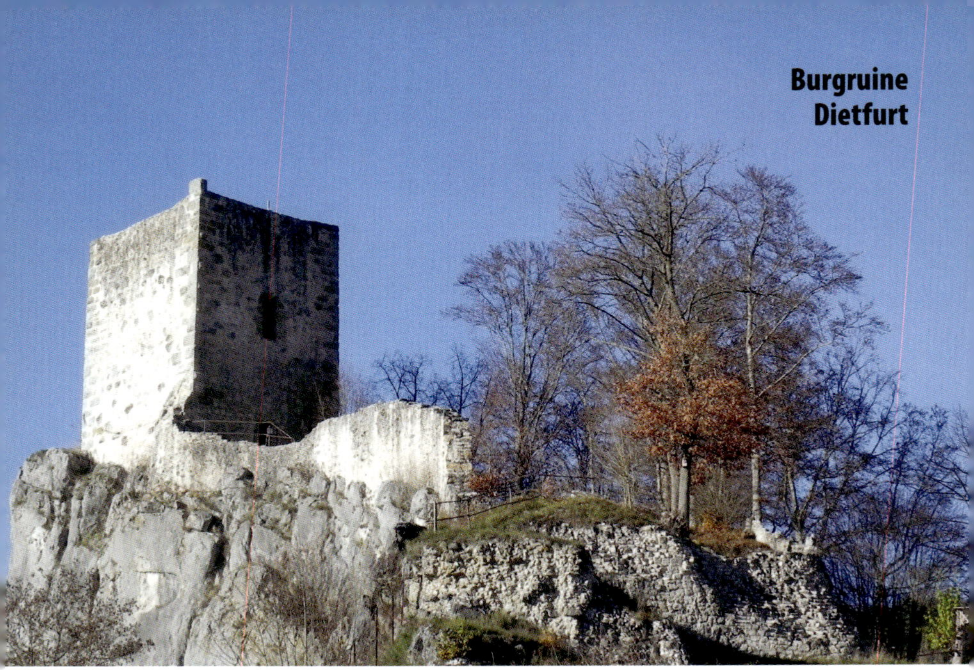

Burgruine Dietfurt

nach links Richtung **Inzigkofen Ort** und erreichen 500 Meter später das **Parkstüble** **6** am Rande des ehemaligen Klosters Inzigkofen. An einem so schönen und idyllischen Biergarten können wir einfach nicht vorbeigehen. Wir erfrischen uns mit einem kühlen Getränk und lassen uns mit hausgemachtem Kuchen verwöhnen. Während wir schön im Schatten der Sonnenschirme sitzen, bleibt uns Zeit, die Legende vom Amalienfelsen zu vervollständigen. Die gute Fürstin hat sich nämlich gar nicht von dem Felsen gestürzt. Sie verstarb 1841 in ihrem „Schlössle" im stolzen Alter von 81 Jahren.

Frisch gestärkt folgen wir der Kirchstraße nach rechts und wandern durch das **ehemalige Augustinerinnenkloster Inzigkofen** **7** hindurch. Sehenswert sind die **Klosterkirche** und der **Kräutergarten.** Besichtigungen des **Klostermuseums** und des **Bauernmuseums** sind nach Vereinbarung möglich. Wir gehen den Wanderweg weiter, nutzen den Durchgang rechts des Bauernmuseums, wandern auf Schotter und verlassen das Klostergelände durch die äußere Umfassungsmauer. So kommen wir zu der uns bekannten Straße und überqueren sie, um einen Forstweg rechts eines größeren Parkplatzes in Richtung **Dietfurt** zu nehmen. Wir befinden uns jetzt oberhalb unseres Weges von vorhin, der uns von den Grotten zur Teufelsbrücke führte. Die Grotten sind hier auch angeschrieben. Gemütlich schlendern wir durch eine Allee und erreichen nach 400 Metern einen großen Wegweiserbaum. Sollten wir abkürzen wollen, könnten wir nach rechts zu den Grotten gelangen und von dort zurück zu unserem Parkplatz gehen. Doch wir wollen das volle Programm und verabschieden uns nach einem kurzen Waldstück von Inzigkofen. Unser Wanderweg, mit einem **roten Y** markiert und teilweise asphaltiert, leitet uns abwechslungsreich am Waldrand und durch den Wald hindurch nach **Dietfurt.**

Als Erstes fällt uns sofort die Ruine oberhalb der Häuser auf. Wir folgen dem Gehweg an der Burgstraße nach rechts bergab, vorbei an der **Bergwacht.** Es zieht uns in den Biergarten des **Gasthauses Mühle** **8** direkt am Ufer der Donau. Während wir es uns dort gut gehen lassen, beobachten wir die Kanufahrer auf dem Fluss. Sie sehen alle so zufrieden aus! Erfrischt und fit nach dieser Pause überqueren wir die Donau auf dem Gehweg neben der Burgstraße und wandern mit flotten Schritten aus Dietfurt hinaus. Kurz nach der Brücke endet der Gehweg, und wir schreiten auf einem Pfad links der Straße in Richtung der **Bushaltestelle Dietfurt Abzweig** an der Landstraße **L 277,** die wir nach 2 Minuten erreichen. Der Landstraße folgen wir rund 100 Meter nach rechts Richtung Aussichtspunkt Gebrochen Gutenstein. Dann überqueren wir sie, wandern kurz geradeaus über eine

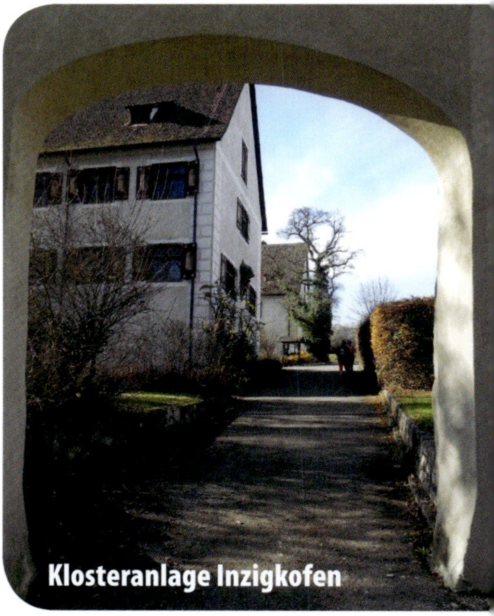
Klosteranlage Inzigkofen

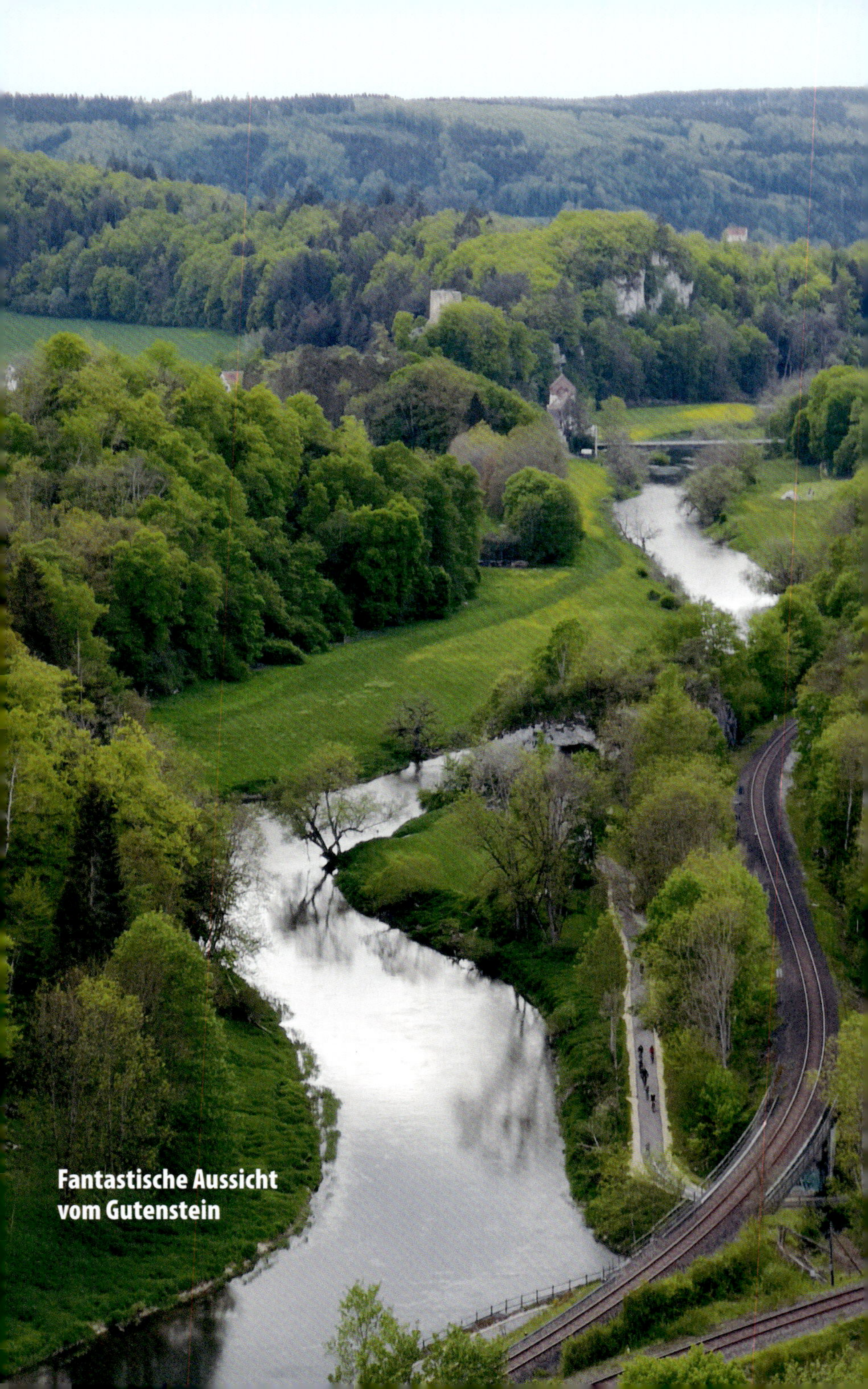

Fantastische Aussicht vom Gutenstein

Wiese und folgen gleich darauf einem schönen Pfad rechts in den Wald hinein.

Der mit der **roten Raute** des Albvereines markierte Pfad bringt uns zu einer Forststraße. Auf ihr bewegen wir uns parallel zur Landstraße, die wir vor einer großen Brücke wieder erreichen. Hier nutzen wir den Gehweg auf der Brücke über das **Schmeietal.** Danach überqueren wir die Landstraße erneut und wandern auf dem mit einem **blau-grünen Kreis** markierten Zollernalb-Weg weiter in Richtung unseres Aussichtspunkts Gebrochen Gutenstein. Zuerst geht es rechts unter der Brücke hindurch, dann rund 300 Meter auf einem Wanderpfad neben den Bahngleisen entlang und am folgenden Wegweiser nach rechts in angenehmer Steigung. Dieser tolle Pfad läutet das große Finale für unsere Wanderung ein und bringt uns zum **Aussichtspunkt Gebrochen Gutenstein 9.** Es ist der erste von drei sehr schönen Aussichtspunkten. Einen großen Teil unserer Wanderung können wir überblicken,

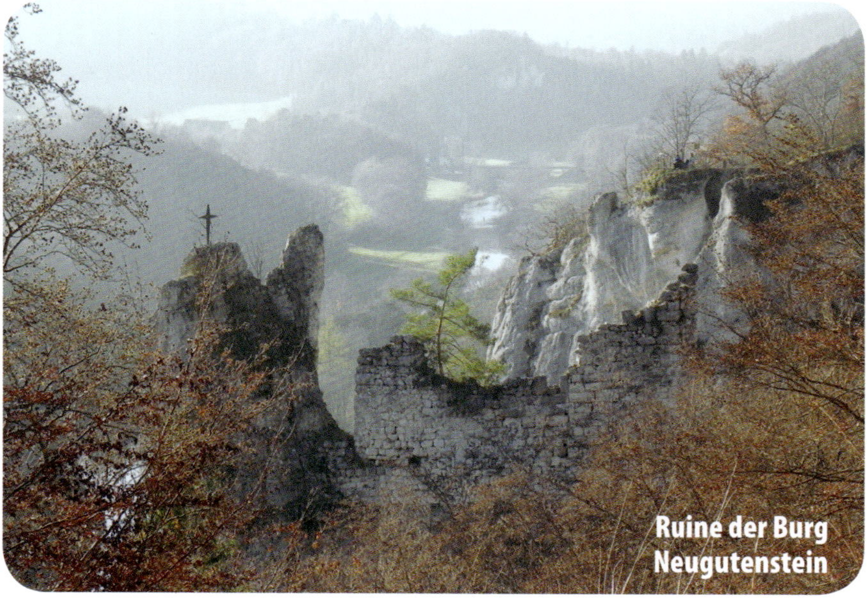

Ruine der Burg Neugutenstein

Erfrischungstour 16

*Die **Burg Neugutenstein** wurde 1354 erstmals erwähnt. Sie bestand aus dem Wohnturm auf der Felsnadel und der Unterburg. Die Felsnadelburg ist eine Sonderform der Felsenburgen.*

und auf einer Felsnadel vor uns liegt die **Ruine der Burg Neugutenstein ⑩.**

Die Reste der mittelalterlichen Burganlage sind leider aufgrund ihrer Lage unzugänglich und daher nicht aus der Nähe zu besichtigen. Unser Wanderweg führt uns aber zu den weiteren Aussichtspunkten und gibt uns die Möglichkeit, die Ruine von verschiedenen Seiten aus der Entfernung zu bewundern. Wir genießen diese Momente ausgiebig und vergessen fast die Zeit. Bevor die Sonne untergeht, wandern wir nach rechts weiter und erreichen wenige Meter später einen Wegweiser. Hier biegen wir rechts ab, gehen bergab und erreichen nach 600 Metern den Parkplatz am ehemaligen Bahnhof Inzigkofen.

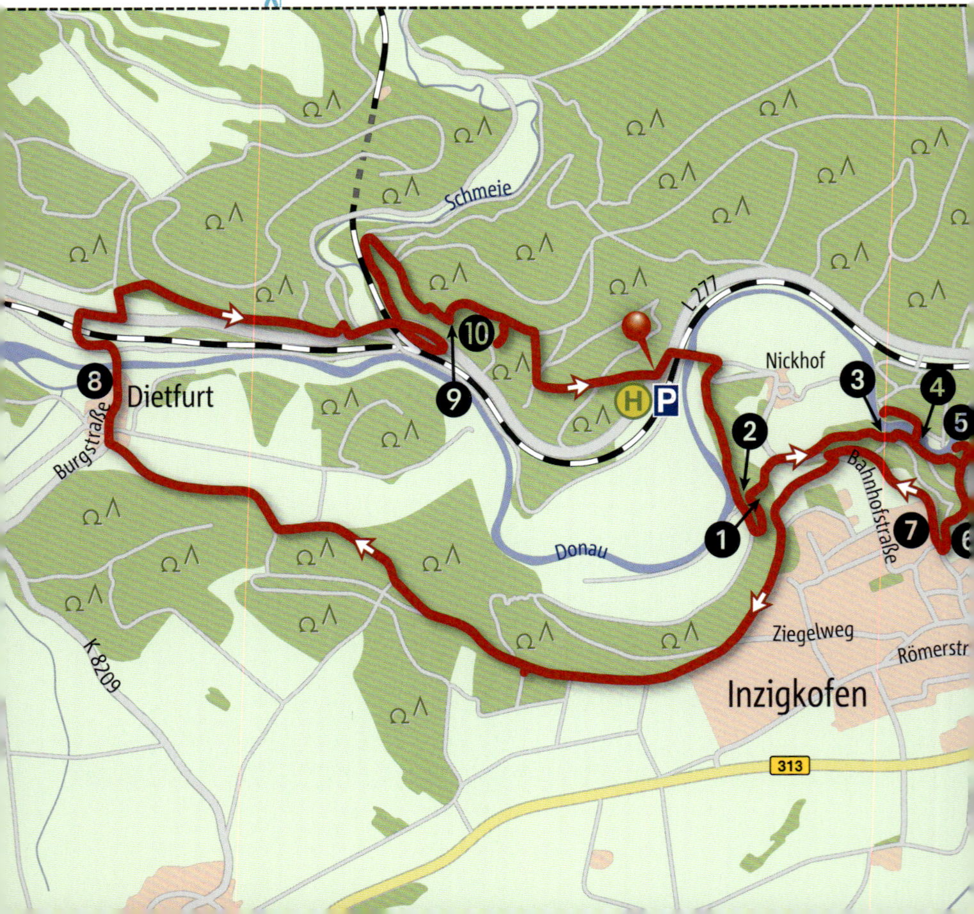

Alles auf einen Blick

WIE & WANN:
Wiesen- und Landwirtschaftswege, Pfade, Forstwege und kurz wenig befahrene Straßen. Beste Wanderzeit: März bis Anfang November.

HIN & WEG:
Auto: Parkplatz am ehemaligen Bahnhof, 72514 Inzigkofen (GPS: 48.078570, 9.164952)
ÖPNV: Bus 450 bis Bahnhof Inzigkofen

ESSEN & ENTSPANNEN:
Parkstüble ❻ Schlossbühlweg 1, 72514 Inzigkofen, Tel. (0 75 71) 5 17 33, www.parkstueble-inzigkofen.de
Gasthaus Mühle ❽ Burgstraße 9, 72514 Inzigkofen-Dietfurt, Tel. (0 75 71) 5 17 15, www.muehle-dietfurt.de

ENTDECKEN & ERLEBEN:
Inzigkofer Grotten ❶
Aussichtspunkt Känzele ❷
Teufelsbrücke ❸
Hängebrücke ❹
Aussichtspunkt Amalienfelsen ❺
Ehemaliges Augustinerinnenkloster Inzigkofen ❼ Parkweg, 72514 Inzigkofen (mit Klostermuseum, www.vhs-inzigkofen.de/haus/das-klostermuseum.html und Bauernmuseum, www.inzigkofen.de/de/Tourismus/Museen)
Aussichtspunkt Gebrochen Gutenstein ❾
Burgruine Neugutenstein ❿

Entspannung ✱✱✱✱✱
Genuss ✱✱✱✱✱
Romantik ✱✱✱✱✱

Über Blätterpfade

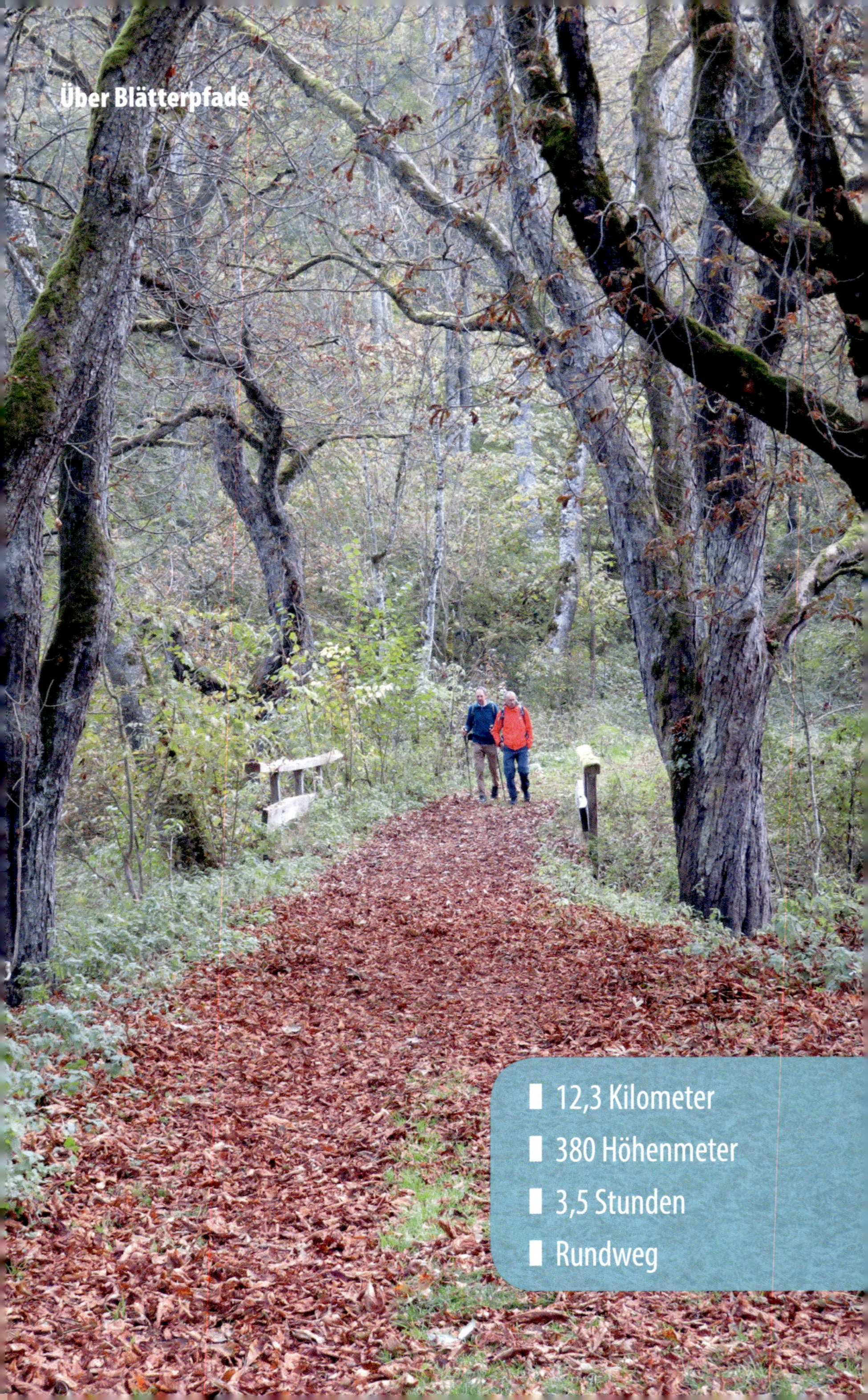

- 12,3 Kilometer
- 380 Höhenmeter
- 3,5 Stunden
- Rundweg

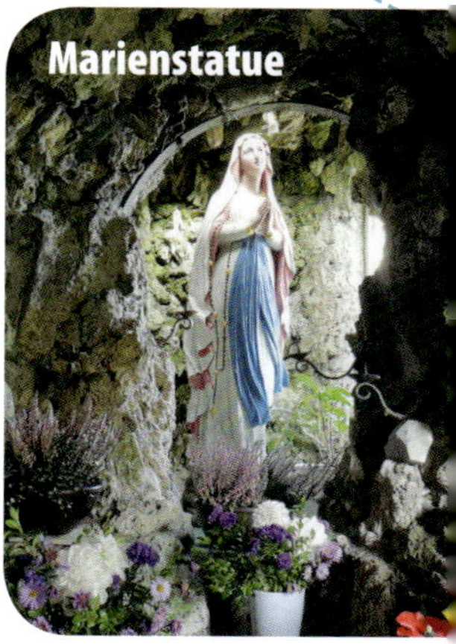

Unsere Tour haben wir auf den Besuch der Wimsener Höhle abgestimmt. Diese einzige Wasserhöhle der Schwäbischen Alb, die mit einem Boot befahren wird, ist im Sommer und in den Ferien sehr gut besucht. Daher machen wir die Wanderung im Oktober und freuen uns auf schöne Herbststimmungen.

Unsere Rundwanderung beginnt und endet an der Höhle. Vom Parkplatz sind es nur 200 Meter, von der Bushaltestelle rund 600 Meter zu Fuß bis zum Kiosk am Eingang der **Wimsener Höhle.** Hier kaufen wir am besten gleich ganz am Anfang unser Ticket für die Fahrt in die Höhle (soweit wir nicht schon online gebucht haben). Dann verlassen wir den Parkplatz, gehen kurz neben der Straße und biegen rechts auf den Wanderweg in Richtung **Loretto** ab. Nach rund 200 Metern erreichen wir die **Bushaltestelle Wimsener Höhle** und die Landstraße L 245, die wir mit Vorsicht überqueren. Der Wanderweg auf der anderen Seite nimmt uns mit in den Wald, führt anfänglich noch leicht bergauf und wird nach kurzer Zeit zu einer Forststraße. Die Beschilderung mit unseren Zwischenzielen **Loretto, Lourdesgrotte** und **Rentalhalle Zwiefalten** ist vorbildlich. Die Sonne leuchtet hin und wieder zwischen den Bäumen hindurch. So geht es mal rechts, mal nach links, leicht auf und ab – und schon haben wir den **Loretto-Hof** ① mit Hofladen, Bäckerei und Gartenwirtschaft erreicht. Wir wandern weiter und gelangen zum Waldrand.

Es ist noch leicht nebelig, aber das stört uns nicht. Zumal die Sonne schon immer wieder erste Strahlen

Herbststimmung

Wimsener Höhle & Zwiefalten

Die 1887 erbaute ***Lourdesgrotte*** *wurde fast ein Jahr lang von ehrenamtlichen Helfern saniert. Im Frühjahr 2015 konnte sie bei einer Maiandacht neu gesegnet werden.*

durch das Grau schickt. Die Herbstsaat auf den Feldern wächst prächtig, und wir schreiten gut gelaunt weiter. Nach einem Rechtsknick gehen wir auf Asphalt, überqueren wiederum eine Landstraße, folgen dem Wegweiser nach einem großen Maisfeld erneut nach rechts und sind gleich darauf bei der **Lourdesgrotte ❷.** Diese liegt, gut ausgeschildert, nur wenige Meter rechts vom Hauptwanderweg.

Hier rasten wir und freuen uns über die Ruhe und die Kraft, die dieser Platz ausstrahlt. Wir lassen unseren Gedanken geraume Zeit freien Lauf, ehe wir fröhlich weiterwandern: die wenigen Schritte zurück zum Hauptweg und dann nach rechts in Richtung **Rental.** Vor der Ortschaft **Sonderbuch** gehen wir in spitzem Winkel nach rechts, ein kurzes Stück neben der Landstraße. Diese überqueren wir, folgen einem Sträßchen zuerst nach links, um kurz darauf auf einem Feldweg nach rechts weiterzuwandern. Hier erwartet uns ein

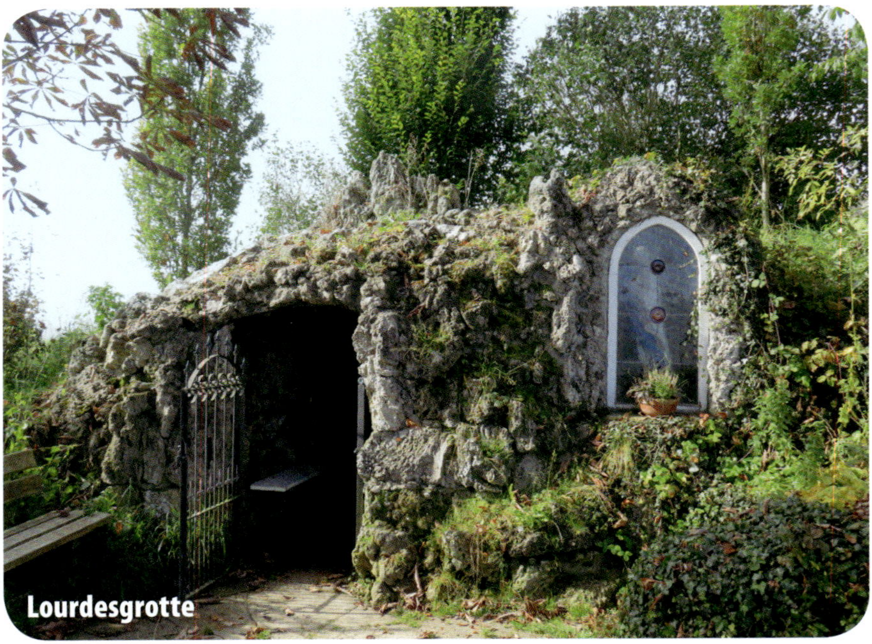
Lourdesgrotte

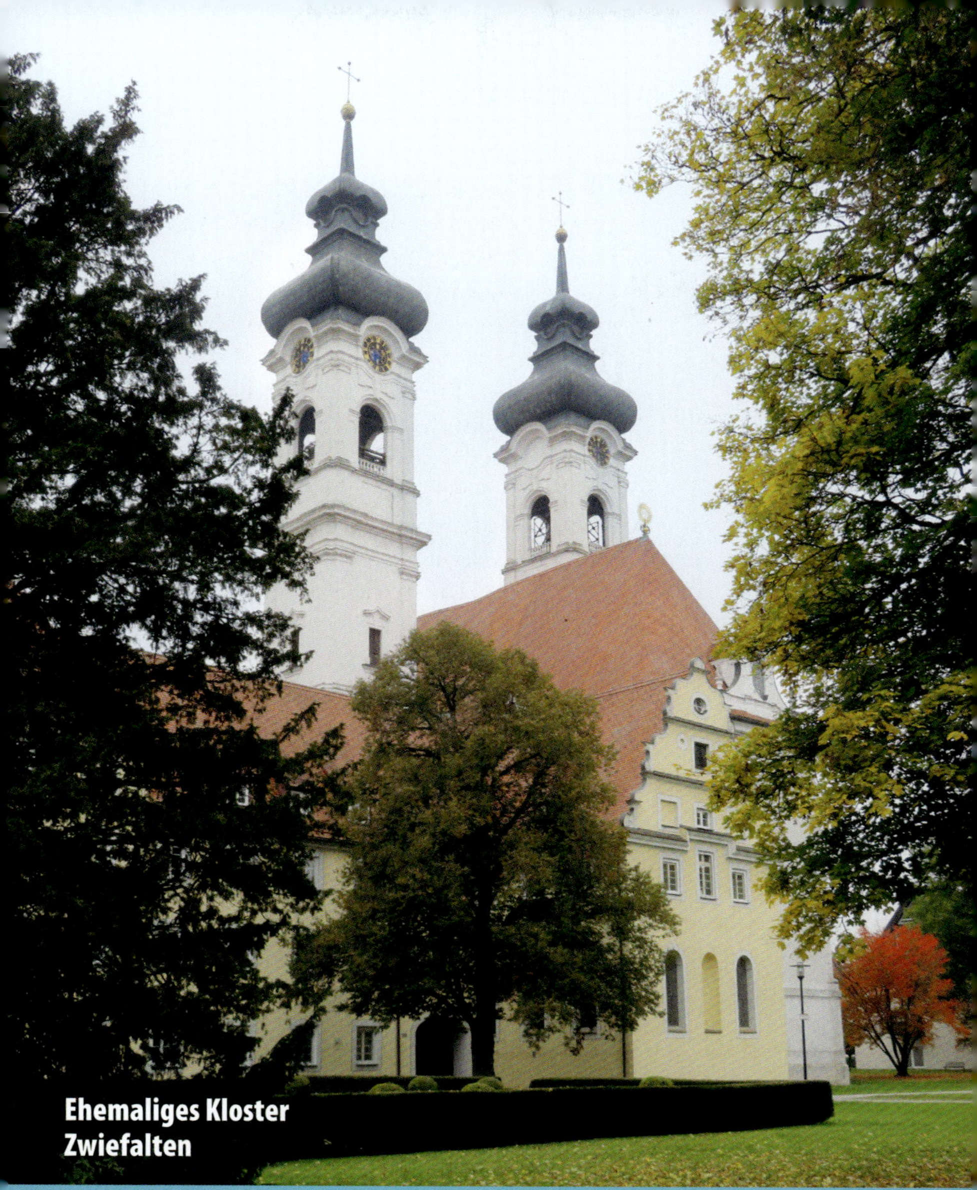

Ehemaliges Kloster Zwiefalten

Für die Seele

Die Kombination aus Sonnenstrahlen und sich auflösendem Nebel schafft eine unglaublich weiche, ruhige Atmosphäre, verzaubert die Landschaft und uns.

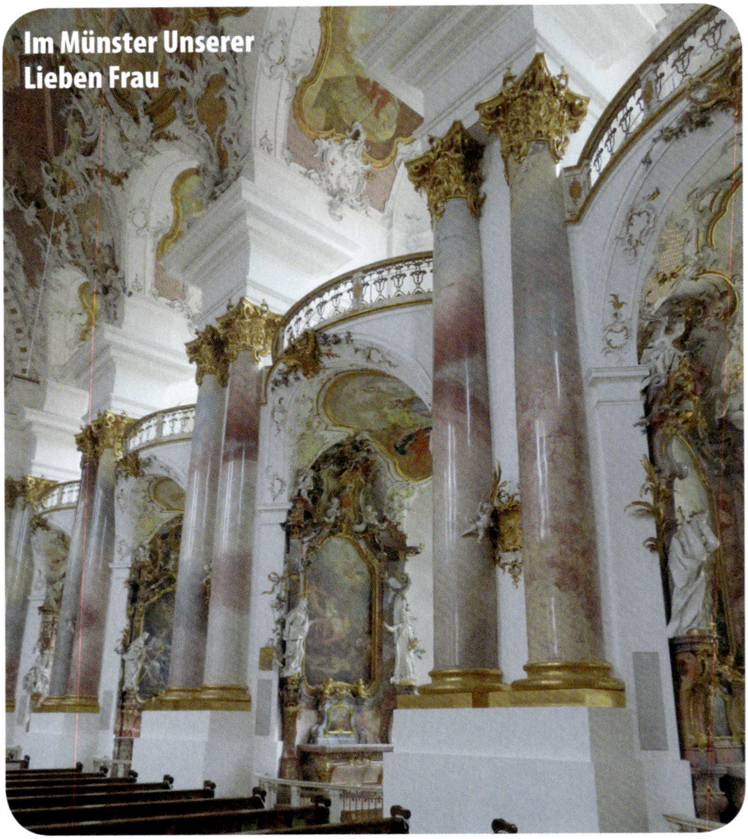

Im Münster Unserer Lieben Frau

kurzes Stück Wanderweg, der sich zu einem Feldweg verbreitert, und schon haben wir das **Rental** erreicht. Was sich vielleicht als schwierige Wegführung liest, ist perfekt beschildert und einfach zu finden. So marschieren wir, nun wieder auf einer Forststraße, weiter und erreichen die **Rentalhalle** und somit **Zwiefalten.**

Das **Armsündergässle** leitet uns an der Rentalhalle vorbei zur **Mauerstraße.** Hier sehen wir die **Bushaltestelle Zwiefalten Rentalhalle,** von der aus wir mit dem Bus zur Wimsener Höhle zurückfahren könnten. Diese Option wollen wir aber nicht nutzen. Die zwei Türme des Münsters haben da eine viel größere Anziehungs-

__Zwiefalten__ wurde 904 das erste Mal erwähnt und nennt sich mit Recht „barockes Kleinod mit Charme". Anziehungspunkte sind das Münster und die Klosterbrauerei. In der ehemaligen Klosteranlage ist heute eine psychiatrische Klinik zu Hause.

kraft auf uns. Wir überqueren die Mauerstraße, gehen auf dem Gehweg kurz nach links und biegen dann nach rechts, um die Mauer herum, in den **Klostergarten** ab. Wir schlendern durch den Garten, nutzen einen der vielen Wege und kommen so auf die andere Seite der Gebäude und vor den Haupteingang des schönen **Münsters Unserer Lieben Frau** ❸ Zwiefalten.

*Das **Münster Unserer Lieben Frau** in Zwiefalten war bis 1803 Klosterkirche der Benediktinerabtei. Das barocke Juwel ist heute noch Wallfahrtskirche und besitzt einen der größten Kirchenräume hierzulande.*

Die Türe öffnet sich automatisch, wir betreten das Münster und kommen aus dem Staunen nicht mehr heraus. Jedes Gemälde, jede Figur, einfach alles wurde mit viel Liebe und Mühe geschaffen. Die Seitenschiffe mit Emporen und kleinen Kapellen, im Hauptaltar Maria mit Jesus auf ihrem Arm, von der Sonne golden umstrahlt, hinter uns in Form einer Grotte ein offener Beichtstuhl. Eine Führung vermittelt in rund 45 Minuten viel Information. Beeindruckt verlassen wir das Münster, gehen durch das Peterstor mit Museum und können auf dem Vorplatz des Klosters unsere nächste Einkehr aussuchen.

Beim **Bäcker Böck** ❹, wenige Schritte hinter dem Peterstor, lockt verführerisch der Duft von frischem Kaffee, dazu könnten wir uns einen Kuchen nach Saison schmecken lassen. Doch der **Bierhimmel** ❺ übt eine größere Anziehungskraft aus. Wenige Schritte nach links, entlang der Hauptstraße, und wir nehmen im schattigen Biergarten Platz. Die Bier-Variationen des „Engele" überzeugen uns sofort. Ob als Helles, Naturtrübes, Hopfiges oder Alkoholfreies – einfach ein Genuss! Wer keine Freude an Gerstensaft hat, sollte seinen Durst mit einer Alb-Schorle stillen. Als Gaumenschmaus bieten sich eine Vielzahl schwäbischer Spezialitäten an. Vom schwäbischen *Wurschtsalat* über

Bierhimmel

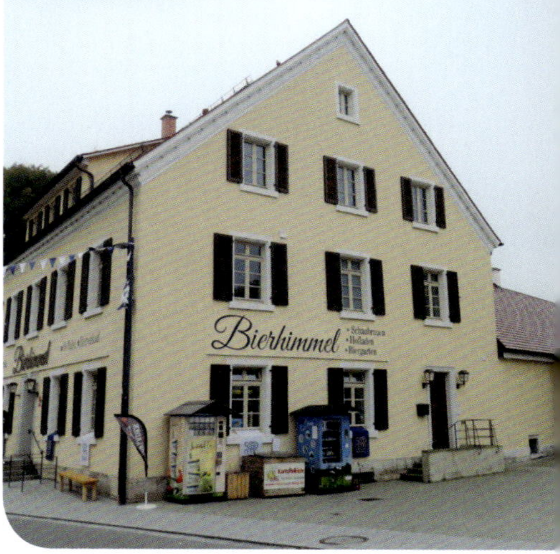

Dinnete aus dem Steinbackofen bis zu traditionellen Saitenwürsten mit Linsen und Speck.

Unsere Wanderung für die Seele folgt jetzt, nach wenigen Schritten auf dem Gehweg entlang der Hauptstraße, vorbei am Bäcker Böck, dem **Südrandweg HW2** in Richtung **Wimsen.** Rechts biegen wir in die Sägmühlstraße ein, um diese gleich darauf nach links in die **Gerberstraße** wieder zu verlassen. So wandern wir entspannt aus Zwiefalten hinaus, der 3,5 Kilometer entfernten Wimsener Höhle entgegen. Die Gerberstraße leitet uns direkt auf einen asphaltierten Wanderweg entlang der Zwiefalter Aach, es geht in das **Gossenzuger Tal** hinein. Große Fische schwimmen in dem Bächlein, ein Gedicht auf einer Tafel am Wegesrand erfreut uns. Das **rote Dreieck** als Wegmarkierung leitet uns am Ortsanfang von **Gossenzugen** nach links über die Zwiefalter Aach und dann gleich wieder nach rechts in Richtung **Wimsen.** Der **Forellenweg** nimmt

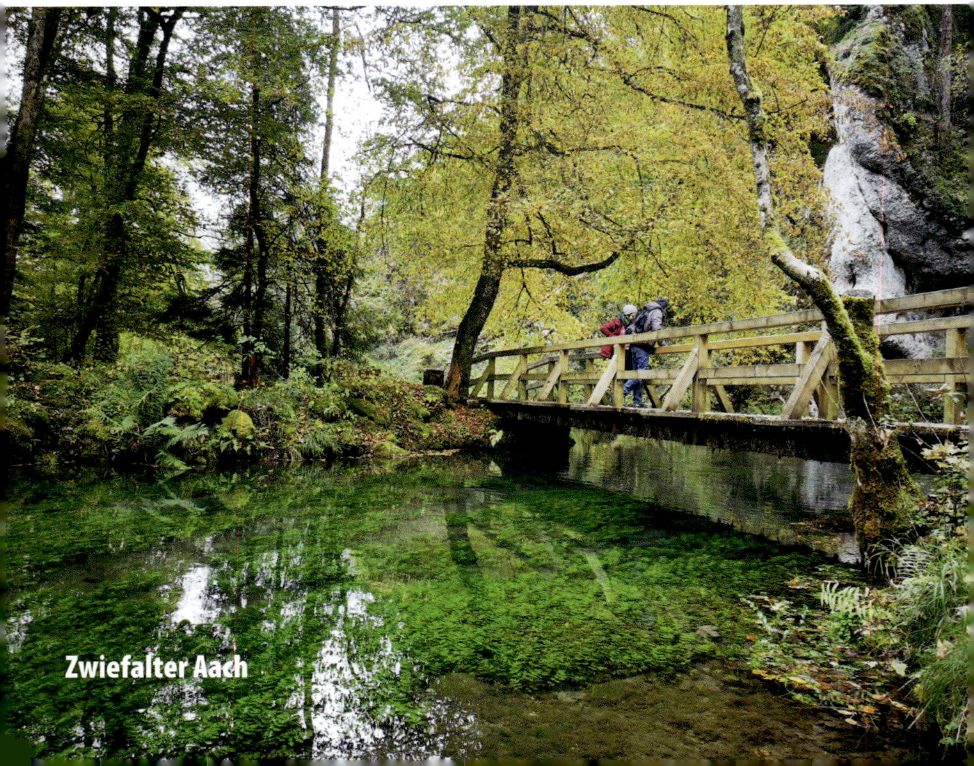
Zwiefalter Aach

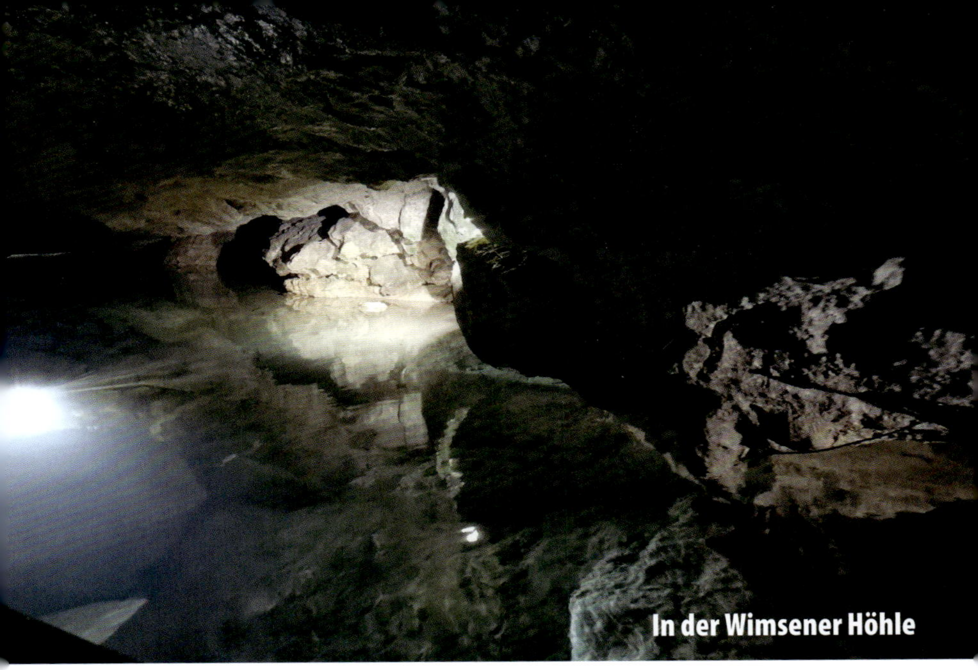

In der Wimsener Höhle

uns mit aus dem Örtchen hinaus. Wir gehen erneut über das Flüsschen, dann nach links. Der Abstand zur Aach hat sich etwas vergrößert, unser Sträßchen führt uns zwischen Wiesen und Pferdekoppeln weiter, bis der Forellenweg in einen schönen Wanderweg übergeht. Hier schlägt unser Herz fast einen Purzelbaum beim Anblick der idyllischen Natur. Ein großer **Grillplatz 6** gibt uns die Möglichkeit, noch einmal zu rasten und die Stimmung zu genießen, bevor wir die **Wimsener Höhle 7** erreichen.

Wir gehen direkt zur Höhle und warten kurz auf unser kleines Boot. Der offizielle Name der Höhle ist **Friedrichshöhle,** nach dem Herzog Friedrich II. von Württemberg, der die Höhle 1803 besuchte. Gespannt nehmen wir im Kahn Platz. Die tiefste erforschte Wasserhöhle Deutschlands ist effektvoll beleuchtet. Das klare Wasser schimmert mal bläulich, manchmal türkis. Die Temperatur liegt das ganze Jahr über zwischen 5 und 7 Grad Celsius, die Luftfeuchtigkeit bei 80 Prozent. Deshalb werden hier auf einem Extraboot in der Höhle für einige Wochen Christstollen gelagert. Durch diesen Reifeprozess bekommen sie das

!

*70 Meter der **Wimsener Höhle** sind mit dem Boot befahrbar. Taucher erforschen seit über 20 Jahren die Höhle und haben rund 750 Meter Länge und 60 Meter Tiefe vermessen. Das Ticket zur Höhlentour kann man online buchen oder vor Ort kaufen.*

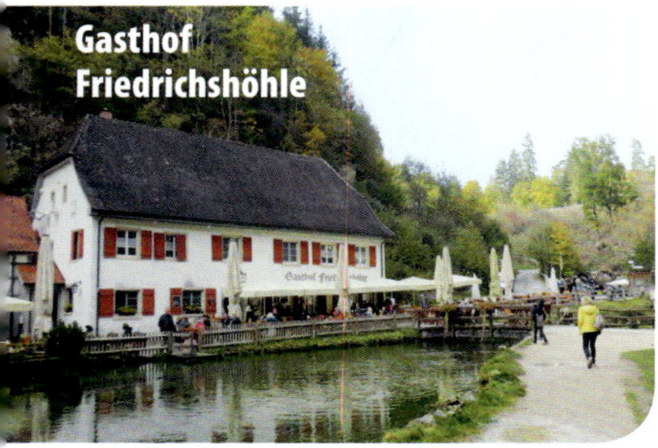

besondere Aroma und verwandeln sich zum begehrten Wimsener Höhlenstollen. Nach rund 70 Metern neigt sich die felsige Decke direkt über die Wasseroberfläche, und unser Guide steuert das Boot gekonnt wieder an den Eingang der Friedrichshöhle.

Wir beschließen, den Biergarten des **Gasthofs Friedrichshöhle** 8 zu besuchen. Hier sitzen wir direkt an der Zwiefalter Aach. Die vielseitige Speisekarte des Bio-Restaurants lässt keine Wünsche offen. Wir genießen und lassen die Seele noch ein wenig baumeln.

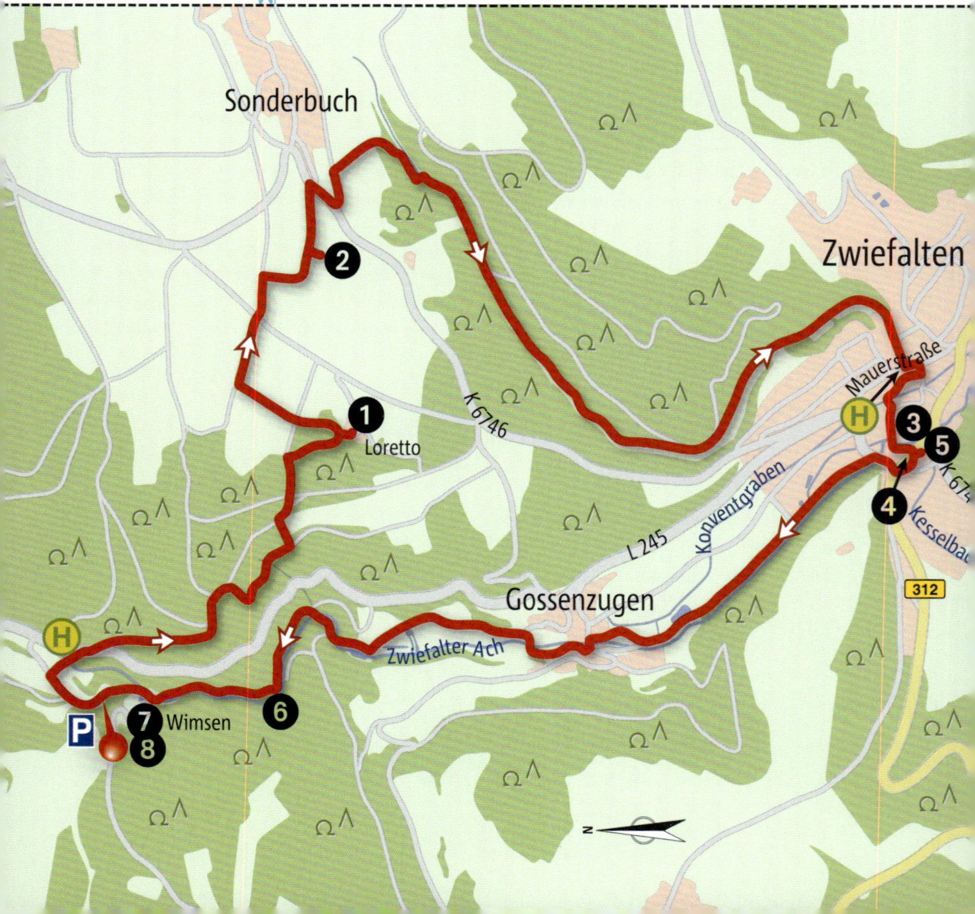

Alles auf einen Blick

WIE & WANN:
Überwiegend Forstwege und wenig befahrene Straßen, Wanderwege.
Beste Wanderzeit: März bis Oktober.

HIN & WEG:
Auto: Kostenloser Wanderparkplatz Wimsener Höhle, Wimsen 1, 72534 Hayingen (GPS: 48.258192, 9.448968)
ÖPNV: Bus 265 bis Haltestelle Wimsener Höhle

ESSEN & ENTSPANNEN:
Loretto-Hof ❶ Loretto 6, 88529 Zwiefalten, Tel. (0 73 73) 23 62 oder für Milchprodukte und Fleisch (0 73 73) 9 21 63 58, www.lorettozwiefalten.de
Bäckerei Böck ❹ Beda-Sommerberger-Straße 31, 88529 Zwiefalten, Tel. (0 73 73) 28 34
Bierhimmel ❺ Hauptstraße 18, 88529 Zwiefalten, Tel. (0 73 73) 2 00-0, www.zwiefalter.de
Gasthof Friedrichshöhle ❽ Wimsen 1, 72534 Hayingen, Tel. (0 73 83) 9 49 80, www.tressbrueder.de

ENTDECKEN & ERLEBEN:
Lourdesgrotte ❷
Münster Unserer Lieben Frau ❸ Beda-Sommerberger-Straße 5, 88529 Zwiefalten, Tel. (0 73 73) 6 00, www.se-zwiefalter-alb.drs.de
Grillplatz ❻
Wimsener Höhle (Friedrichshöhle) ❼

Entspannung ✱✱✱✱✱
Genuss ✱✱✱✱✱
Romantik ✱✱✱✱✱

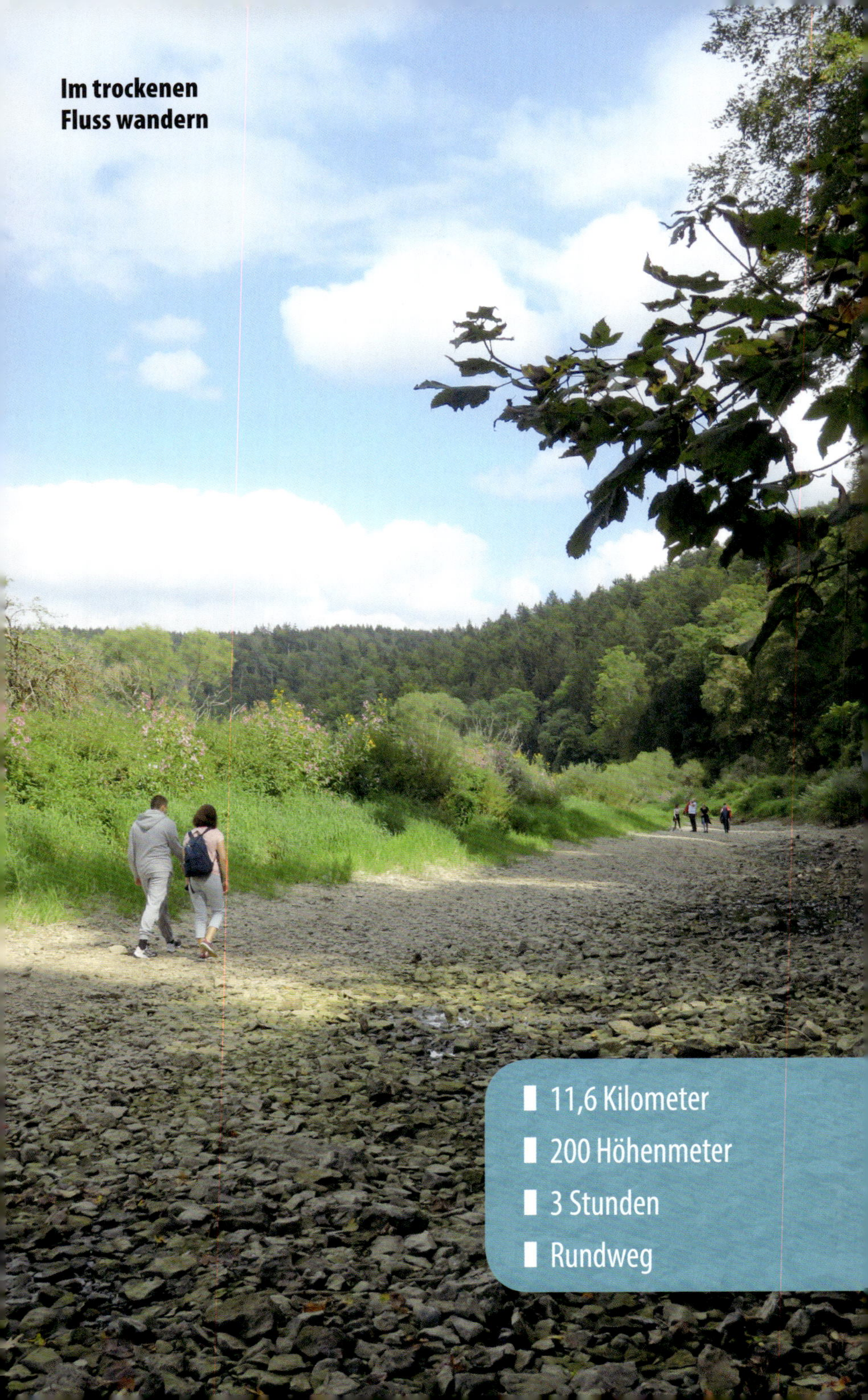

Im trockenen Fluss wandern

- 11,6 Kilometer
- 200 Höhenmeter
- 3 Stunden
- Rundweg

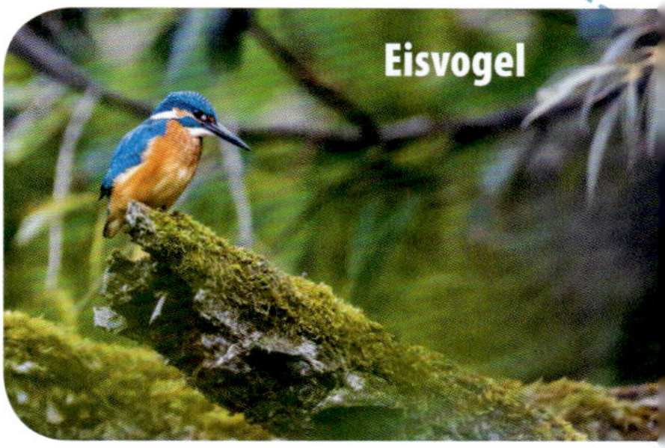

Wir reisen mit dem Zug nach Immendingen an oder parken unser Auto direkt am **Bahnhof Immendingen.** Gegenüber vom Bahnhofsgebäude sehen wir bereits den Wegweiser, der uns nach rechts Richtung **Donauversinkung** schickt. Wenige Meter nach dem Bahnhof nutzen wir eine Brücke zum Überqueren der Bahngleise und folgen dahinter der **Güterbahnhofstraße** nach rechts. Auf Fahrradwegweisern lesen wir, dass **Engen** 13 Kilometer entfernt ist. So weit werden wir heute nicht wandern, schlagen aber diese Richtung ein. Der Gehweg führt uns geradlinig zwischen den Bahngleisen zu unserer Linken und dem Gewerbegebiet von Immendingen hindurch. Hier wurde zwischen 1910 und 1979 der aus dem Vulkanberg Höwenegg gewonnene Basalt verarbeitet. Das nicht mehr benötigte Gelände des Basaltwerkes wurde teilweise renaturiert und zum Donauuferpark Immendingen umgestaltet. Hier können wir mit etwas Glück Eisvögel beobachten.

*Der rund 17 Zentimeter große **Eisvogel** ist ein farbenfroher Geselle. Die Oberseite ist kobaltblau, die Brustseite wechselt von kastanienbraun bis orange. Er war 2009 Vogel des Jahres in Deutschland.*

Wir überqueren auf einem Gehweg neben der Straße die **Donau,** biegen rechts ab und nutzen die Unterführung unter der Straße und der Eisenbahn. Links von uns sehen wir fast auf Augenhöhe die **Wehrwaage Immendingen.** Auf 35 Metern Breite überwindet hier die Donau einen Höhenunterschied von 2,60 Metern. Fische haben im Randbereich die Möglichkeit, im beruhigten Wasser aufzusteigen.

Trockener Fluss

Donauversinkung bei Immendingen

Die Unterführung leitet uns direkt auf die Straße **Unterer Ösch.** Deutlicher zu sehen ist der Wegweiser zu unserer ersten Verpflegungsmöglichkeit: **Nina's Ess-Art** ❶ liegt nur 1000 Schritte vor uns. Die wenig befahrene Straße bringt uns zwischen Wiesen und Eisenbahn direkt dorthin. Außer schnellen Häppchen gibt es hier leckere Burger, auch als Veggie-Variante. Die Sitzmöglichkeiten unter Sonnenschirmen lassen keine Wünsche offen – auch ein Kinderspielplatz ist vorhanden.

*An rund 150 Tagen im Jahr ist das **Flussbett der Donau** komplett trocken. Es gibt mehrere „Schluckstellen", an denen das Wasser der Donau versinkt. Das verschwundene Wasser kommt in der Aachquelle 12 Kilometer entfernt wieder zutage.*

Nach einem Kaffee geht es weiter. Wenige Schritte nach dem Spielplatz sind wir Wanderer unter uns. Und die Spannung steigt: Wird die Donau komplett verschwinden? Können wir trockenen Fußes durch das Flussbett wandern?

Der schön angelegte Wanderweg führt uns immer in der Nähe der Donau entlang. An der Oberfläche sind weiße Bläschen zu sehen. Hier wird das Versinken des Wassers in dem porösen Juragestein sichtbar. Bei hohem Wasserstand kann die Strömung in der Flussmitte recht stark sein. Bei genauem Hinsehen

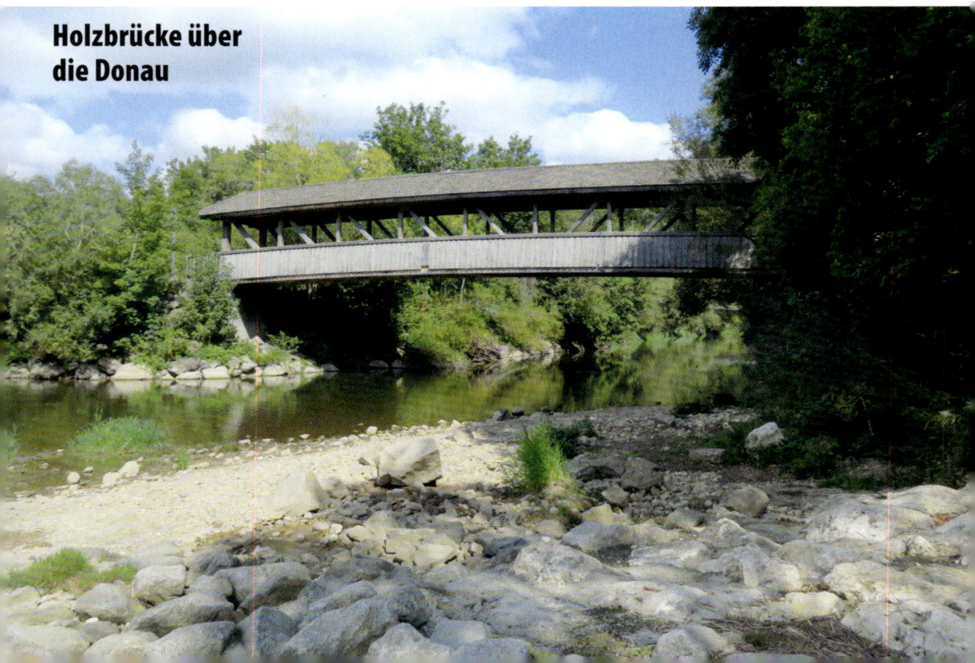

Holzbrücke über die Donau

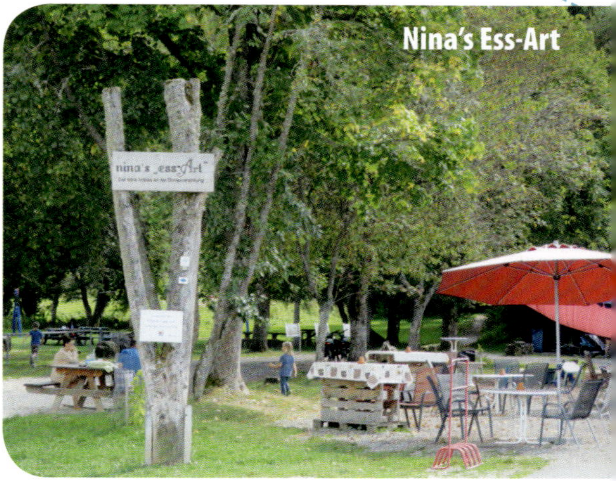

Nina's Ess-Art

erkennt man aber deutlich, dass die Donau hier rückwärts fließt. Dieser Vorgang wird durch das Versinken des Wassers in den Schluckspalten unter Wasser erzeugt. Aber jetzt im Spätsommer ist das nicht so. Wir haben das Gefühl, dass der Fluss stehen bleibt. Und plötzlich ist sie weg, die Donau. Einfach verschwunden.

Wir folgen dem Wanderweg noch ein kleines Stück und nutzen den ersten schmalen Pfad, um in das trockene Flussbett, die **Donauversinkung** ❷, abzusteigen. Neugierig suchen wir nach versteinerten Muscheln und anderen verborgenen Schätzen. Schließlich war hier vor ungefähr 150 Millionen Jahren ein subtropisches Schelfmeer. Okay. In der Zwischenzeit waren wohl schon viele andere Schatzsucher vor uns erfolgreich!

Nach einiger Zeit erreichen wir die **Furt.** Die großen Steine dienen bei niedrigem und mittlerem Wasserstand als Überquerungshilfe. Wenn wir nicht im Flussbett wandern konnten, erreichen wir auf dem Wanderweg diese Stelle ebenfalls. Ein schöner **Sitzplatz oberhalb der Furt** ❸ gibt uns die Möglichkeit

Für die Seele

Der stetige Wandel und die Vielfalt der Natur faszinieren uns. Mutter Erde gibt uns unendlich viele Rätsel und Lösungen gleichermaßen.

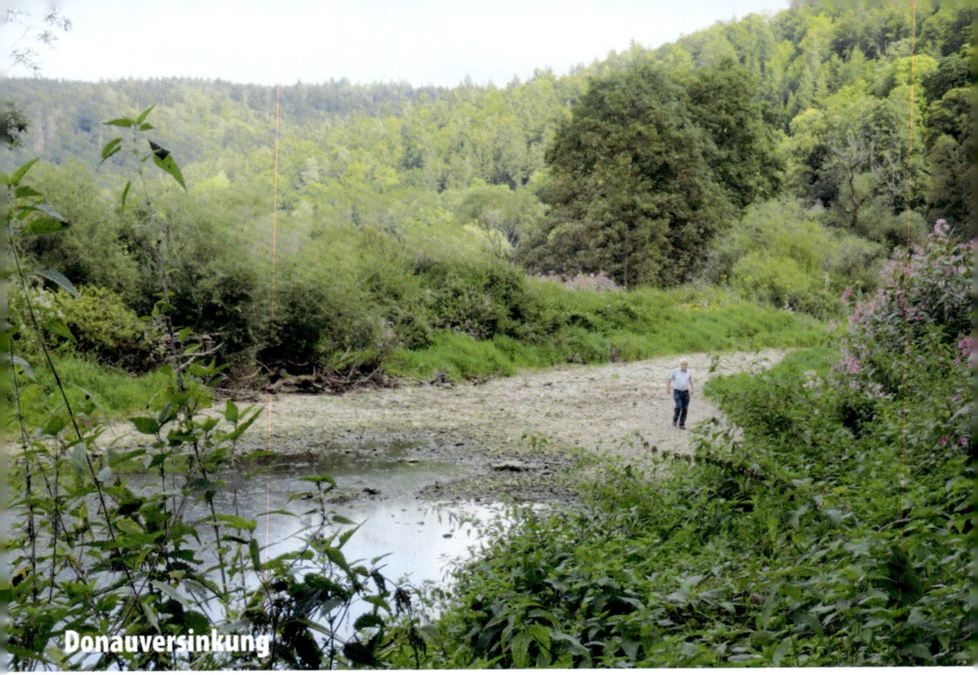

Donauversinkung

zu einer Rast. Unser Weg führt uns über den Parkplatz am **Einödviadukt** zu einer Landstraße. Diese überqueren wir und folgen einer Forststraße unter dem Viadukt der Eisenbahn hindurch. Danach biegen wir links ab Richtung Möhringen Bahnhof (3,2 Kilometer). Die Forststraße wird wenige Meter später zu einem schönen, wenig begangenen Wanderweg. Dieser ist mit einem **gelben Ring** auf weißem Grund markiert. Während wir mehrmals nach links in das schöne Donautal blicken, wird unser Pfad wieder etwas breiter. Wir erreichen eine Forststraße und folgen dieser für 20 Meter nach rechts. Dann zweigt unser Wanderweg, erneut als schmaler Pfad, nach links ab. Die Markierung ist, abhängig von der Jahreszeit, etwas zugewachsen. Wir kommen zu einer weiteren Forststraße, die wir überqueren, um gleich wieder in den Wald einzutauchen. Die Markierung ist hier gut zu sehen. Wir folgen dem schmalen Pfad und fühlen uns zwischen den recht eng stehenden Bäumen und Büschen wie kleine Abenteurer. Doch plötzlich ist unser Weg zu Ende und wir sind erneut auf einer Forststraße unterwegs. Diese leitet uns abwärts nach Möhringen, der

Bahnhof ist nur noch 1,8 Kilometer entfernt. Nach einem lang gezogenen Rechtsbogen verlassen wir den Wald nach links. Am Waldrand legen wir auf einer schönen Bank erneut eine kurze Rast ein.

Die Ortschaft Möhringen ist bereits in Sichtweite, und der gut markierte **Hattinger Steig** bringt uns zur B 311. Der Wegweiser **Unmarkierter Weg Möhringen Bahnhof in 500 Metern** schickt uns über die stark (und schnell!) befahrene Bundesstraße, wo es weder einen Zebrastreifen noch eine Fußgängerampel oder Ähnliches gibt. Aber es ist die einzige Möglichkeit, die große Kreuzung und dann die Donau, hier wieder mit Wasser gefüllt, auf einem schmalen Gehweg zu überqueren. Umsichtig und geübt, wie wir sind, haben wir auch dieses Stück ohne Probleme gemeistert. Wir bleiben auf der Straße **Im Anger** und erreichen den Bahnhof **Möhringen Rathaus.** Von hier aus wäre es möglich, in wenigen Minuten mit dem Zug zurück nach Immendingen zu fahren. Die Wartezeit könnten wir uns beim **Gasthof Löwen** 4 verkürzen.

*Ob Apfelstrudel mit Vanilleeis, eine „heiße Liebe" (Vanilleeis mit heißen Himbeeren und Sahne) oder ein Espresso Affogato – im Straßencafé beim **Gasthof Löwen** kann man das in einem fast italienischen Flair genießen.*

Wir aber wollen die Tour zu Fuß fortsetzen, gehen nach unserer Pause die wenigen Schritte zurück in Richtung Bahnhof und folgen der **Hermann-Leiber-Straße** vom Gasthaus Löwen kommend nach rechts. Die Gleise sind zu unserer Linken. An der folgenden Einmündung geht es links auf der Schwarzwaldstraße weiter. Zuerst auf dem Gehweg, dann rund 150 Meter auf einem Trampelpfad neben der Straße wandern wir aus dem ruhigen Ort hinaus. Hier leiten uns der Wegweiser **Naturfreundehaus** und die **gelbe Raute** nach rechts und gleich wieder nach links über einen Parkplatz. Ab hier folgen

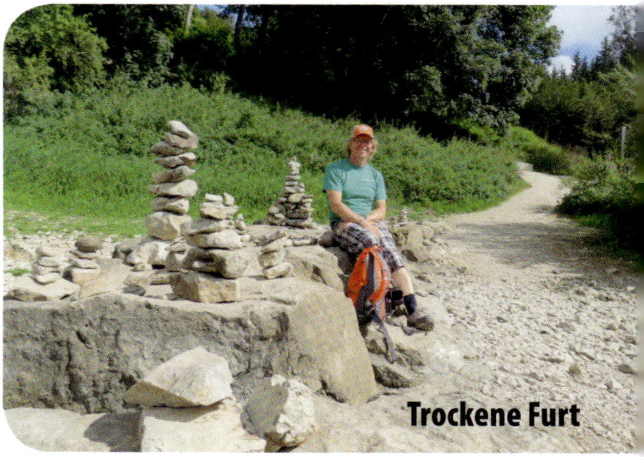

Trockene Furt

wir der Straße Richtung **Bumbishütte** und **Immendingen.** Kurz nach einer Schranke wechselt der Belag wieder, wir sind auf einer Forststraße. Anfänglich sanft ansteigend, später nahezu ohne Steigung erreichen wir so nach rund 2 Kilometern die **Bumbishütte mit Grill- und Spielplatz 5.**

Nach dieser Pause wandern wir nur noch bergab. Über die Straße **An der Steig** kommen wir nach **Immendingen.** Hier folgen wir auf dem Gehweg den Wegweisern **Bahnhof** und der Schwarzwaldstraße nach rechts. Hinter einem Kreisverkehr biegen wir links in die Brunnenstraße ein, die uns zur Blumenstraße bringt. So gelangen wir wieder zu der uns bekannten Bahnhofstraße mit dem Bahnhof beziehungsweise Parkplatz.

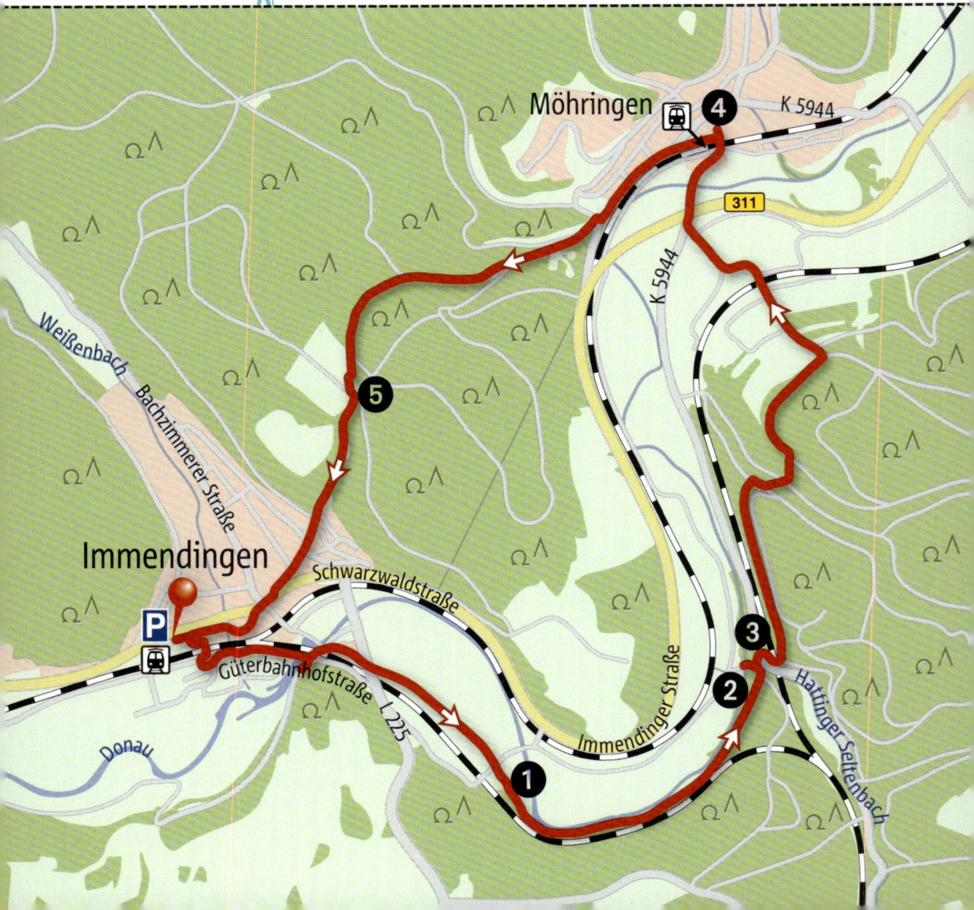

Alles auf einen Blick

WIE & WANN:

Wiesen- und Landwirtschaftswege, Pfade, Forstwege und wenig befahrene Straßen. Beste Wanderzeit: März bis Oktober. Abkürzungsmöglichkeit durch Rückfahrt mit RB 43 ab Bahnhof Möhringen Rathaus (ca. 4 Kilometer und 1 Stunde weniger).

HIN & WEG:

Auto: Parken Bahnhof Immendingen, Bahnhofstraße, 78194 Immendingen (GPS: 47.936396, 8.729335)
ÖPNV: RB 43, RE 2, RE 55 bis Bahnhof Immendingen

ESSEN & ENTSPANNEN:

Nina's Ess-Art ❶ Unterer Ösch 18, 78194 Immendingen, Tel. (01 73) 6 66 82 43, www.ninasessart.com
Gasthof Löwen ❹ Mittlere Gasse 4, 78532 Tuttlingen-Möhringen, Tel. (0 74 62) 62 77, www.loewen-moehringen.de

ENTDECKEN & ERLEBEN:

Donauversinkung ❷
Sitzplatz oberhalb der Furt ❸
Bumbishütte mit Grill- und Spielplatz ❺

Entspannung ★★★★☆
Genuss ★★★★☆
Romantik ★★★☆☆

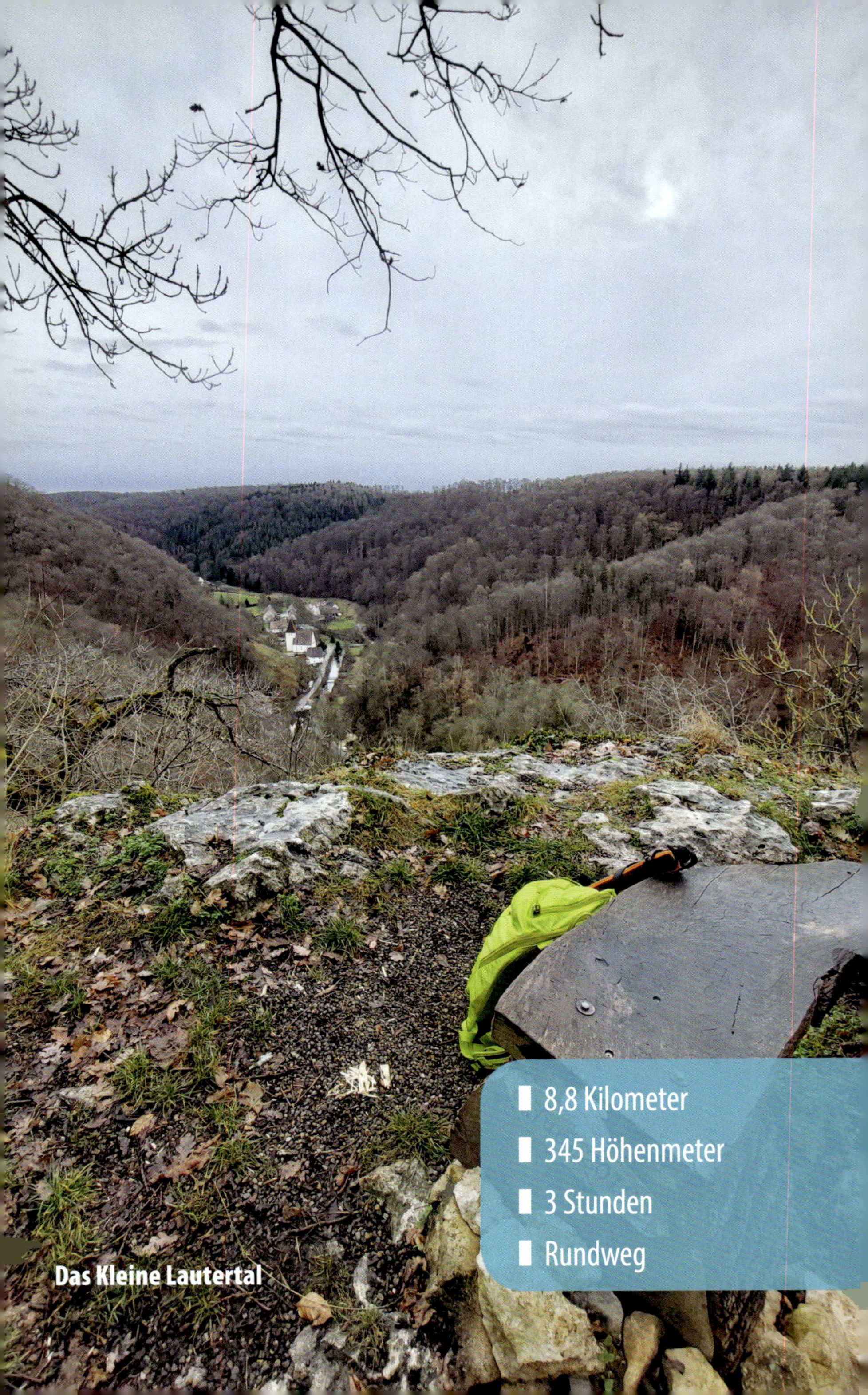

- 8,8 Kilometer
- 345 Höhenmeter
- 3 Stunden
- Rundweg

Das Kleine Lautertal

Wir verlassen den Wanderparkplatz Blaubeurer Steig auf einem asphaltierten Sträßchen nach rechts in Richtung des großen Sendemastes. Im Moment orientieren wir uns am **violetten Punkt** des **Rundwanderwegs 1.** Der leitet uns nach einem kurzen Stück an der ersten Möglichkeit nach links in eine Forststraße. Diese nimmt uns mit, vorbei am großen Sendemast zum **Sportlerheim des TSV Bermaringen.** Den Sportplatz dahinter sehen wir erst auf den zweiten Blick.

Der violette Punkt führt uns am Sportplatz vorbei leicht abwärts. Direkt vor einem Weidezaun mit einem Drehkreuz für Wanderer folgen wir einem breiten Wiesenweg nach links und sehen bereits nach wenigen Metern erneut unseren violetten Punkt. So wandern wir frohen Mutes ohne Anstrengung weiter. Nach einem Waldstück zu unserer Rechten kommen wir auf eine größere Hochfläche. Unsere grasige Forststraße hat sich mittlerweile in deutliche Fahrspuren von Traktoren auf einer großen Wiese verwandelt. Hinter einer kleinen Senke halten wir uns halb rechts auf einem Feldweg an der Wiese und gehen auf einen frei stehenden, markanten Baum zu. Die Spuren auf der Wiese sind hier wieder deutlich zu sehen. Kurz hinter dem Baum erreichen wir den Waldrand. Neben dem Schild **Naturschutzgebiet** folgen wir einem Wanderweg in den Wald hinein.

Wenige Meter später erreichen wir eine Abzweigung ohne Wegweiser. Hier bleiben wir auf dem oberen Wanderpfad, der uns, immer nahe dem Waldrand,

*Das unter Naturschutz stehende **Kleine Lautertal** zeigt nahezu alle Facetten der Schwäbischen Alb: steile, teilweise bewaldete Hänge, schroffe Kalkfelsen und das Flüsschen Kleine Lauter. Die kargen Böden sind Lebensraum für besondere Pflanzen.*

nach rund 100 Metern zum **Aussichtspunkt „Verweil a Weile“** ❶ bringt. Der kleine, einfache, naturbelassene Aussichtspunkt präsentiert das Kleine Lautertal mit seinen Kalkfelsen und Schluchtwäldern perfekt. Zum ersten Mal nehmen wir die angenehme Stille um uns herum so richtig zur Kenntnis.

Dann beschließen wir, ins Tal abzusteigen. Wir gehen den Pfad zurück bis zur Abzweigung und folgen dem **Kendswegle** abwärts. An der nächsten Abzweigung, erneut ohne Wegweiser, folgen wir dem linken Pfad, der uns weniger steil zum Talboden und nach **Lautern** bringt. Wir stoßen auf ein Sträßchen, gehen auf ihm wenige Schritte nach links und haben das **Gasthaus Zum Lamm** ❷ an der Quelle der Kleinen Lauter erreicht. Wir haben Glück, das Gasthaus hat heute geöffnet und verzaubert uns schon jetzt mit seinem besonderen Charme. Die Speisekarte schlägt viel kreatives und mit Sicherheit auch leckeres Essen vor. Während der Saison werden unter anderem Speisen mit Bachminze angeboten. Wir entscheiden uns heute für die gefüllten Dinkel-Pfannkuchen.

*Ein erfrischender **Bachminze-Tee** mit seinem geringen Mentholgehalt ist sehr bekömmlich. Er wirkt antiseptisch und unterstützt den Magen bei seiner Arbeit. Allerdings gilt es aufzupassen: In zu hoher Dosis ist Bach- oder Wasserminze giftig!*

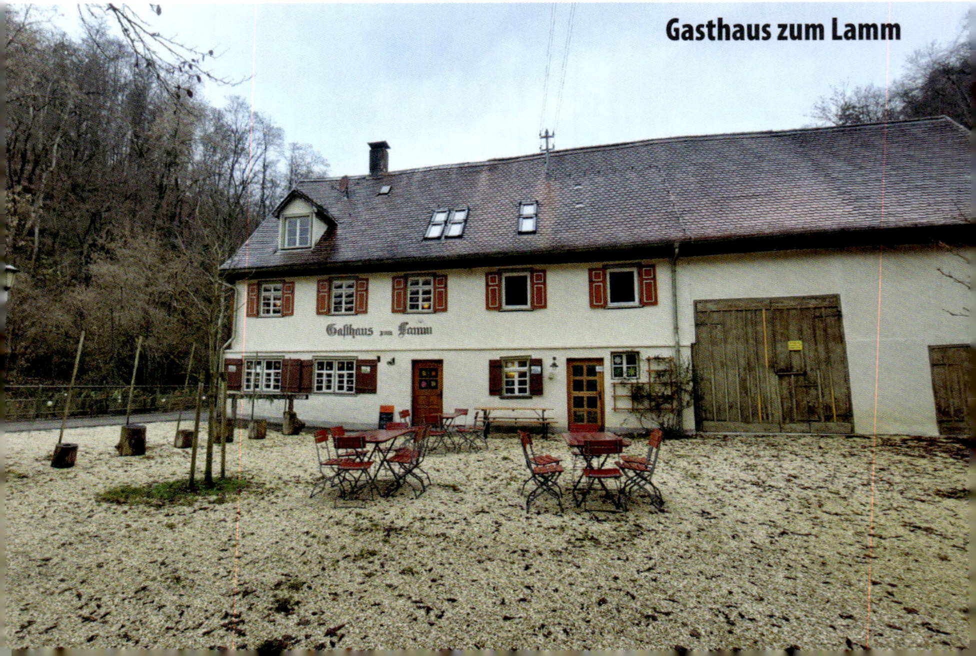

Gasthaus zum Lamm

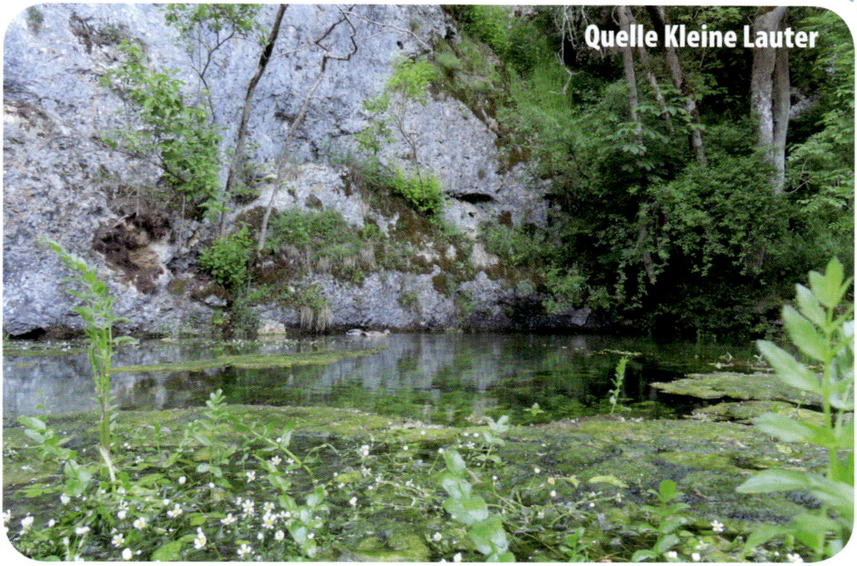

Gut gestärkt und mit großer Motivation gehen wir nach der herzlichen Verabschiedung die wenigen Schritte zur **Quelle der Kleinen Lauter ③**. Das Wasser hat eine helle, grünliche Färbung und kommt im Lautertopf ans Tageslicht. Schon 1873 wurde die Quelle wegen ihrer starken Schüttung als Wasserversorgung für die Dörfer im direkten Umfeld genutzt. Nach der Pumpstation wird das Wasser wieder in das natürliche Flussbett geleitet.

Wir könnten hier unsere Runde abkürzen und zum Standort der nicht mehr vorhandenen Burg Lau-

*Die **Quelle der Kleinen Lauter** gehört mit durchschnittlich 600 Litern pro Sekunde zu den stärksten der Alb. Von der Karstquelle durchfließt das Flüsschen das traumhafte Kleine Lautertal und mündet nach rund 5 Kilometern bei Herrlingen in die Blau.*

Für die Seele

Das liebliche kleine Lautertal mit seiner Schönheit ist ein Geschenk. Wir öffnen es und verbringen eine wunderbare Zeit in traumhafter Natur.

terstein aufsteigen. Voll motiviert, wie wir sind, werden wir unsere Tour aber wie geplant fortsetzen. Das Sträßchen bringt uns zuerst zur 200 Meter entfernten **Kirche Zu Unserer Lieben Frau ④.** Sie zählt zu den ältesten Kirchen der Schwäbischen Alb. Nachdem wir den Eingang gefunden haben, bewundern wir die Ausstattung. Der Flügelaltar stammt aus dem frühen 16. Jahrhundert, das gesamte Gotteshaus strahlt eine besondere Aura aus.

Direkt nach der Kirche überqueren wir an der Brücke die kleine Lauter und folgen dem Wanderwegweiser in Richtung **Oberherrlingen.** So weit werden wir nicht wandern, der Ortsname dient uns nur zur Orientierung. Die Forststraße steigt gleich zügig an. Unsere Wegmarkierung, der **orange Punkt,** ist auf dem gleichen Schild angebracht wie der gelbe Kreis und der gelbe Punkt. Wenige Schritte später leiten die Markierungen uns in einen etwas „rustikal“ wirkenden Wanderweg bergauf. Zu unserer Freude geht der Weg schon bald in ein leichtes Gefälle über und lässt uns die Schönheit des Kleinen Lautertals in vollen Zügen genießen. Das in verschiedenen Grüntönen leuchtende Gras, die Felsen auf der gegenüberliegenden Talseite, das alles ist typisch für **Schluchtwälder.** Im Sommer sind sie kühler, im Herbst und Winter meist etwas milder im Vergleich zum rauen Alb-Klima. Wie auch in der Region um Bad Urach ist hier mit ein wenig Glück das Silberblatt zu finden. Eine schöne große Tafel links am Wegesrand gibt uns eine Übersicht mit unserem aktuellen Standort und stellt uns einige besondere Pflanzen und Tiere vor. An dem Baum dahinter

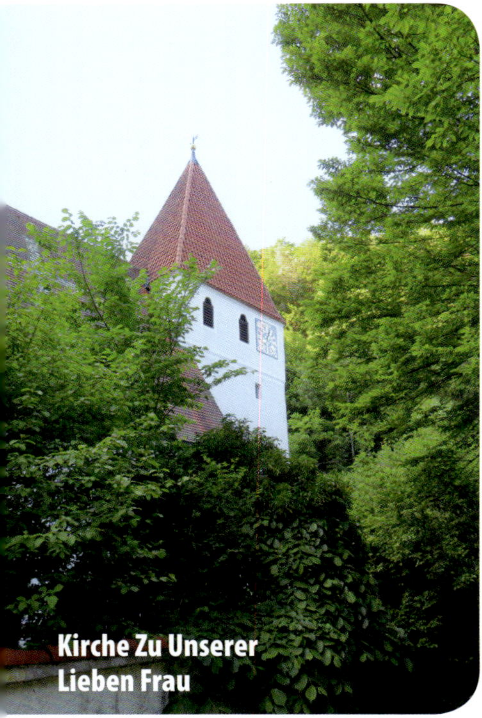

Kirche Zu Unserer Lieben Frau

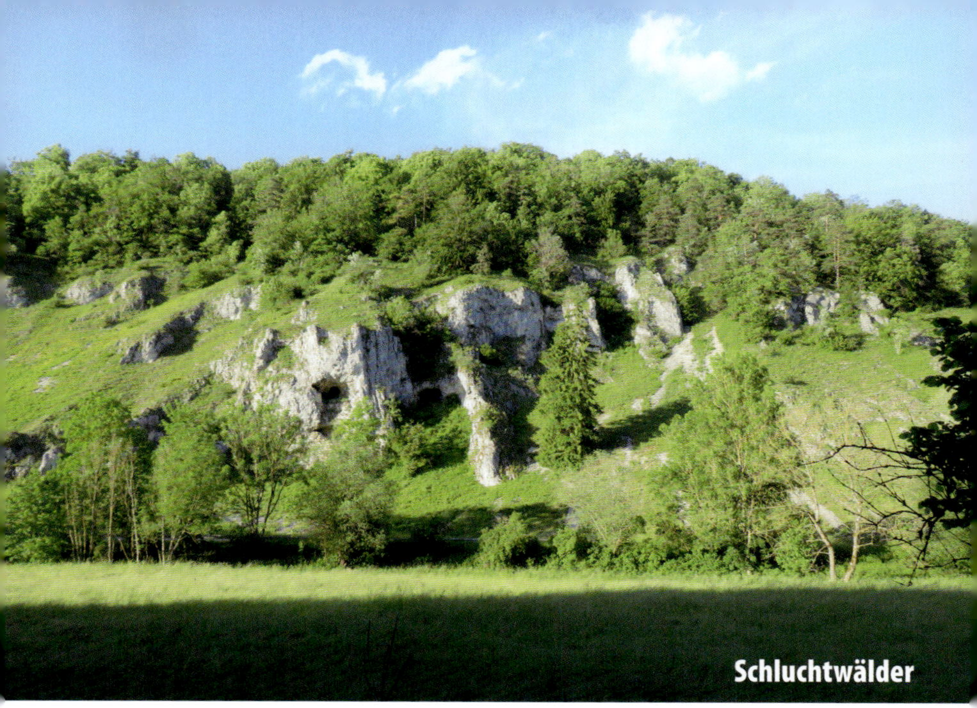

ist unsere Wegmarkierung, der orange Punkt, mit einem kleinen Pfeil nach rechts angebracht. Wir folgen ihr kurz auf einer Forststraße, vorbei an einem kleinen Parkplatz, und werden dann direkt auf einen Wanderpfad geleitet, der uns rund 300 Meter in angenehmer Steigung bergauf führt.

Nach diesem Anstieg biegen wir rechts ab. Der Wanderweg variiert in der Breite, hat zusätzlich noch die **rote Raute** des Albvereins und bringt uns sicher durch den Wald. An dem Wegweiser **Lauterhalde Nord** orientieren wir uns rechts Richtung **Lauterursprung.** Ab hier haben wir das **rote Y** zusätzlich zum orangen Punkt als Begleiter. An der nächsten Abzweigung sehen wir unter uns das Gasthaus Zum Lamm. Wir gehen geradeaus weiter und erreichen nach rund 100 Metern ein Schild mit der Geschichte der **Burg Lauterstein ⑤.** Leider ist von der kleinen Burg nichts mehr übrig.

Mit leichtem Gefälle lässt es sich gut wandern. Hin und wieder sehen wir kleine Kalksteine mit dickem Moospolster links am Wegesrand. Schließlich erreichen wir die Forststraße, die lange parallel unter uns verlief.

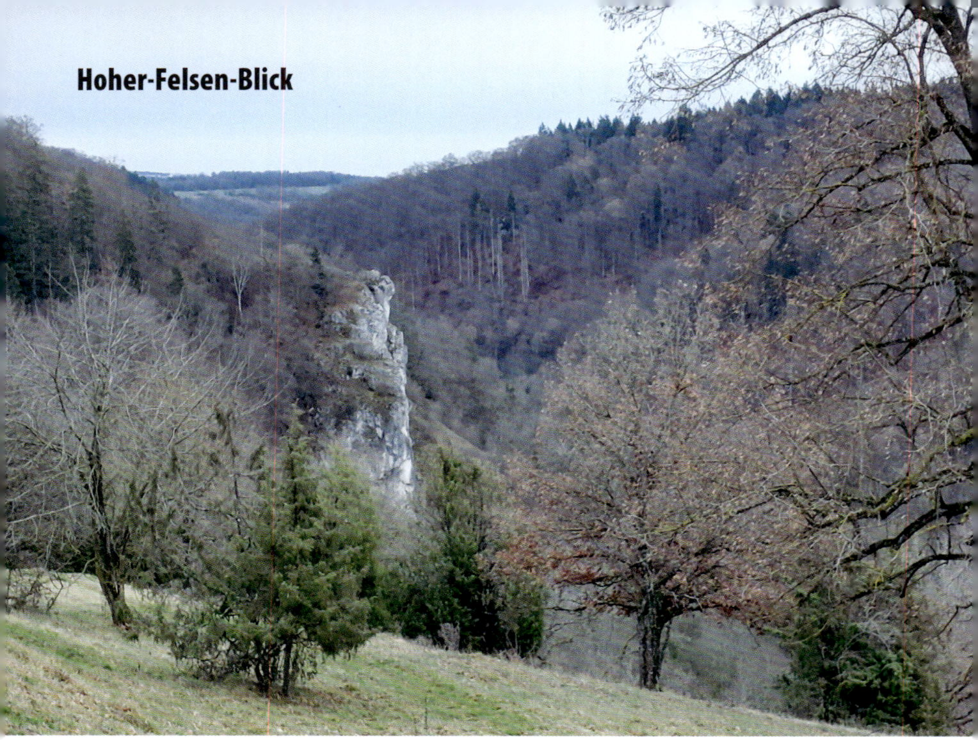

Hier entdecken wir wieder die Wegmarkierung **violetter Punkt** und – für uns als Premiere – ein **gelbes Y.** Das bedeutet: Wir sind auf einem Nebenweg unterwegs, der zwischen den beiden Hauptwanderwegen HW1 im Norden und dem HW2 im Süden liegt. Doch nach diesem richten wir uns nicht allzu lange. Nach rund 300 Metern lädt uns eine schöne **Sitzgruppe aus Holzbänken** **6** zu einem kurzen Verweil ein. **„'s isch wias isch"** steht auf einem Holztäfelchen in bestem Schwäbisch zu lesen.

Kurz nach der Sitzgruppe sehen wir rechts über uns in einiger Entfernung einen hohen Felsen. Zumindest wenn die Bäume gerade nicht so dichtes Laub tragen. Hier verlassen wir die Forststraße nach rechts. Der Pfad **'s Beckasteigle** führt uns bergauf. Die folgende Straße wird überquert, und das Beckasteigle bringt uns zum **Aussichtspunkt Hoher-Felsen-Blick** **7** mit einer weiteren schönen Bank. Wir nehmen Platz und verstehen jetzt, warum dieser Ort so heißt. Wir können fast waagerecht zum Hohen Felsen hinüberschauen; nicht von ihm herunter. Bei der steilen Felswand empfinden wir das als überaus sympathisch.

Wenige Meter oberhalb kommen wir wieder zu dem Weidenzaun und dem Drehkreuz unterhalb des Sportplatzes. Genau wie am Anfang unserer Tour gehen wir nicht hindurch. Das **Rondwanderwegle** leitet uns unterhalb des Sportplatzes wieder zu dem Sträßchen zurück, das uns bergauf zu unserem Wanderparkplatz führen würde. Doch wir nehmen nicht die kürzeste Variante, sondern wollen unbedingt noch dem mit einem **blauen Kreis** markierten Weg folgen. Unsere Belohnung ist ein kleines Geschenk: der **Aussichtspunkt Lautertalblick ⑧.** Der größte Teil des kleinen Lautertales liegt uns zu Füßen. „No et hudla“ lesen wir auf einem weiteren Holztäfelchen. Das könnte man auch mit „In der Ruhe liegt die Kraft“ oder „Eile mit Weile“ übersetzen. Vielleicht ist damit auch gemeint, auf den Weg zu schauen und beim Betrachten

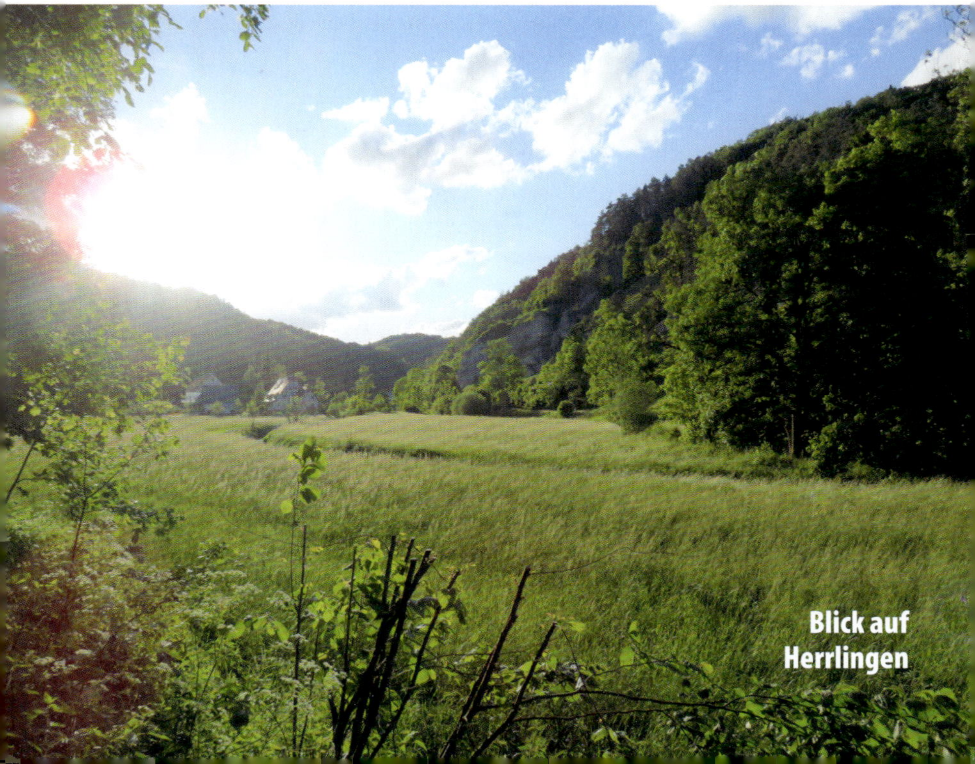

Blick auf Herrlingen

der Natur stehen zu bleiben. Das ist besonders wichtig, wenn man den letzten **Aussichtspunkt „So schea isch osra Hoimat“ 9** auf unserer Rundtour besichtigen möchte. Von unserem gemütlichen Wanderweg zweigt ein Steiglein dorthin ab. Es führt auf einen relativ frei stehenden Felsvorsprung in einigen Metern Entfernung. Dorthin sollten nur trittsichere Wanderer bei Trockenheit gehen. Bei Nässe ist davon abzuraten.

Nach diesem Mini-Abstecher nimmt uns unser entspannt zu gehender Wanderweg um einen letzten, großen Rechtsbogen mit, führt uns zwischen Gartenhäusern hindurch und die letzten Meter auf einem Kiesstreifen neben der Kreisstraße zum Wanderparkplatz Blaubeurer Steig zurück.

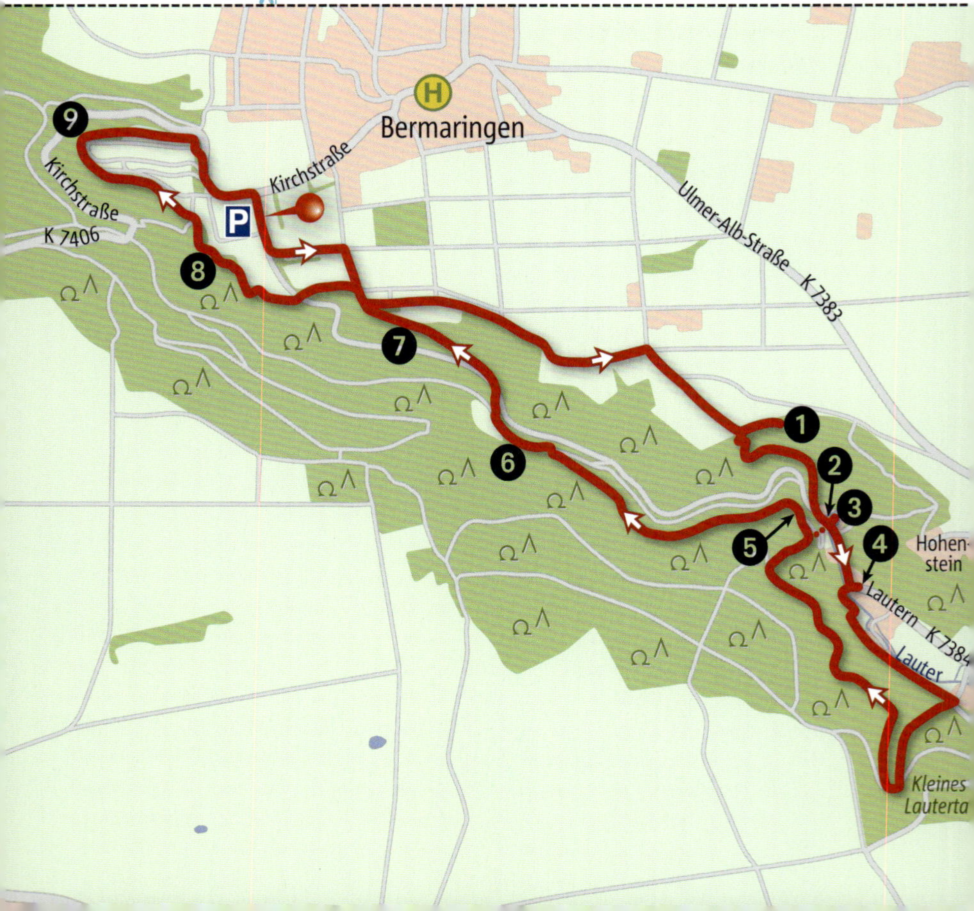

Alles auf einen Blick

WIE & WANN:
Überwiegend Wanderwege und Pfade, Forststraßen und kurz wenig befahrene Straßen. Beste Wanderzeit: März bis November.

HIN & WEG:
Auto: Wanderparkplatz Blaubeurer Steig, ca. 100 Meter außerhalb von Bermaringen an der K 7406 nach Blaubeuren, Kirchstraße, 89134 Blaustein (GPS: 48.456910, 9.836310)
ÖPNV: Bus 37 bis Haltestelle Bermaringen Dorfstraße; zu Fuß über Dorfstraße, Kirchstraße Richtung Kirche, dahinter links über Alter Mühlweg zum Sportlerheim, dort Einstieg in die Tour

ESSEN & ENTSPANNEN:
Gasthaus Zum Lamm ❷ Lautern 1, 89134 Blaustein, Tel. (0 73 04) 52 68

ENTDECKEN & ERLEBEN:
Aussichtspunkt „Verweil a Weile" ❶
Quelle der Kleinen Lauter ❸
Kirche Zu Unserer Lieben Frau ❹
Standort Burg Lauterstein ❺
Sitzgruppe aus Holzbänken ❻
Aussichtspunkt Hoher-Felsen-Blick ❼
Aussichtspunkt Lautertalblick ❽
Aussichtspunkt „So schea isch osra Hoimat" ❾

Entspannung ✱✱✱✱ (4 von 5)
Genuss ✱✱✱✱✱
Romantik ✱✱✱✱✱

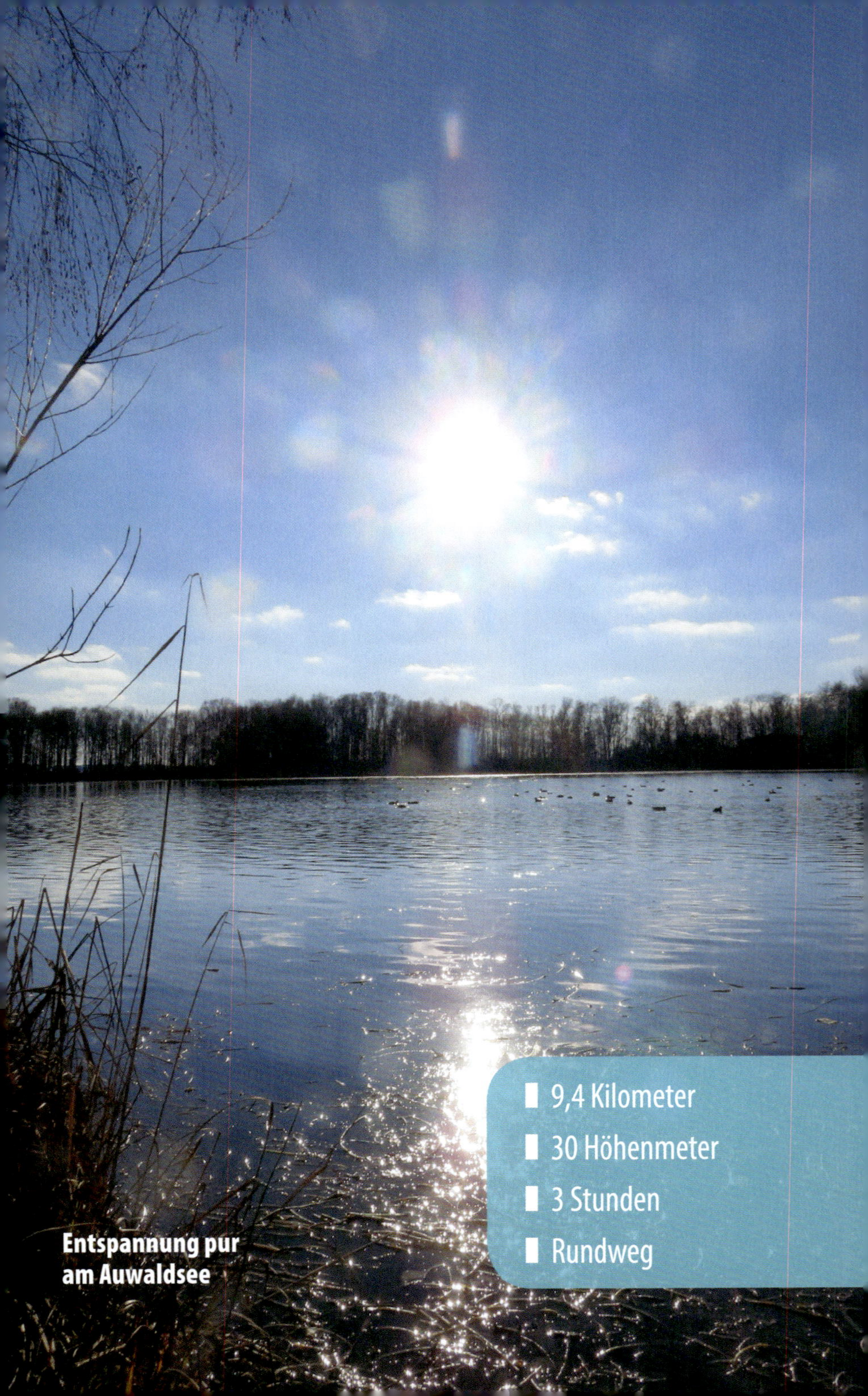

Entspannung pur am Auwaldsee

Die Anreise mit dem Zug nach Lauingen an der Donau ist überraschend kurzweilig. Nach dem Aussteigen richten wir uns vor dem Bahnhof nach dem Wegweiser Richtung **Ortsmitte.** Wir nutzen den Gehweg neben der Bahnhofstraße bis zu einem Kreisel. Hier überqueren wir den Zebrastreifen und schwenken an der zweiten Möglichkeit, halb links, in die **Brüderstraße.** Diese bringt uns, vorbei an der **Augustinerkirche** und vielen interessanten kleineren Häusern, zur Herzog-Georg-Straße, die wir an der Fußgängerampel überqueren. Den Marktplatz und das Rathaus lassen wir rechts liegen, folgen der **Albertusstraße** geradeaus weiter. Am Ende der Albertusstraße biegen wir nach links in die Rosenstraße ein, um diese rund 100 Meter weiter in spitzem Winkel nach rechts zu verlassen. Wir gehen wenige Schritte auf einem schmalen Sträßchen abwärts und biegen links in das Gässchen **Unteres Brunnental** ein. Ein schöner Holzbalkon fällt uns sofort auf. Alte und neue Gebäude ergänzen sich prächtig.

Wir kommen an einer Fischzucht vorbei und folgen an der nächsten Abzweigung dem Rosenmühlweg halb rechts, vorbei am Weinberg des ersten Lauinger Winzervereins. Ab dem **Forellenhof Rosenmühle** haben wir das erste Mal einen richtigen Wanderweg unter den Füßen, markiert mit dem **Donauwald-Zeichen.** Er beginnt links neben der Einfahrt des Forellenhofs, führt uns zuerst leicht bergauf und nach einem kurzen geraden Abschnitt und einer Bank markiert nach rechts abwärts. Vorbei an einer weiteren Sitzmöglich-

***Lauingen**, das auf eine alemannische Siedlung des frühen 7. Jahrhunderts zurückgeht, bekam unter den Staufern im 12. Jahrhundert das Stadtrecht und wurde durch Handel und Handwerk wohlhabend. Die schöne Altstadt ist einer seiner Anziehungspunkte.*

Donauwalzer

Zum Auwaldsee bei Lauingen

keit an der **Carl-Quelle** ❶ kommen wir über eine kleine Holzbrücke zur Donau hinunter. Hier biegen wir links ab und folgen dem Flusslauf auf der **Segrepromenade.** Wenn nicht schon an der Carl-Quelle, dann nehmen wir spätestens hier auf einer Bank Platz. Die Sonne spiegelt sich auf der Wasseroberfläche, die Donau fließt ruhig vor uns wie ein schlafender Riese. Wenn wir zurück in Richtung Lauingen schauen, sehen wir den bekannten Schimmelturm. In Wanderrichtung, flussabwärts, die **Auwaldbrücke.** Diese nutzen wir wenig später, um auf dem Gehweg neben der Straße die Donau zu überqueren. Uns fällt ein Hinweisschild zur Staustufe des Kraftwerks Dillingen auf, verbunden mit dem Hinweis auf die Schleuse auf der rechten Flussseite für die Boote.

*Das **Kraftwerk Dillingen** ist wie viele andere Werke mit österreichischen Kaplan-Turbinen ausgestattet. Diese haben einen Durchmesser bis zu 7,50 Meter. Die Flügel sind verstellbar, können so die Energie ideal nutzen und konstant ins Stromnetz einspeisen.*

Der Gehweg bringt uns geradeaus, dann halb links durch ein kleines Waldstück zum **Erholungsgelände Auwaldsee** ❷**.** Wir entscheiden uns, zuerst um den See zu wandern, anschließend einzukehren und uns im See zu erfrischen. Während wir am Ufer entlang-

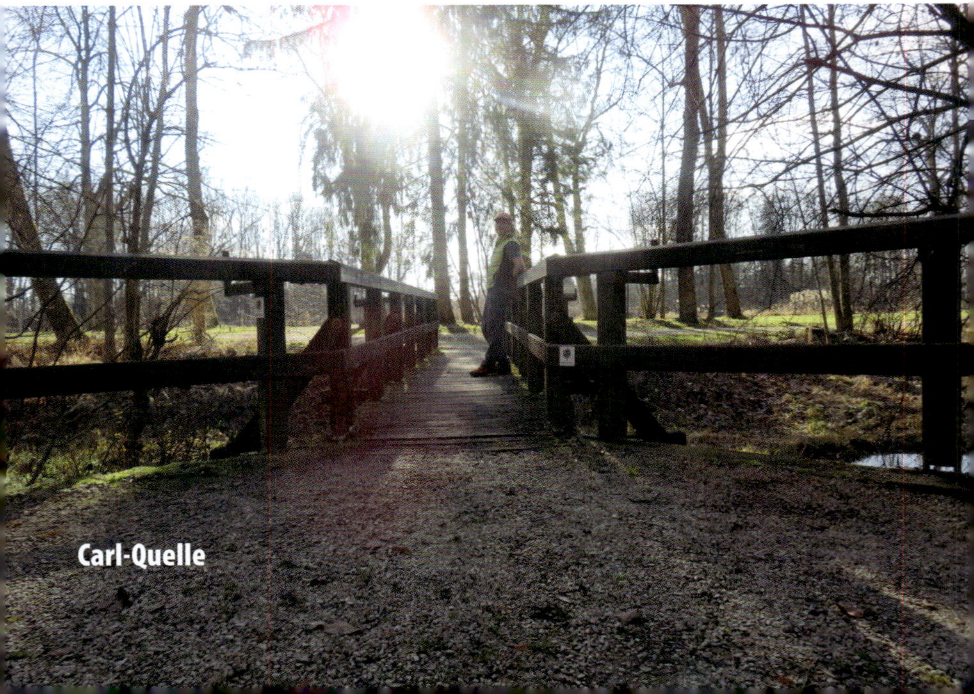

Carl-Quelle

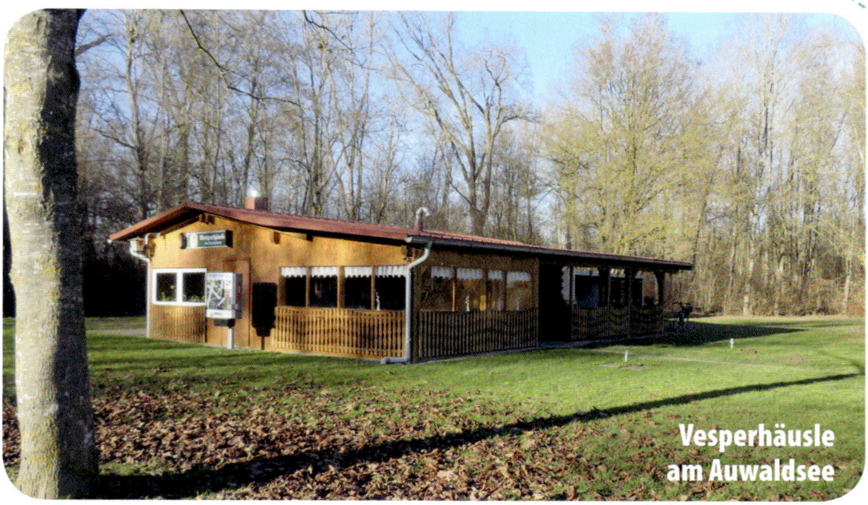

schlendern, beobachten wir eine Vielzahl von Enten, Haubentauchern und Schwänen. Jetzt müssen wir nur noch einen Parkplatz überqueren und sind wieder auf dem großen Badeplatz angekommen. Für unser leibliche Wohl ist es unerlässlich, das **Vesperhäusle am Auwaldsee 3** anzusteuern. Wir nehmen auf den Biergarnituren Platz und erfrischen uns erst einmal mit einem kühlen Radler. Die Kuchen wie auch die Currywurst werden sehr gelobt. Bei dem tollen Wetter heute steht der vollen Erfrischung in Form eines Bades im Auwaldsee nichts mehr im Wege.

Anschließend legen wir uns auf unser Badetuch und lassen uns von der Sonne trocknen. Wir beobach-

*Der **Auwaldsee** entstand aus einem ehemaligen Kiesabbaugelände. Um den See herum führt ein schöner Naturpfad, an dem zwölf Tafeln interessante Naturthemen erklären. Beim Kiosk ist das Baden erlaubt, der hintere Bereich ist Naturschutzzone.*

Für die Seele

In der beruhigenden Aura des Auwaldsees laden wir unsere Akkus auf und können auch Energie weitergeben. Geteilte Freude ist doppelte Freude!

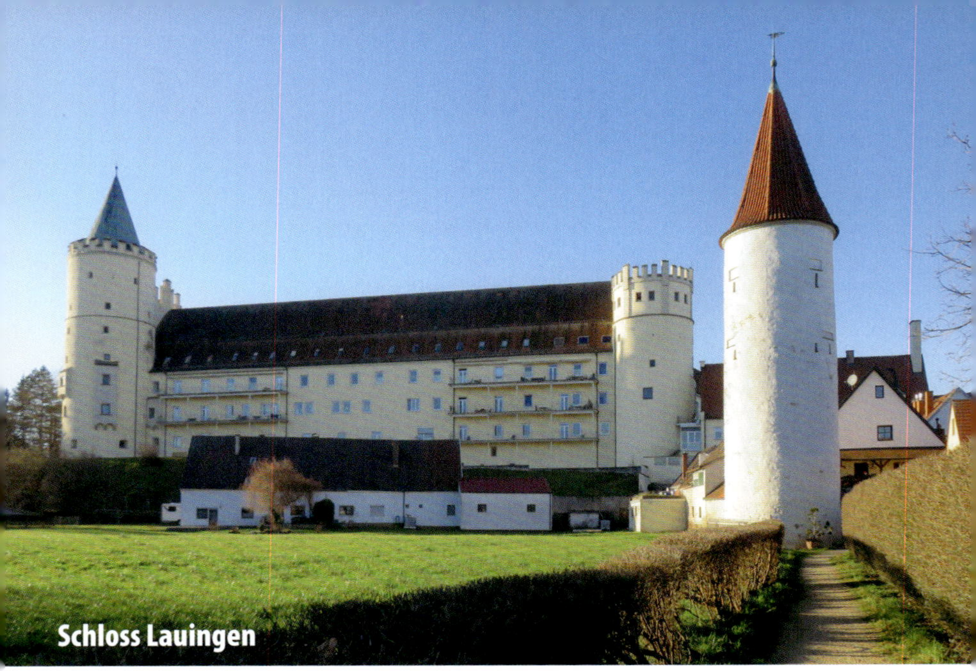
Schloss Lauingen

ten das rege Treiben um uns herum noch eine Weile, beschließen dann, gemütlich weiterzuwandern. Der kürzeste Weg zur Donau führt uns geradeaus auf einer Forststraße in das Waldstück hinein, am ersten Abzweig nach links – schon stehen wir am Flussufer. Wir folgen ihm nach links zurück in Richtung Lauingen. Dieser Weg scheint weniger begangen zu sein als unser Herweg.

Immer wieder schauen wir auf die gegenüberliegende Flussseite. Die Häuser und die Wanderer davor spiegeln sich auf der Wasseroberfläche. Eine Entenfamilie lässt sich an uns vorbeitreiben, wenig später kommen wir an einigen Anglern vorbei. So erreichen wir über den **Reuteweg** erneut die Stadt Lauingen und an der „Mündung" dieses Wegs in die **Weisinger Straße** zum **Gasthaus Drei König** ④ mit einem tollen Biergarten direkt an der Donau. Im Schatten der großen Bäume fühlen wir uns auf Anhieb wohl. Ein Wurstsalat und ein kühles Getränk lassen nicht lange auf sich warten.

Nach der stärkenden Pause verlassen wir den Biergarten über die Treppenstufen auf der gegenüberliegenden Seite unseres Eingangs, überqueren die Donau auf dem Gehweg der großen Brücke und folgen dann erneut der **Segrepromenade** an der Donau entlang, diesmal nach links. Nach einem markanten großen Habitatbaum folgen wir einem Kiesweg nach rechts. Er bringt uns zum **Gießübelturm.** Durch einen Torbogen betreten wir die Altstadt. Die alte Stadtmauer ist liebevoll bepflanzt. Alles hier ist sehr gepflegt. Der Fußweg bringt uns zur Straße **Oberes Brunnental.** Dieser folgen wir nach rechts und wandern an kleineren Häusern vorbei. Der Bachlauf in der restaurierten Straße wurde 1320 zum ersten Mal erwähnt. Automatisch nimmt die Straße uns nach links mit. In dem Gewölbekeller vor uns ist die **älteste Fasseichanstalt Bayerns** **5** zu sehen. Da die Stadt im 18. Jahrhundert 19 Brauereien und 51 Wirtshäuser besaß, eine sehr wichtige Einrichtung. Nach der Besichtigung folgen wir der Straße **Oberes Brunnental** nach links weiter, haben einen schönen Blick auf Schloss Lauingen und erreichen nach 50 Metern eine überdachte Treppe, die uns nach rechts oben führt. Die **Baiernstiege** **6** bringt uns auf einem Stück des Albertus-Wegs über die Stadtmauer der Staufer. Albertus Magnus ist der bekannteste Sohn Lauingens. Im 12. Jahrhundert geboren, erlangte er als Theologe, Philosoph und Naturforscher große Berühmtheit. Als *doctor universalis* unternahm er viele Reisen, immer zu Fuß. Deshalb bekam der Theologe den Beinamen „Bischof Bundschuh“.

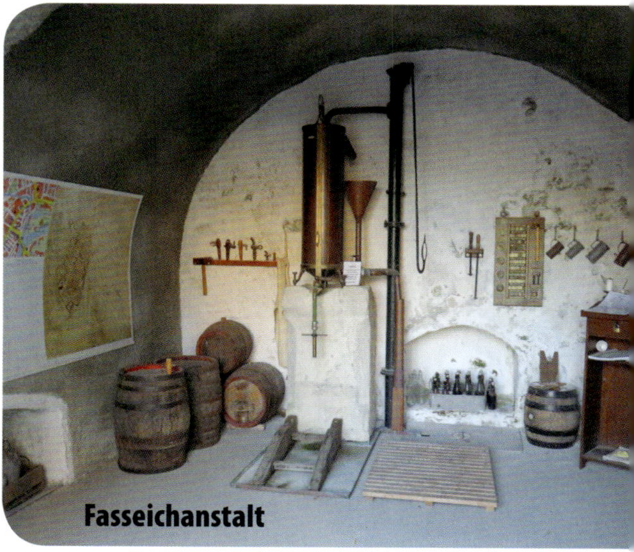

Fasseichanstalt

Erfrischungstour 20

Der im 15. Jahrhundert erbaute **Schimmelturm** ist circa 54 Meter hoch. Auf die viereckigen unteren Etagen folgen achteckige sowie eine Laterne. Der Name geht auf das sagenhafte große, weiße Pferd zurück, das einst in Lauingen gelebt haben soll.

Wir folgen der **Schwanenstraße** und biegen dann rechts in die **Herzog-Georg-Straße** ein. In der **Bäckerei Himmelbäck im Kolpinghaus** 7 stoppen wir kurz, um uns mit Proviant für die Heimreise zu versorgen. Den **Schimmelturm** 8 wollen wir uns noch aus der Nähe anschauen. Er ist bereits in Sichtweite und man kann ihn während der Sommermonate besteigen. Von oben hat man eine prächtige Sicht auf die ganze Stadt und das Umland.

Eine Kreuzung weiter biegen wir nach links in die Brüderstraße ein. Der Kreisverkehr und die Bahnhofstraße kennen wir vom Anfang der Tour, und so schließt sich der Kreis hier am Bahnhof in Lauingen.

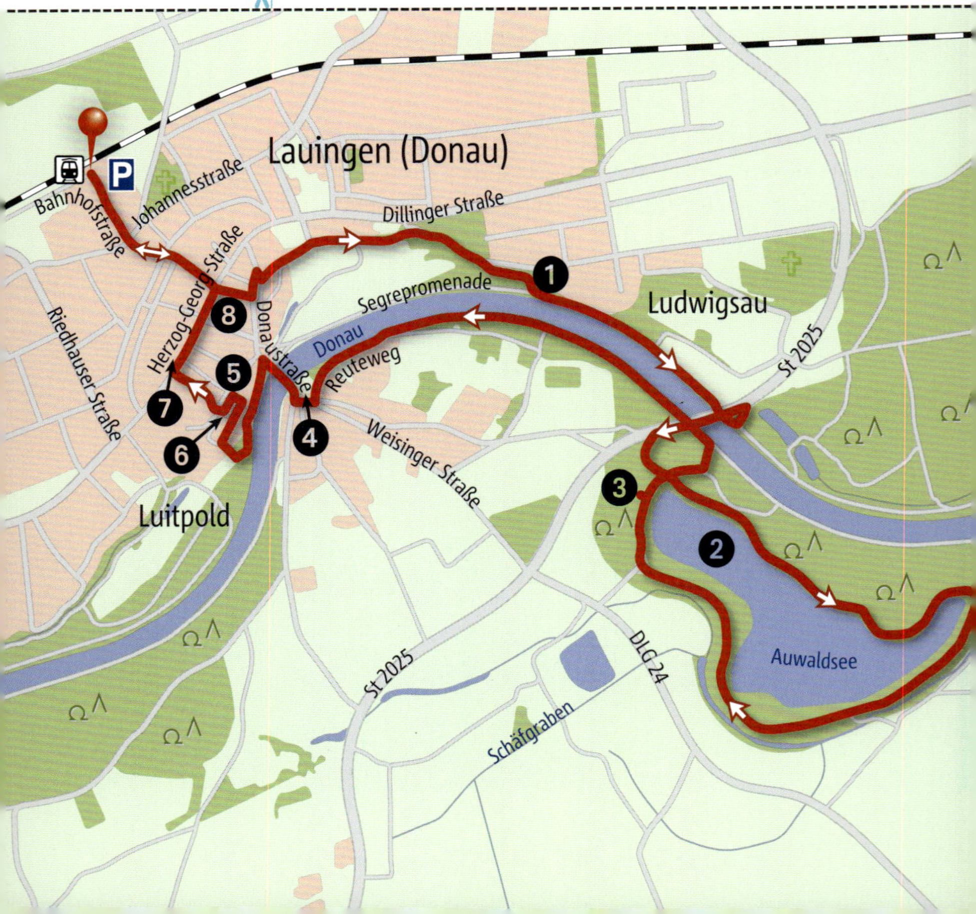

Alles auf einen Blick

WIE & WANN:

Wiesen- und Landwirtschaftswege, Forstwege und wenig befahrene Straßen.
Beste Wanderzeit: ganzjährig, Ausnahme Schnee- oder Eisglätte.

HIN & WEG:

Auto: Kleiner Parkplatz am Bahnhof, Bahnhofstraße 5, 89415 Lauingen an der Donau (GPS: 48.574204, 10.425429)
ÖPNV: RB 15 bis Lauingen Bahnhof

ESSEN & ENTSPANNEN:

Vesperhäusle am Auwaldsee ❸ Weisinger Straße 28a, 89415 Lauingen an der Donau, Tel. (0 90 72) 70 16 74
Gasthaus Drei König ❹ Weisinger Straße 1, 89415 Lauingen an der Donau, Tel. (0 90 72) 45 51, www.gasthaus-drei-koenig.eatbu.com
Bäckerei Himmelbäck im Kolpinghaus ❼ Herzog-Georg-Straße 56, 89415 Lauingen an der Donau, Tel. (0 90 72) 9 12 95, www.himmelbaeck.de

ENTDECKEN & ERLEBEN:

Carl-Quelle ❶
Erholungsgelände Auwaldsee ❷
Älteste Fasseichanstalt Bayerns ❺
Baiernstiege ❻
Schimmelturm ❽

Entspannung ★★★★☆
Genuss ★★★★☆
Romantik ★★★★☆

Die GPS-Daten zu jeder Tour gibt es auf
www.droste-verlag.de

Konzeption: Droste Verlag, Düsseldorf
Satz: Vollnhals Fotosatz, Neustadt a. d. Donau
Einbandgestaltung: Britta Rungwerth, Düsseldorf, unter Verwendung von Bildern von © Fotolia.com: Andrey Kuzmin, undrey, dabost, niroworld; © Shutterstock.com: Viacheslav Lopatin
Fotos: Reinhard Schröter, außer: S. 66: R. Bitzer, CC BY 3.0 de (https://commons.wikimedia.org/wiki/File:Raichbergturm_Onstmettingen_150101.jpg); S. 167: ms_pics_and_more (stock.adobe.com)
Textlektorat: Bernhard Edlmann, Raubling
Karten: Thorsten David, Bochum
Druck und Bindung: LUC GmbH, Greven

MIX
Papier aus verantwortungsvollen Quellen
FSC® C011279
FSC
www.fsc.org

ISBN 978-3-7700-2355-4
www.droste-verlag.de